地球外生命体が人類を創造した！

UFO艦隊vs.闇の政府の攻防でわかった驚愕の真相

ジャーナリスト
上部 一馬

ビジネス社

捉えたUFO艦隊

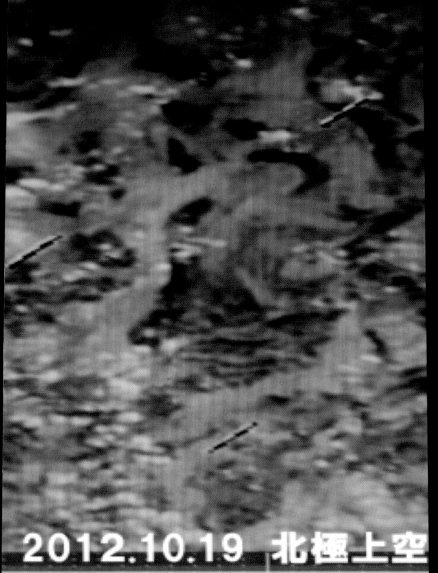

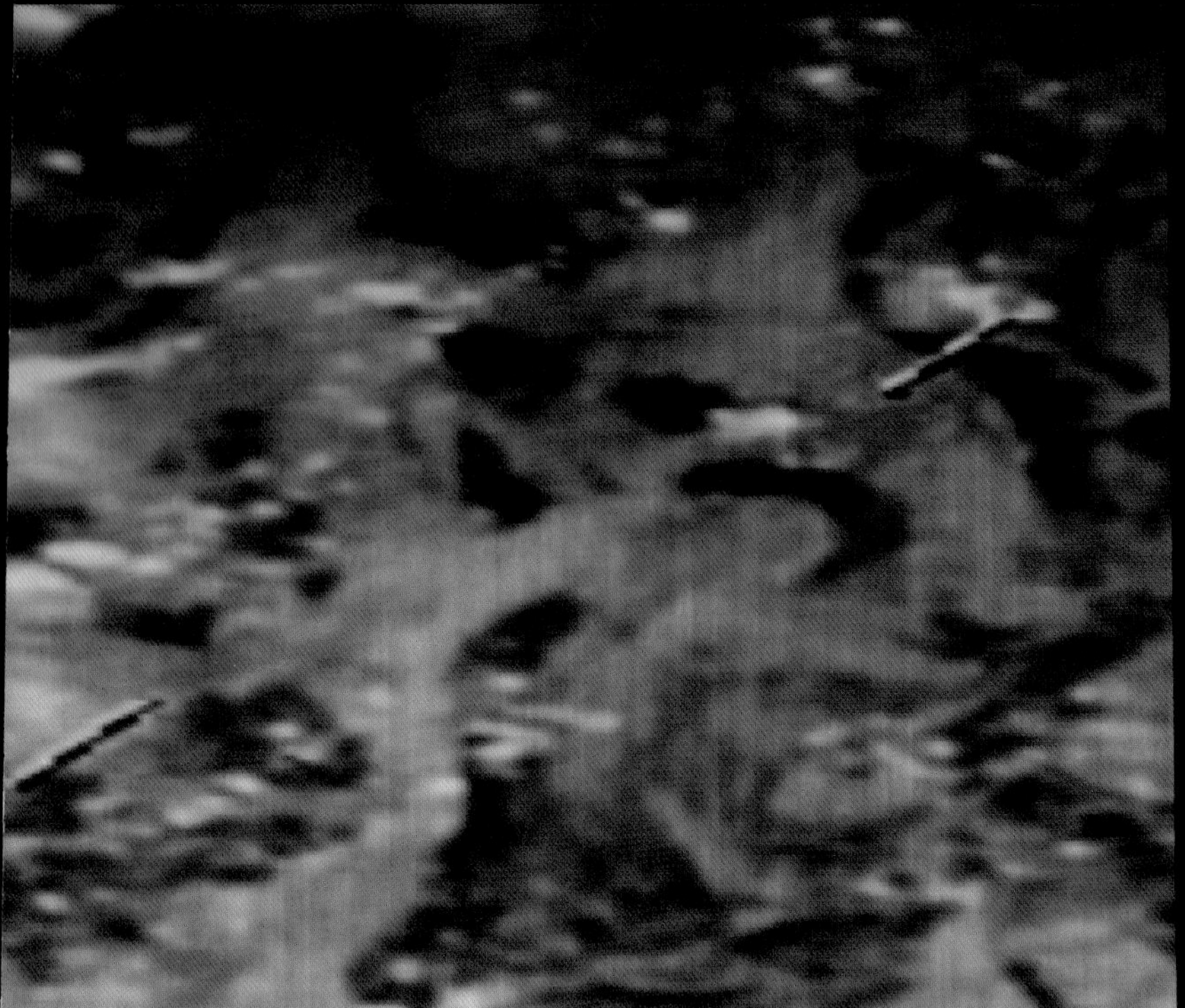

NASA衛星写真が

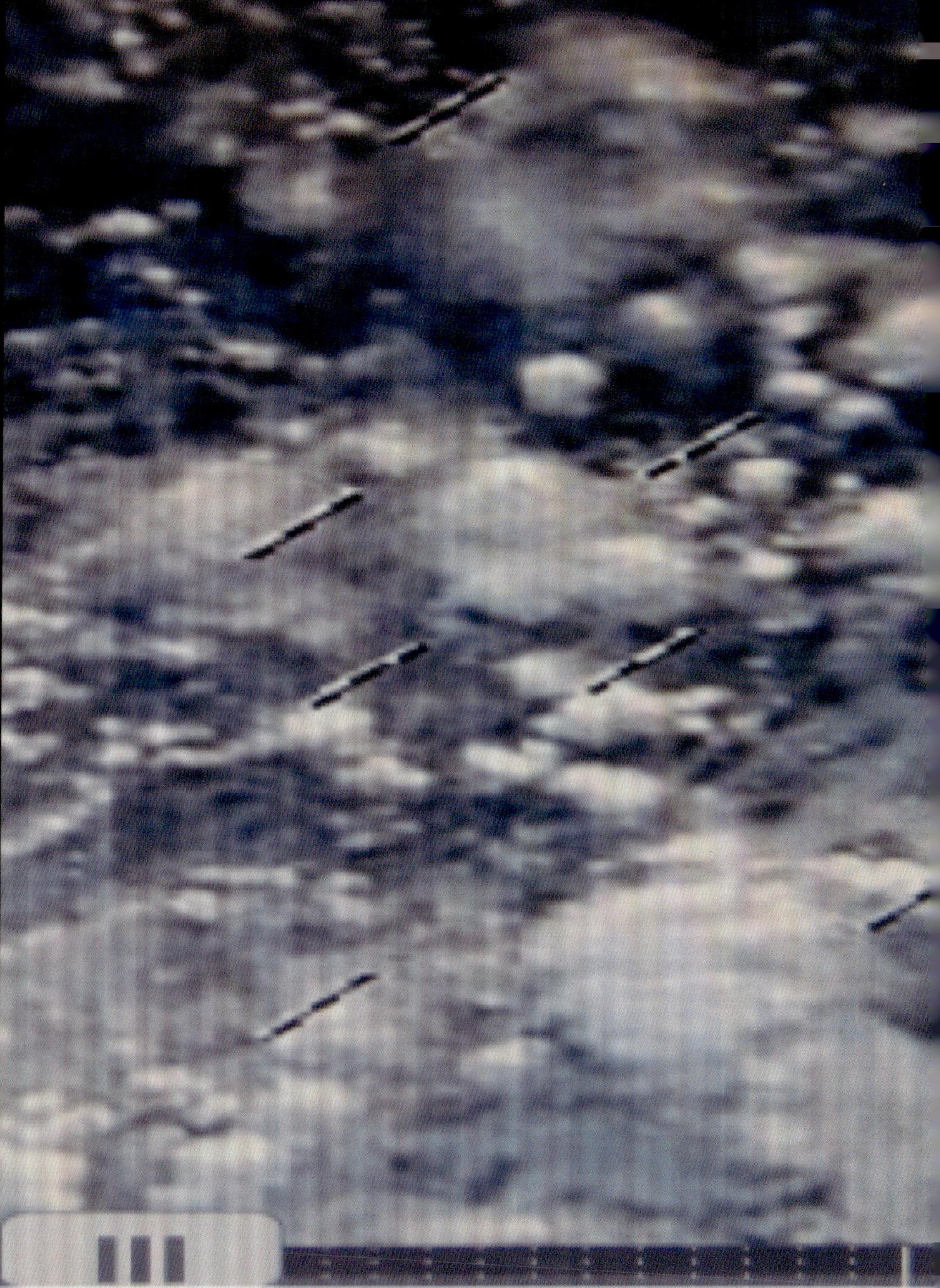

2012年10月19日、NASA提供のWorldViewで房総半島から東日本、北海道、シベリア、北極上空にかけ、数千機の葉巻型 UFO艦隊が布陣していることがわかった。

を建造したのは何者か？

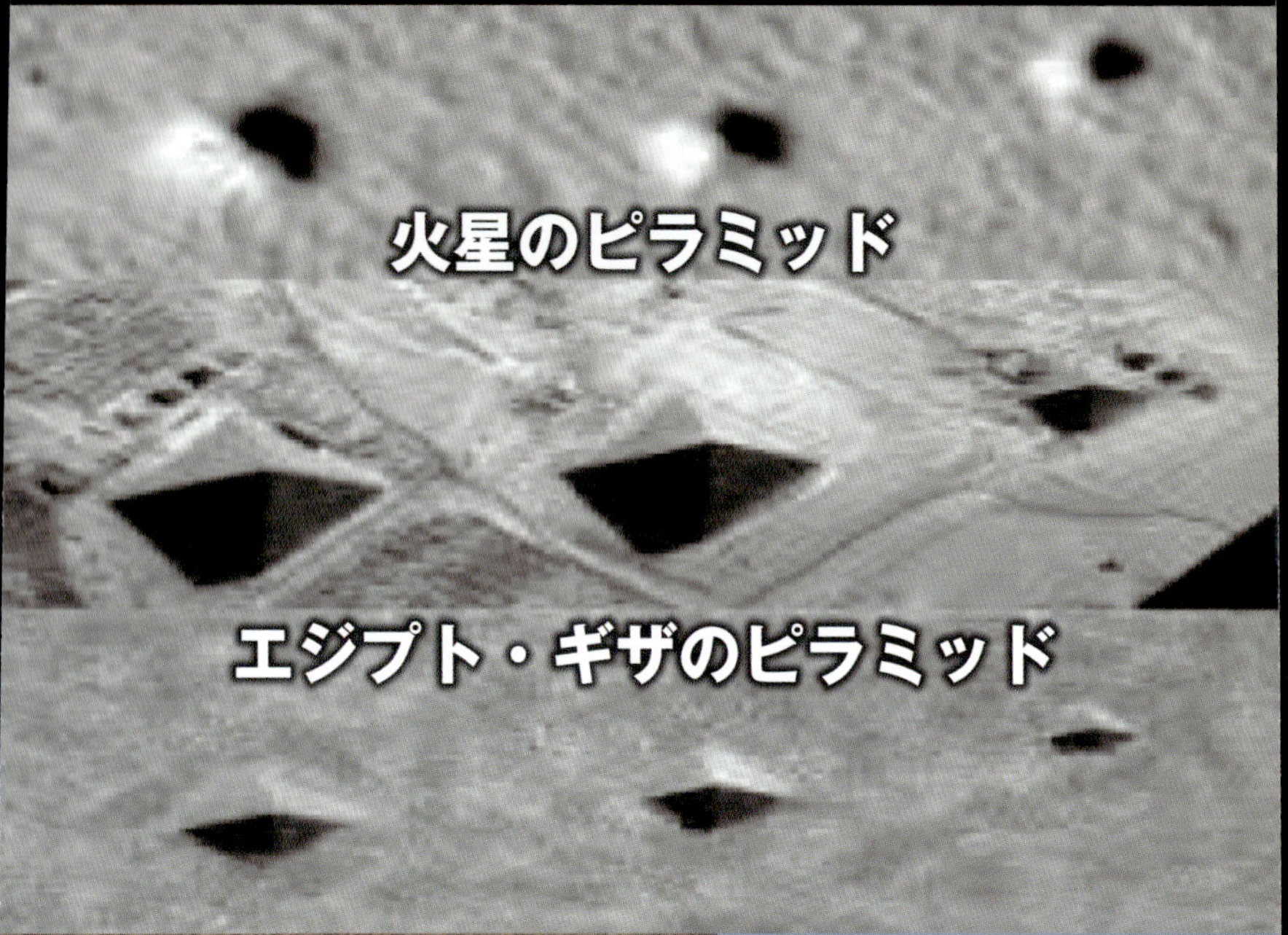
火星のピラミッド
エジプト・ギザのピラミッド

東方に標高600メートル、
岐阜の位山があった。

考古学者ジョルジュ・ヴァーレン博士は「位山は進歩した神人と天孫降臨民族とを繋ぐ神殿である」と述べた

火星・エジプトにピラミッド

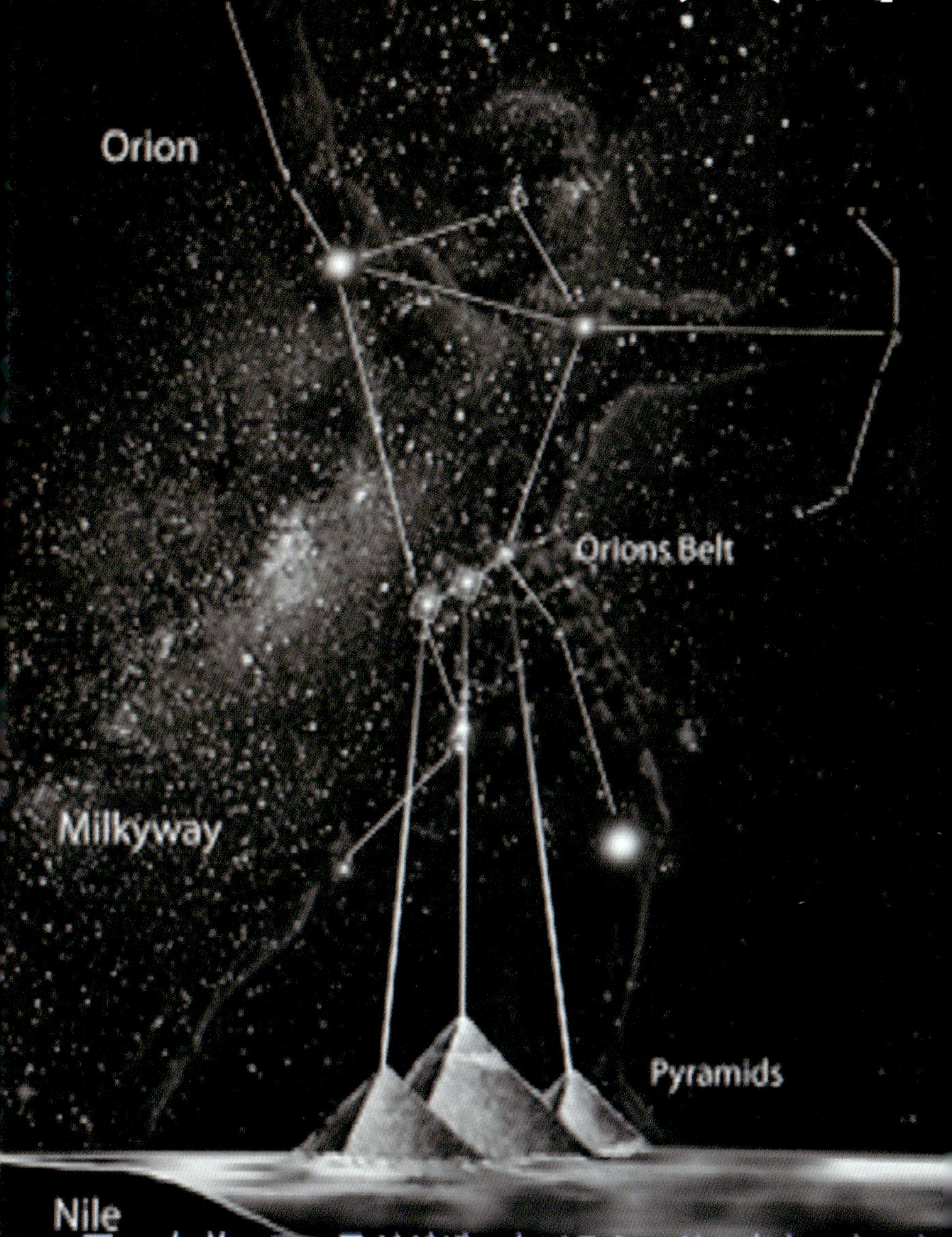

1万500年前、三ツ星がギザの大ピラミッドの真上に上った

ジョルジョ・ツォカロス氏は、UFO研究サイト「Legendary Times.com」

九州宮崎まで陸続きだった！

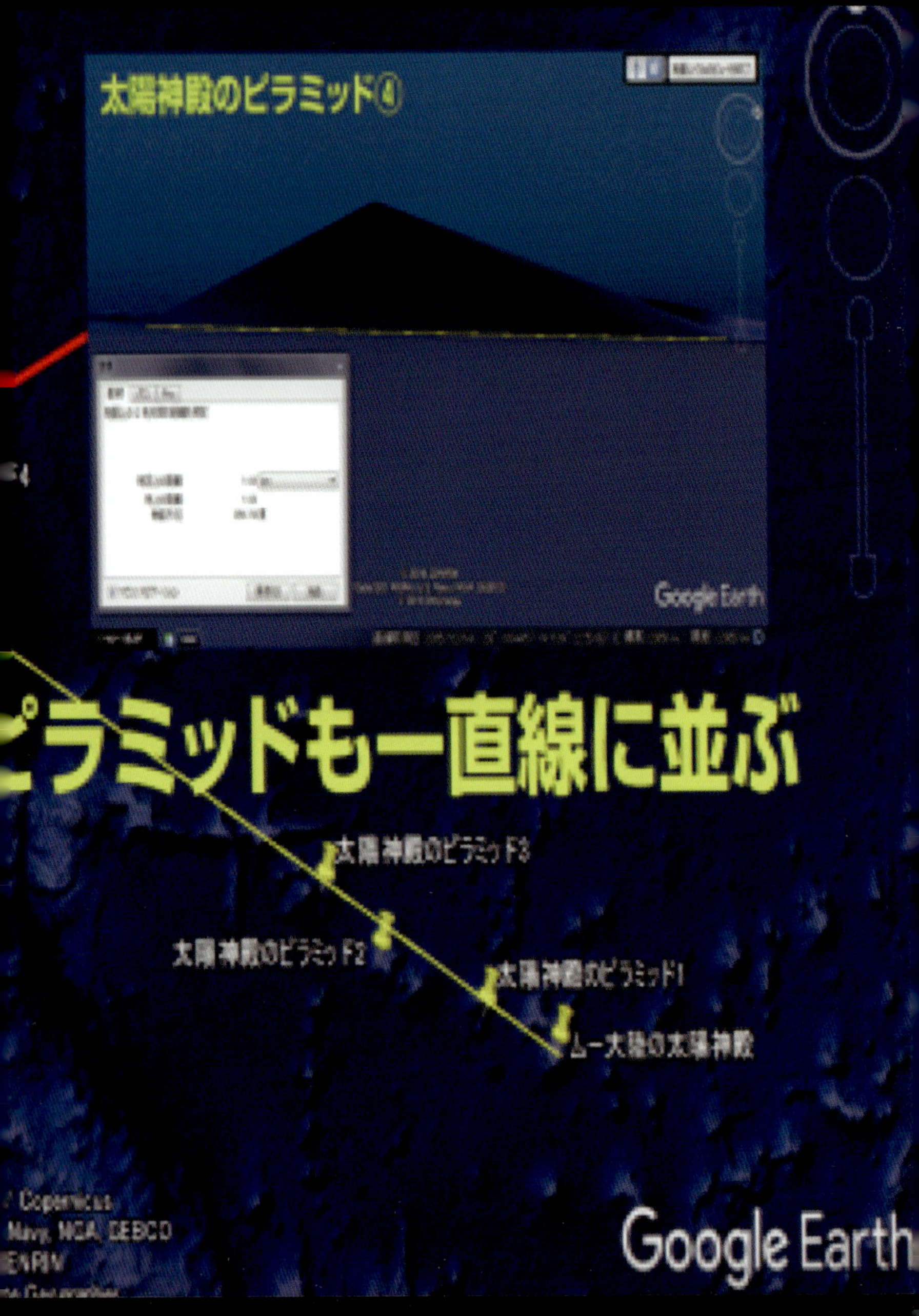

衝撃の大発見！ムー大陸から

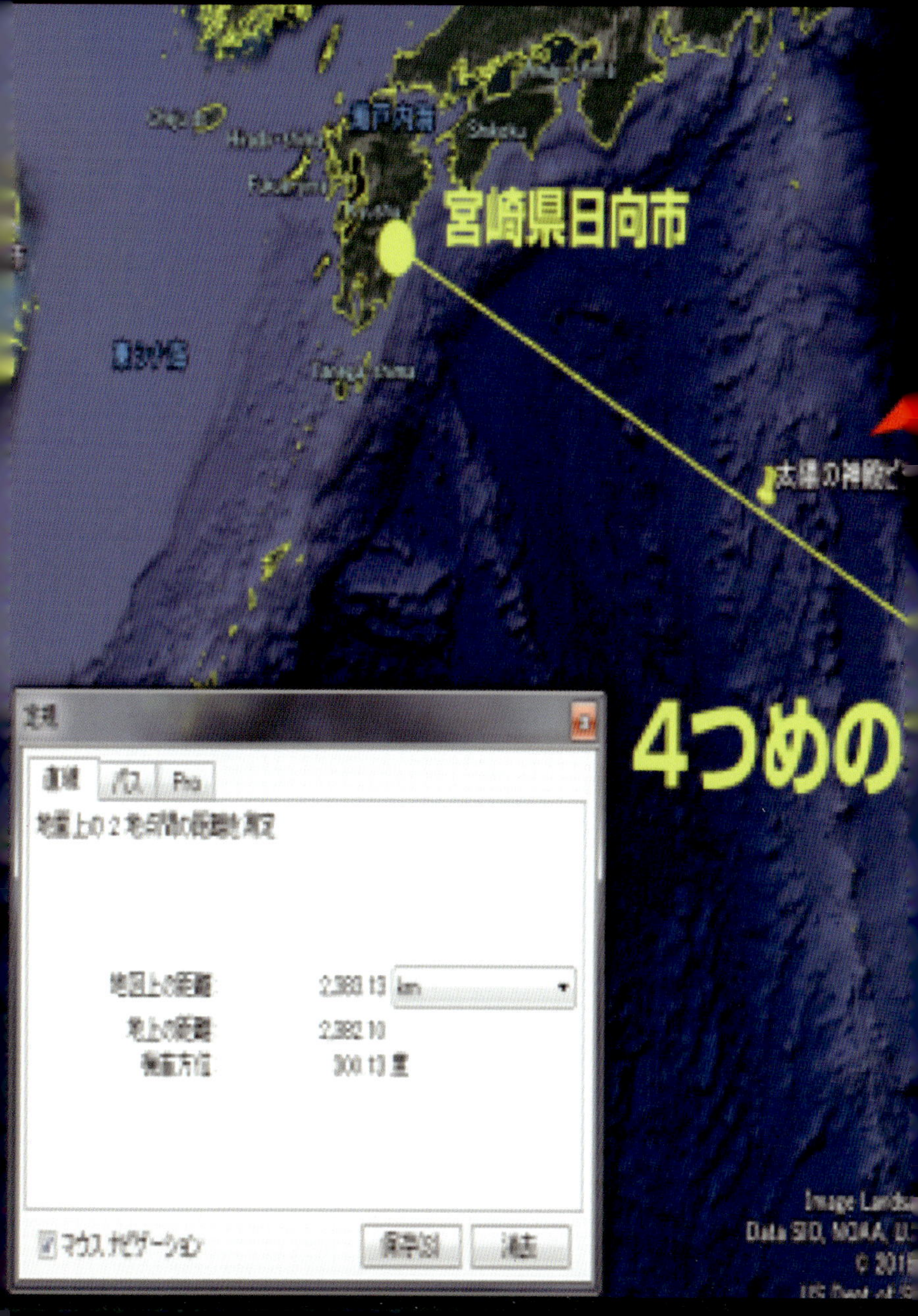

2017.9.2奇跡が起きた！
北海道上空にホルス神が出現！

エジプト神話のホルス神

はじめに　銀河連盟に仲間入りできる国際共有圏の確立を

ロズウェル事件で捕獲された宇宙人エアルが驚嘆する人類史を告げていた！

本書は、〝闇《やみ》の政府〟フリーメーソン・イルミナティの謀略と、これを阻止するUFO艦隊、そして、地球外知的生命体が人類創造に関与した証拠を追跡したノンフィクションである。

ここで示した証拠は、キーマンとなるコンタクティとのインタビュー、そして、NASAの衛星サイト「WorldView」と「Google Earth」上に捉えられたUFO画像、そして文献やネット情報などを精査し、「地球は地球外知的生命体の防衛下にある」という、真相を明らかにした。

到底、一般常識ではついてゆけない驚天動地の情報が錯綜《さくそう》する。

〝事実は小説よりも奇なり〟だ。

中でも1947年7月、米国ニューメキシコ州で2機のUFOが墜落、エアルという宇宙人が捕獲されるという事件が起こった。これが今でも物議を醸《かも》している『ロズウェル事件』だ。

この時、マチルダという女性の軍医だけにエアルは真実をテレパシーで告げていたらしい。

米政府は、この『エアルインタビュー』を最高機密文書として2015年まで隠蔽《いんぺい》、その後、一般公開されたのだ。

この**文書には、太陽系の支配者、宇宙人と地球との関わり、火星、金星の基地を核で破壊し、宇宙人エアル軍が制圧した**ことなど、驚愕《きょうがく》する真相が記載されていたのだ。

結論を言えば、ベストセラー『地球年代記』を著わした考古学者ゼカリア・シッチンが説いたように、人類を創造したのはニビル星からやって来た宇宙人〝アヌンナキ〟であり、さらには複数のチャネラーが指摘しているように超銀河集団が人類創造に関与したということだ。

すべては2015年12月24日のケムトレイル攻撃から始まった

すべての始まりは、2015年12月24日、練馬区上空で異様な雲を目撃したことだ。飛行機雲にしては太過ぎる。異変はこの後、起きた。

雲があっという間に空一面に広がったのだ。実に気持ち悪い雲だった。雨が来るなと思って家路についたが、1時間も経ったらこの雲が全部消え、空に青空が戻ったのだ。

翌25日、クリスマスの日。ちょうどお昼近く、今度は東方から一本の飛行機雲が流れ出したのだ。青空にこの一本の飛行機雲が白く拡散、不思議なことに空の半分ほどに広がった。そして、これも3時頃には全部消え、空に青空が戻った。

これが、巷間言われる「ケムトレイル」に違いないと直感した。

米国の研究機関がこの雲の成分を分析したところ、高分子ポリマーが含まれ、この中にストロンチウムやアルミニウム、バリウムなどの化学物質が含有、時にはインフルエンザウイルスが混入される場合もあるということだ。

もちろん、これを吸って健康にいいわけがない。これが原因で病気が増えれば、病院が儲《もう》かる。病院が儲かれば、製薬メーカーが儲かる。これを吸い上げているのが、世界を支配するユダヤ国際金融資本、いわゆるディープステートだ。

「世界は狂人に支配されている」(ジョン・レノン)

正当な利潤追求なら何ら問題はないが、やり方が狂人に近い。元ビートルズのジョン・レノンは、「世界は狂人に支配されている」と言った。人間とは思えない謀略で人口削減を仕掛けている秘密結社が存在する。

問題の12月26日、深夜11時12分頃から5連発の地震が発生した。震源地は東経139・9度、北緯35・5度、東京湾アクアライン近辺だ。震源の深さはおよそ20㌖《キロメートル》だ。この震源地こそ、東日本大震災後、連続的に発生している問題の震源地なのだ。

実に２０１１年3月から２０１５年12月までここを震源地に地震が30回以上起きている。こんなことが起こり得るだろうか。

これをカウントしたのが私にユダヤ問題や古代史研究などの情報提供してくれる治療院を営む無門明星氏だった。彼女は5、6年前からＮＡＳＡが公表している衛星写真WorldViewというサイトでＵＦＯ画像を追跡していた。

そして、**２０１２年10月19日、房総半島から東北沖、北海道、アリューシャン列島、北極の上空にかけ、数千機もの葉巻型ＵＦＯが布陣している**ことを私は告げられた。

この葉巻型ＵＦＯを追跡している人物こそ、ハーモニーズという任意団体を結成する横石集氏だった。

無門氏は、「この地震の被害を阻止するため、ＵＦＯ艦隊が現れているのではないか」と考えた。そして、WorldViewで5連続地震の前日、12月25日を検索してみた。

何と予感は的中。東京湾上空、震源地となった東京湾アクアライン上空に巨大なＵＦＯが布陣しているのを確認できたのだ。

ハーモニーズの横石集《あつむ》氏は、翌々日27日、同じく関東周辺に20機ほどの葉巻型ＵＦＯが布陣しているのを確認。間違いなく、ＵＦＯ艦隊がこの東京湾5連続地震を監視、または被害拡大を阻止してくれていることを確信した。

迷走台風10号にUFO艦隊が突入、東北・北海道に撥《は》ね飛ばした

筆者は、このUFO艦隊の出現を横石氏が発信する〝HARMONEIS G+〟というブログのサポートを受けながら、2012年10月19日以降、彼らが日本上空を防衛、または人工地震や人工台風による被害の阻止に立ち向かってくれていることを摑《つか》んだ。

仕掛けているのは、前出の闇の政府イルミナティ・ディープステートであろう。

信じられないだろうが、米国政府には地球征服を目論む悪《あ》しき知的生命体が入り込んでいるという情報が以前から漏れていた。もうすでに米大統領トルーマンからアイゼンハワー、ジョン・F・ケネディ、カーター、レーガンまでがUFOに関する機密情報が伝達されていることが知られている。近年では、ホワイトハウス内でオバマから新大統領トランプまでがこのことを熟知、記者会見していたらしい。

ネット情報では、この闇の政府イルミナティの殲滅《せんめつ》を宣言しているロシア・プーチン大統領は、地球人に友好的な知的生命体からの技術供与を受け、米国よりもはるかに勝る武器を備えているというのだ。

常に戦争を仕掛けないと経済が成り立たない米国軍産複合体&NATO(北大西洋条約機構)は、ロシアを最も世界の脅威であるとの認識を変えていない。

なぜＩＳ国を脅威と見なさないのか。いや、すでにＩＳ国のスポンサーが米国民主党であることが明るみになり、この資金路が断たれ、今やＩＳ国は崩壊した。

就任2年目となった米トランプ大統領は目下、これまでのロックフェラー系側近を次から次と辞任させ、トランプ系派閥で固めだした。

これまでのロックフェラー系には、地球侵略を目論む悪しき地球外知的生命体の謀略が入り込んでいた。トランプは、こうした第三次世界大戦を目論見、軍事利益を誘導しようとする輩《やから》の一掃に乗り出したとする観測が流れてきた。

NASAが裁判で敗北、水星、金星、火星などの建造物の実在を認めた！

宇宙人の実在は、ＮＡＳＡがこれまで隠蔽してきたマリナー、ボイジャーなどの無人探査機が送信してきた月面や火星、水星や金星などの衛星写真で明らかとなった。

ＮＡＳＡはこうした宇宙人が建造した月面基地や各惑星の建造物が写った衛星写真を実に30年以上も隠蔽していたことがわかった。

NASAの上級顧問であり、CBSの科学ジャーナリストのリチャード・ホーグランド博士が複数組織した科学者らによって、「月面だけでなく、木星の衛星ユウロパや土星の衛星にま

で知的生命体の建造物が実在している」ことが判明したのだ。

予備知識のない方は、「そんな馬鹿な！」と思われるに違いないが、NASAは裁判で敗北、これまで30年以上隠蔽していた衛星写真の一部公開をせざるを得なくなった。これでこうした事実が表面化したと言える。

残念ながら、日本ではUFO、または宇宙人情報には緘口令《かんこうれい》が敷かれているので、新聞、テレビで報道されることはないのだ。

はっきり言おう。太陽系内には複数の高度な文明を持った宇宙人が実在していたのだ。

地球がこれまで宇宙人に征服されなかったのは、複数の宇宙人どうしの思惑が拮抗《きっこう》、そして、地球を防衛してくれているUFO艦隊及び銀河連盟の活躍があるからだ。

また、人類を創造したのは、神でもなければ、創造主でもない。ましてや霊長類が進化し、人類が誕生したという進化論は、もはや、妄想であり、まったく死語だ。

人類を創造したのは、太陽系内外の知的生命体が自分たちのDNAと、霊長類のDNAを操作し、体外受精することで人類を創造したことが遺伝子解析で明らかとなったのだ。

もはや、キリスト教及びイスラム教の神々が人類を創造したとし、宗教戦争を続けることがまったく愚かなことであることが浮き彫りになったわけだ。

本書では、最新の遺伝子解析で判明したDNA上に刻まれた、非シークエンス（宇宙人のコード）が98％も刻まれていることを明らかにした。

巨石建造物は、地球外知的生命体が人類に授けたテクノロジーで建設された

もう一つ、驚くのは火星のシドニア地区で見つかった3基のピラミッドの配列が、ギザのピラミッドの配列とまったく同じであり、しかも、オリオン座の三ツ星の配列を示していることだ。さらに南極でもこの三ツ星配列とまったく同じ巨大ピラミッドが3基見つかった。しかも、少なくとも南極で1万2000年以上前に建造されていることがNASAの解析で判明していたのだ。どうも南極地下には都市建造物もあるらしい。

果たしてこれは何を意味しているのか。これを建造したのは何者か。

ギザのピラミッドは、1基260万個の巨石で建造され、東西南北の方角は原子時計レベルの誤差でしかない。このような現代建築で不可能な巨石をどうやって、誰が切り出したのか。

このような人類5000年の謎解きに挑んだ。

そこには、驚愕的な真相が潜んでいた。それは地球外知的生命体の技術なしに、このような巨大建造物の建設は不可能ではないのかということだ。

世界各地に残る神々の伝説とは、太陽系及び超銀河系からやって来た異星人のことのようだ。

世界各地の壁画には異星人としか思えない生命体が無数に描かれている。

もちろん、この中には、地球征服を狙《ねら》う宇宙人の関与も実在する。もはや、アメリカだ、ロシアだ、中国だ、北朝鮮だとか言っている場合ではないことを知らねばならない。

ここに人類は団結し、新しく銀河連盟に仲間入りできる国際共有圏を確立し、悪《あ》しき宇宙人を追放、地球人類は一つに収束しなければならない時代に入ったといえる。

人類は新しい宇宙史観に基づいたパラダイムの変換を迫られているのは間違いない。

上部一馬

2018年12月

II 数千年前から異星人が地球文明に関与している！

III 暗躍するユダヤ系企業に迫る

第3章 闇の政府の日本総攻撃が開始された！

第4章 人類は宇宙人に創造された驚愕《きょうがく》の超真相

Ⅱ　火星のシドニア地区を建造したのは何者か!?

Ⅲ　南極にピラミッドを創ったのは誰か？

第5章 銀河連盟による人類浄化が始まった!!

I 遺伝子に地球外知的生命体の記号コードが刻まれていた

Ⅱ　太古、超銀河集団が人類に文明を授けた

Ⅲ　ピラミッドは日本からエジプトに伝搬した

Ⅳ　銀河連盟は核廃絶を願っている!!

第1章

3・11は闇の政府《ディープステート》が仕組んだ核テロ攻撃だ！

Ⅰ　東日本大震災はこうして起きた

午後2時46分、巨大地震が東北を襲った

3・11東日本大震災から8年の歳月が流れた。筆者が育った町は大きく変貌《へんぼう》した。幼少、通った辺鄙《へんぴ》な山道がメーンストリートになった。16、17歳の頃、自転車で転げるように急坂を下って高校に通ったが、この時、目に飛び込んできた町の佇《たたず》まいは、今はない。見えるのは、草が生い茂ったあちこち盛土された更地だ。トラックが土煙上げ、過ぎ去っていく。西方にそびえていた山がすっぽり消えた。ここを掘った土砂を平地に運んだのだ。およそ8《メートル》前後嵩上げした。そこの更地に小さな商店街ができたが、買い物客はいない。目を太平洋側に転ずれば、高田松原《たかたまつばら》が望める。青空に輝く風光明媚《めいび》な砂浜は、多くの人を魅了、夏ともなれば、1日数万人の海水浴客があふれた。樹齢300年、7万本の松林を誇っていた砂浜はすでに消えた。この地震で日本列島が2・4《メートル》東に移動したとのことだ。

しかし、高田松原を抱くように広がる広田湾《ひろたわん》は、100メートルほど陸地が後退したように見える。残っているのは、全国的に知られることとなった〝奇跡の一本松〟だ。

筆者は、あの日から5日経《た》った16日、生家がある陸前高田《りくぜんたかた》市に帰った。ここで何もかも破壊された街を見て言葉を失った。

3月11日、午後2時46分18・1秒。この日、市役所に勤務していた2歳上の兄は、市民会館に逃れたが、多くの市民とともに流された。気仙川《けせんがわ》下流2キロメートルほどの橋の下付近で発見された。不思議なことに幼稚園から高校まで一緒に通学、卓球のクラブ仲間でもあった幼馴染《おさななじみ》と並んで見つかった。

また、幼少から一緒に遊んだ従姉妹《いとこ》も、車を捨て、この市民会館に駆け込んだ。

3階の大会議室には70、80人ほどが集まったらしい。

しかし、従姉妹は隣の小さな倉庫に閉じ込められ、気がついたら、濁流の中だった。立ち泳ぎをしながら、天井の隙間《すきま》に顔を出したが、三度沈んだ。

「ああ、これで死んでゆくのだ」と穏やかに思った。

12人ほどがこの倉庫に閉じ込められ、同じように天井の隙間の空気を吸いながら、生き延びた。幸いなことに水が引き、従姉妹は溺《おぼ》れ死ぬことはなかった。が、1人溺れ、亡くなったという。

全身びしょ濡《ぬ》れ、夜はあまりにも長かった。東北の3月は山に雪が残り、夜間はかなり冷えた。服がバリバリ凍り付いた。擦り合ったが、あまりの寒さに絶望感が湧《わ》き上がった。寝てしまったら、凍死が待っていた。骨の髄まで凍《い》てついた気がした。

ようやく朝日が昇りそうだ。山の端《は》が紫色に変わってきた。漆黒の闇に光が射《さ》してきたのだ。夜明けとともにどこからともなく消防団が救援に現れた。瓦礫《がれき》をどけてくれ、ようやく身動きができるようになった。上空を救助ヘリが旋回している。

ロープを使って救助隊が一人ひとりを救い上げ、隣接する大船渡《おおふなと》病院に搬送された。ほとんど意識が薄れそうだった。ここで低体温症の治療を受け、ようやく生きている心地が湧いた。退院するまで、みな3週間ほどもかかった。

義姉は、翌朝から災害対策本部に詰めた。公務員なので、休んでいる暇などなかった。そこで、死亡者と行方不明者の届出と、火葬の日程調整に追われた。朝7時から夜11時まで土日返上で窓口業務にあたった。夫の死は翌12日知っていたが、悲しんでいる暇などなかった。

気仙沼市の隣の南三陸町では、役場に勤めていた20歳前後の女性が、最後まで住民に避難を呼び掛け、濁流に破壊されるマイク音に混じって息絶えてしまった。

このことに日本の全国民が慟哭《どうこく》、涙を流したに違いない。

3.11、陸前高田市を空前の大津波が襲った

この集落で生還者はゼロだった‼

福一原発の核処理は全然進んでいない

日が経つにつれ、親族や知り合いの報がもたらされてきた。町は瓦礫の山と化した。消防車がやって来ては新たな遺体を搬送した。

生家から1キロほど離れた平地にある本家の庭には、隣の高田町から流れてきた瓦礫が小山になっていた。周囲の田んぼも同様だ。母屋をのぞいたが、冷蔵庫や食器棚、テレビ、茶簞笥《ちゃだんす》、食器などが泥をかぶって散乱。濁流は母屋を破壊、海水は神棚まで達した。震災から5日経ったが、跡片付けなどできる状態ではない。

隣の老婆は、水浸しの台所に佇み、「年寄りだけ、生き残って申し訳ない」とむせび泣いている。

帰省する度、酒を傾けた愉快な従兄弟《いとこ》は、この日に限ってなぜか、母を車に乗せ町に出掛けた。そして、帰らぬ人となった。遠い親戚の孝行息子は父の手を握り、濁流から引き上げたが、父が握った妻の手は力尽き、波間に消えた。父は、妻の腕の握り方が悪かったと嘆き、慟哭した。

義兄の従兄弟は、市民体育館に駆け込んだ。あっという間に濁流が押し寄せ、体育館の天井まで達した。鉄筋にしがみついた高校生らが次々力尽き、濁流に呑《の》まれていった。

従兄弟も荒れ狂う濁流の中でもがきながら、渾身《こんしん》の力で壁をよじ登った。そして、必死に鉄筋に体を巻きつけた。「死ぬものか！」この思いしかなかった。

ここでも生き残ったのは100人中、従兄弟ら3人のみだった。当初、健気《けなげ》に取材に応じてくれた従兄弟は、相当の人が亡くなったことを知り、後に寡黙になってしまった。

「高田町内には親戚が7、8軒あるのだけど、家族全員行方不明になってしまった。まだ遺体も見つかっていない人が相当数に上る。町場で助かったのは、私と家内、娘、妹だけであとは全員波にさらわれてしまった」

助役を4期務めた叔父は、悔しさを滲《にじ》ませた。

この3・11東日本大震災で一躍、時の人となった戸羽太《とばふとし》市長は、市役所の屋上に職員とともに逃れた。避難場所が隣の市民会館や市民公園、体育館とあっては、住民はここに避難するしかなかったのだ。

屋上までたどり着けなかった住民は、家屋とともに濁流に次々呑み込まれてしまった。

最愛の妻を失った戸羽市長は涙ながらに、胸中を明かした。

「女性から先に屋上に上げましたが、あと50㌢《セン》《チ》波が高かったら、全員呑み込まれていました。周りの民家が破壊され、みんな濁流に流されているのだけど、手を差し伸べるだけで誰も助けることができなかったのです」

その後、市長は多くの住民とともに最大の避難所となった高田一中体育館で過ごした。自宅は1軒残らず壊滅した集落だったからだ。ここで、炊き出しを受けながら、市民と共同生活を過ごした。

また、地元の出身の元衆議院議員黄川田《きかわだ》徹氏は、両親と妻、子供、秘書を入れ、一夜に5人の関係者を亡くした。この慟哭の手記が週刊誌に掲載され、衝撃を与えた。

のちに知ったのだが、この夜、瓦礫とともに海に流された人から少なからず「助けてくれー」との声が一晩中聞こえたらしい。なぜ、自衛隊の救助ヘリが出動しなかったのだろうか。

実は、陸上自衛隊松島駐屯地では、救援スタンバイ態勢を取っていたが、政府から出動命令がでなかったことがわかった。政府の初動対応が遅れたわけだ。

海辺のホテルで支配人をしていた筆者の友人は、いまだに見つかっていない。

陸前高田市役所の職員は280人ほどを数えたが、その3分の1、70人ほどが帰らぬ人となった。市全体では2万3000人ほどの人口だが、およそ行方不明を入れ、10分の1の2000人強が亡くなった。

陸前高田市は平地に家屋がおよそ70%集中し、その3600戸が流失、全壊した。残ったのは里山の農家や団地だけとなった。

被害が酷《ひど》かった岩手、宮城、福島県などの東北全体では行方不明を入れ、死者は2万人弱を数えた。それゆえ、1000年、2000年に一度の地震が起きたというのが定説となったようだ。

不思議なことに東北で最大の被害地となった陸前高田市に時の総理、民主党の菅直人首相が訪れたのは7月に入ってからだった。いの一番に駆けつけた場所は、福島第一原発だったのだ。なぜ、陸前高田入りが遅れたのだろうか。

実は、ここに3・11の謎を解く大きな鍵があった。追ってこのことを明らかにする。

まる8年経った現在、この東日本大震災を忘れてしまっている人々がほとんどではないだろうか。

しかし、3・11以後、いまだに仮設住宅暮らしを続けている被災者もいる。何より福島第一原発の周辺の除染が完了していない。そのうえ、建屋に放置された核燃料はいまだに未処理のままだ。

福一周辺の海域から霧が2016年秋から発生していることでも燃料棒が地下水に接触、臨界現象が起きていることが懸念されているのだ。

さらに2017年2月2日、東京電力は、福一の2号機内の格納容器内の放射線量が最大毎時530シーベルトに達していることを公表した。

これは核燃料によって底が1メートルほど溶解、穴が開き、地下水と接触したメルトスルーが起きている可能性が高いことが裏付けられるのだ。

この線量530シーベルトとは、毎時なのだ。国が規定する自然被曝《ひばく》の線量は年間2ミリシーベルトだ。1シーベルトは1000ミリシーベルトのこと。

となれば、530シーベルトを年間に換算するには、530×24時間×365日＝464万2800シーベルトという、とんでもない数値になる。

早い話、この線量の環境下では人間は簡単に即死、生物も棲《す》めない恐ろしい環境が出来上がったことになる。こうした線量を放射する核燃料が地下水に触れ、これが海水に流入、攪拌《かくはん》しているとしたら、今後、どんなことが起こるのか。

政府、及びマスコミはこのことをほとんど報道しない。が、海外では、とうに関東が汚染に曝《さら》されていることを検証、報道済みだ。

ヨーロッパでは、日本を訪れる旅行者にパンフレットを配り、関東で取れた果物や野菜のほか、動物タンパクは摂らないよう、注意を呼び掛けているのが現状だ。

ドイツでは、2020年開催予定の東京オリンピックのボイコットの運動が起きている。安倍総理が発表した「福島原発は、アンダーコントロールにある」としたコメントなど、海外では誰も信じていないのではないか。

2014年、EUは日本の放射線汚染地図を公表した。これによれば、福島一帯から関東ま

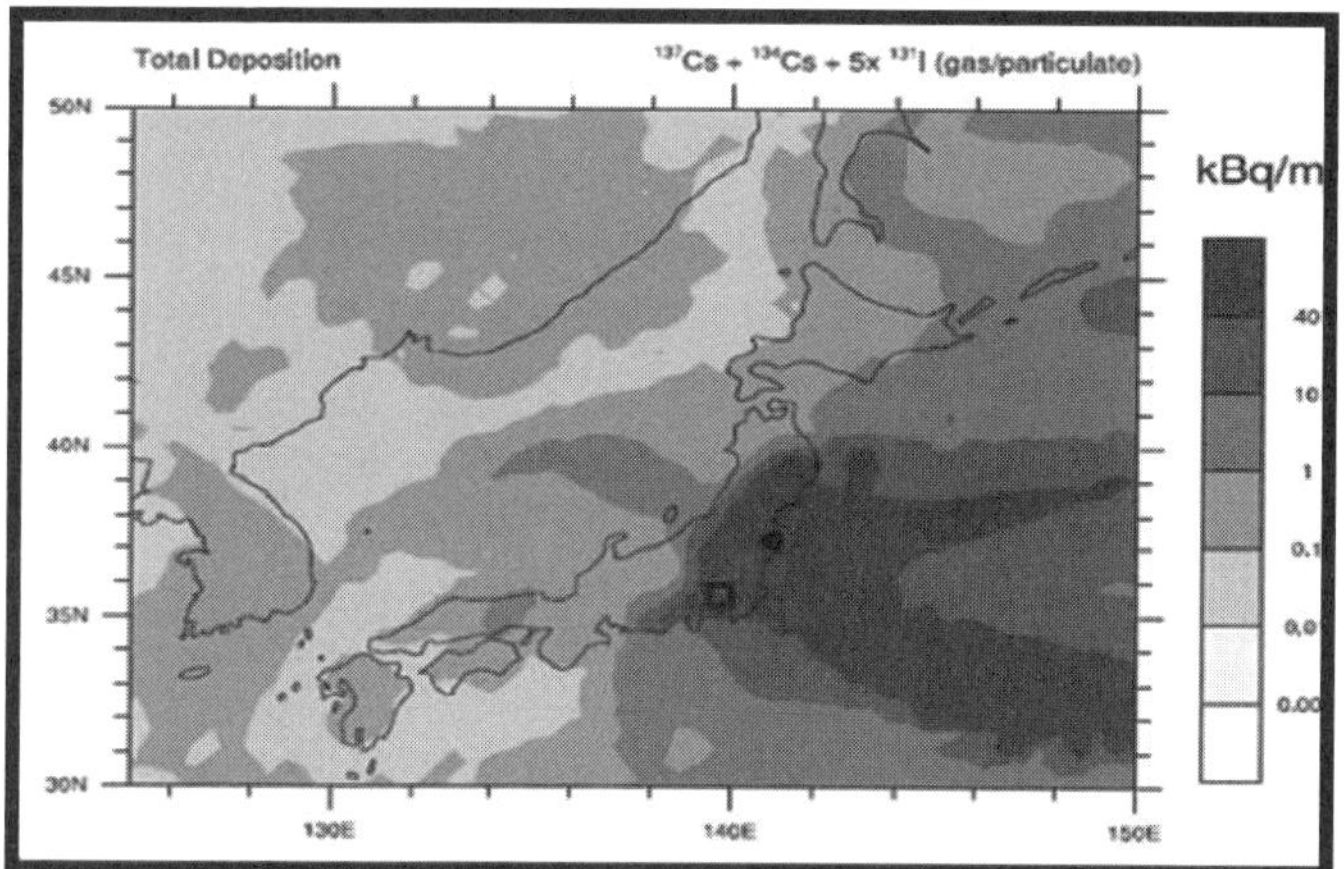

EU報告
/日本の国土15％が40キロ（4万）Bq/㎡

ＥＵが公表した日本の放射線汚染図、かなりの区域が汚染されている

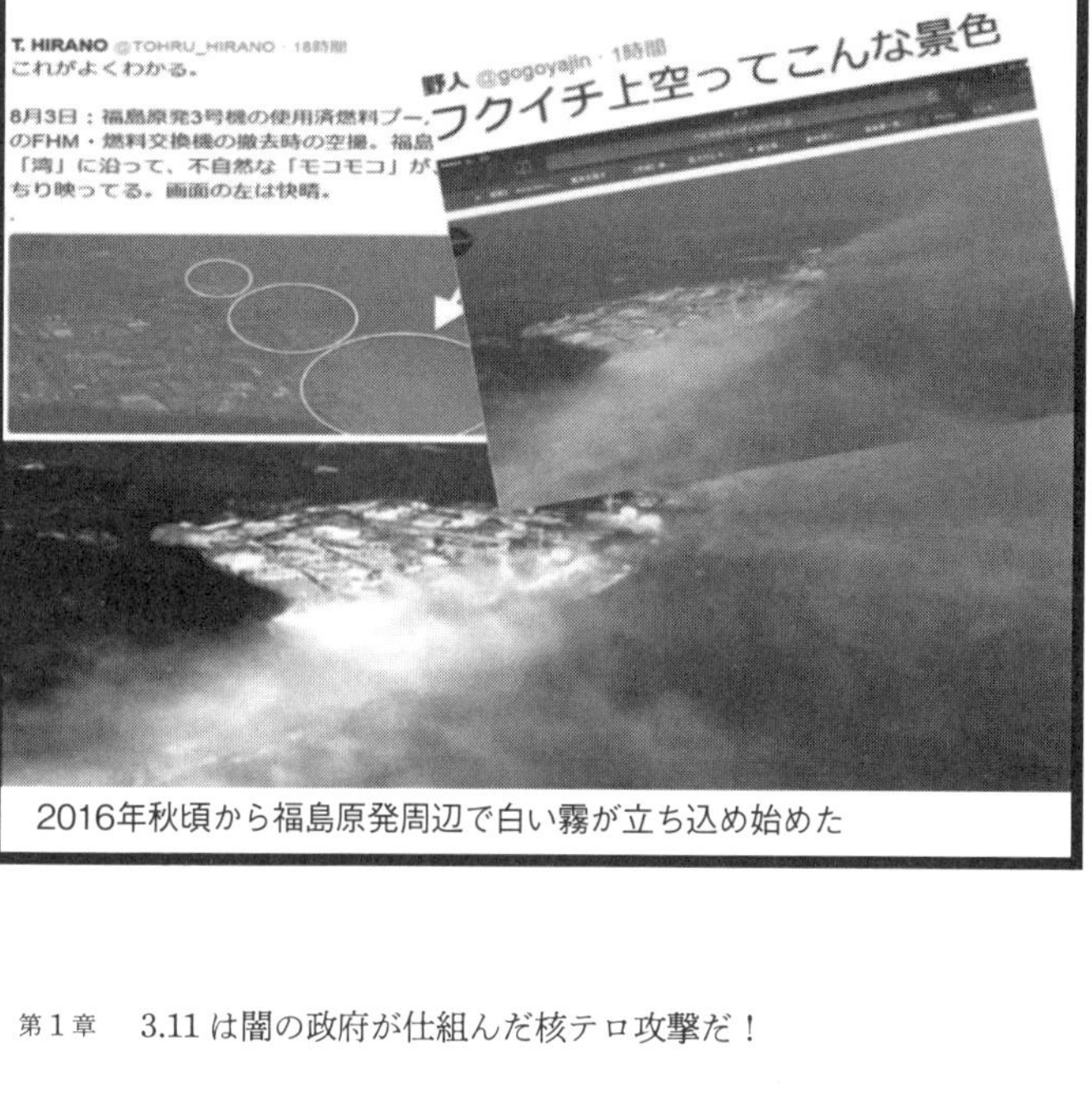

2016年秋頃から福島原発周辺で白い霧が立ち込め始めた

で茶色一色だ。東京はすっぽりこの中だ。この色とは、放射線量が40キロBq／㎡超える政府管理区域のことだ。ここから一切の放射性物質を持ち出してはならない法律があるのだ。

したがって、現在も、原子力緊急事態宣言下にあるのだ。そればかりか、**政府は2018年6月、5年間かかって集めた福島原発由来の汚染土壌を全国に園芸作物などを植える農地造成という条件付きで搬入、農地（公園、緑地を含む）に転用する法律を決議**した。

もうすでに宮城県や栃木県、福島県内など、この汚染土壌の農地転用を実施している。このことも大マスコミは一切報道しないので、ほとんどの国民は、知らされていないのではないだろうか。

20分おきに3連続地震が発生するのは自然地震では起こり得ない！

3・11が起き、取材に走り回っていた当時、筆者はこの東日本大震災は、自然の地震であることに疑いを持っていなかった。

しかし、**半年経って小泉パウロ氏やリチャード・コシミズ氏、ベンジャミン・フルフォード氏など著名ジャーナリストや物理学者らから聞こえ出してきたのは、気象兵器「HAARP」及び小型核爆弾などを使った人工地震の可能性が濃厚だ**ということだ。

問題の3・11前後を時系列に検証してみると、驚くべき真相が見えてきた。

3・11が起きた午後2時46分過ぎ、一度目のM9・0が起きた。そして、これが第1波の津波を引き起こした。それからちょうど20分後の3時06分、M6・5の2度目の地震が発生、第2波の津波が発生。そして、さらにその20分後の3時25分、M7・2の3度目の地震が発生、第3波の津波が発生した。また、その20分後の3時46分、M5・7の4度目の地震が起き、第4波の津波が発生したというのだ。

実は、このように4回起きたという説が巷間《こうかん》、流布したが、3回起きたというのが、真相らしい。

これをもって気象庁の担当者はNHKで以下に公表した。

【今回の地震の破壊の様子をもう一度丁寧に点検してみますと、通常とは異なりまして、複雑な形で3回、大きな巨大な地震が起こる。連続して発生すると、このような起き方をしていることがわかりました。このような複雑な形で地震が起こるということは極めてまれで、少なくとも我々は初めてでございます】

しかし、その後、報道では3連発地震ではなく、単発地震であったと大きく修正された。そして、この気象庁担当者がテレビ画面に登場することはなくなった。

得体の知れない巨大な圧力が気象庁に加わったのではないだろうか。

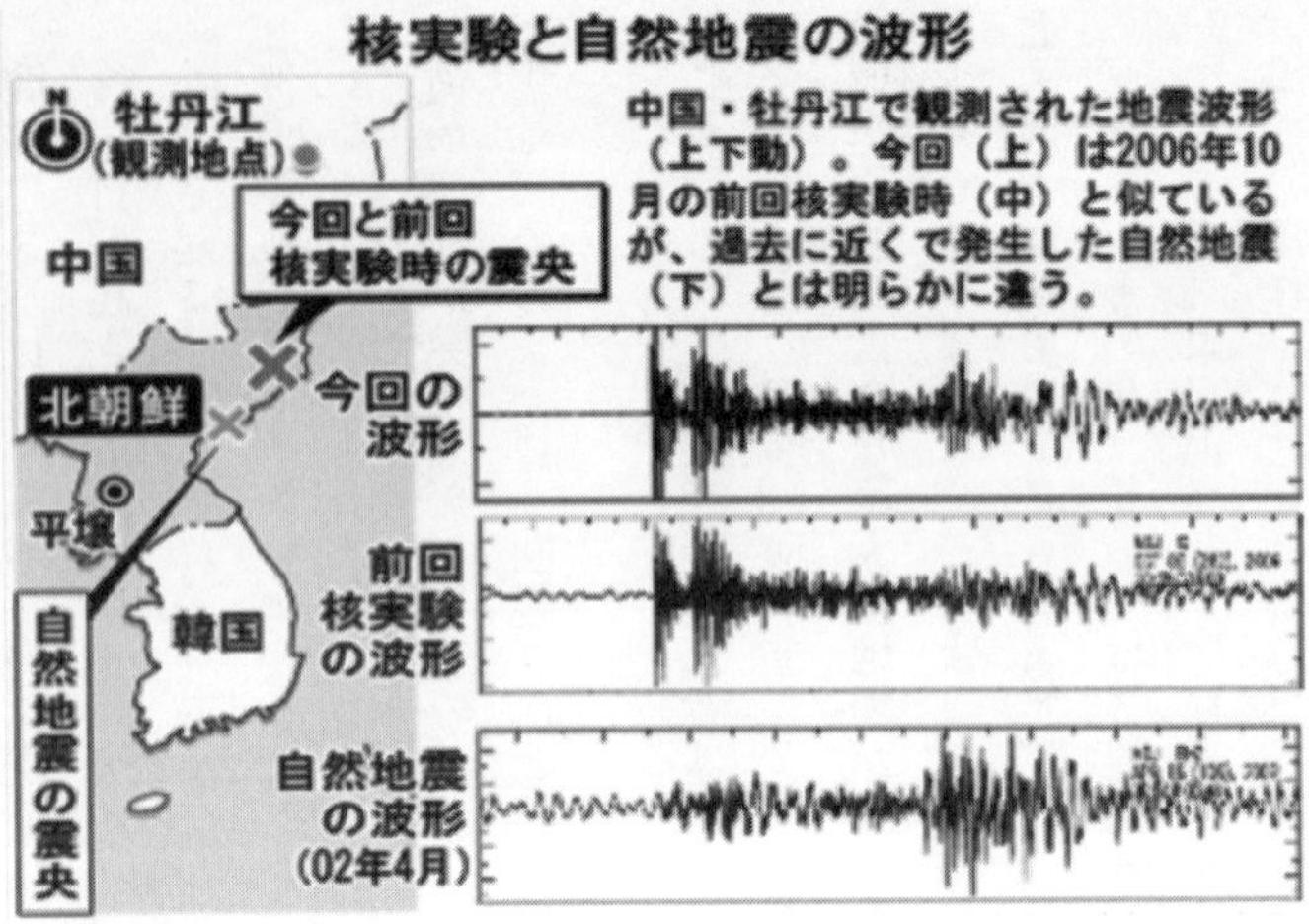
核実験と自然地震の波形
牡丹江
(観測地点)
中国
今回と前回
核実験時の震央
北朝鮮
平壌
韓国
自然地震の震央
中国・牡丹江で観測された地震波形（上下動）。今回（上）は2006年10月の前回核実験時（中）と似ているが、過去に近くで発生した自然地震（下）とは明らかに違う。
今回の波形
前回核実験の波形
自然地震の波形(02年4月)
人工地震の特徴は緩やかなＰ波がなく、いきなり激しいＳ波が起こる

ジャーナリストらは一様に、**「震源地が異なり、しかも20分間隔で起こった震源地の異なる3連続地震は、自然な地震ではあり得ない！」**と口を揃《そろ》え、指摘することだ。

しかも通常の自然地震では、緩やかなP波が観測され、その後、大きな揺れのS波が起こる。3・11で観測された地震波には、この緩やかなP波がなく、いきなりS波が起きているのだ。この異常な地震の解析に役立つのは、かつて中国・牡《ぼ》丹江《たんこう》で観測された北朝鮮が行った核実験の際、観測された人工地震の波形との比較だ。

２００６年10月に行われた核実験では、小さな揺れであるP波が観測されず、いきなり大きな揺れを示すS波が観測されている。これが人工地震の特徴と言っていい。3・11では、このP波がない、いきなり大きな揺れのS波が観測されたのだ。

熊本地震も人工で引き起こされた！

これと同じ地震波が観測されたのは２０１６年４月14日と16日に生じた熊本地震だ。この地震でもまったく３・11と同じ地震波形が観測されたのだ。

この地震波形を地震予知連絡会が公表した。気象庁は、16日起こったＭ７・３の地震を本震と修正した。４月16日の益城町《ましきまち》の地震波形には、３・11と同じくＰ波がない。いきなり大きなＳ波が突然襲ったことになる。しかも震源地が10キロメートルと浅い。

３・11が起きた２時46分、宮城県牡鹿《おじか》半島沖１３０キロメートル付近で観測された波形と比較してもかなり酷似するのだ。

この一連の群発地震では15日の午後１時まで余震は１２０回を超えた。Ｍ５・０以上を記録する余震は、14日から19日にかけ、19回も発生する異常ぶりだ

気象庁の青木元地震津波監視課長は、16日午前中の記者会見では、**「熊本、阿蘇《あそ》、大分３つの地域で別々の地震が同時多発的に発生、このような地震は近代観測史上、思い浮かばない」**との見解を示した。

熊本地震で、ジャーナリストらに大きな疑惑が持たれているのは、震度６強から震度７が起きた３か所の震源地がいずれも自衛隊駐屯地であることだ。

この3か所とは、熊本空港内にある陸上自衛隊高遊原《たかゆうばる》分屯地、最大の被害地となった益城町が近い陸上自衛隊健軍《けんぐん》駐屯地、そして大分県の陸上自衛隊湯布院《ゆふいん》駐屯地のことだ。**なぜ震源地が3か所ともが自衛隊駐屯地であるのか。これが大きな謎だ。**

筆者は、半年経った9月5日、熊本県の益城町を訪れ、1週間滞在した。この1週間、筆者は、頭が締め付けられるような痛みに襲われた。

熊本から東京に戻り、羽田空港から品川に着いたあたりで、この頭痛から解放された。**なぜ頭痛に襲われたのか。疑惑は確信へと変わった。放射線に被曝《ひばく》した症状の一つはこの頭痛だ。**ここに大きな謎を解く鍵が隠されている。

とまれ、まずは3・11の真相を探るのが先だ。熊本地震の疑惑は後で述べる。

3・11で疑惑を深めるのは、津波の被害は日本の東北地方に限ったことだ。他の米国対岸や南米、ハワイなどに及んでない。過去このような津波はなかった。かつて南米チリ地震が起きた。この時の津波が東北沿岸やハワイにも津波が押し寄せ、大きな被害が出たことがあった。このことからも、何者かが時間を決め、綿密に潮の流れを計算し尽くし、何らかの方法で実行したのではないかという疑惑が生じる。

この何らかの方法とは、**気象兵器『HAARP』、及び小型核爆弾を爆発させた疑いがネット上で飛び交っているのだ。**

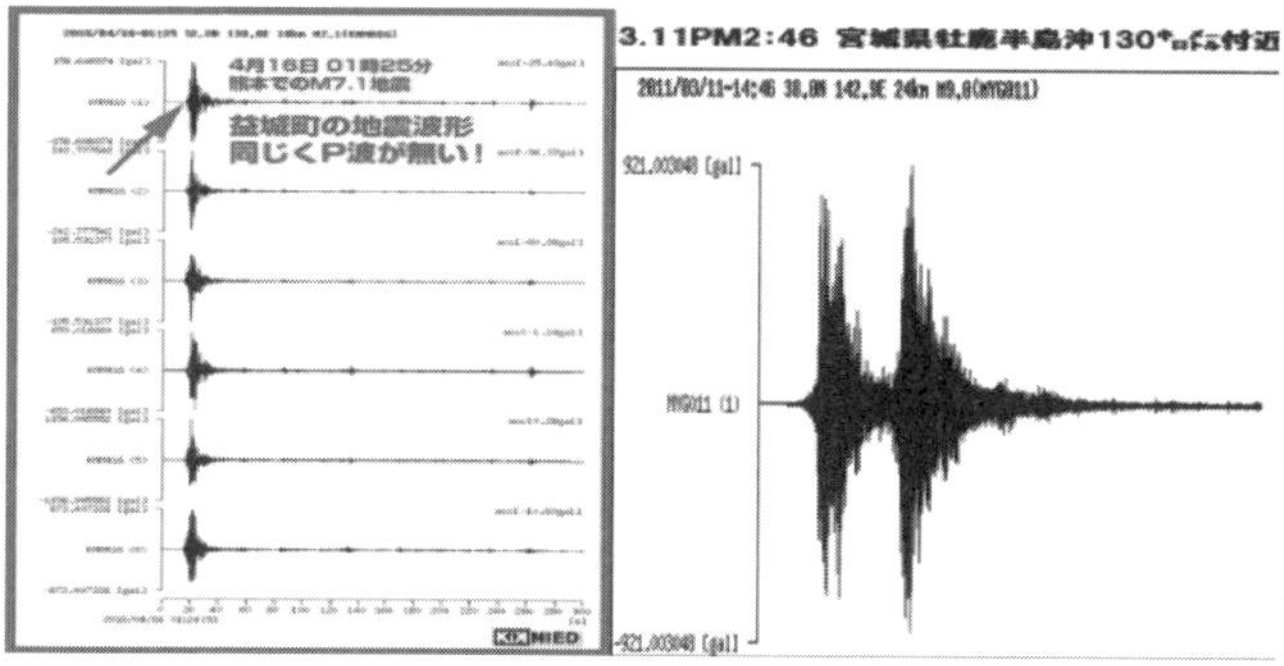

熊本地震も人工地震の特徴である緩いP波がなく、いきなり激しいS波が起こっている

引用/防災科学研究所

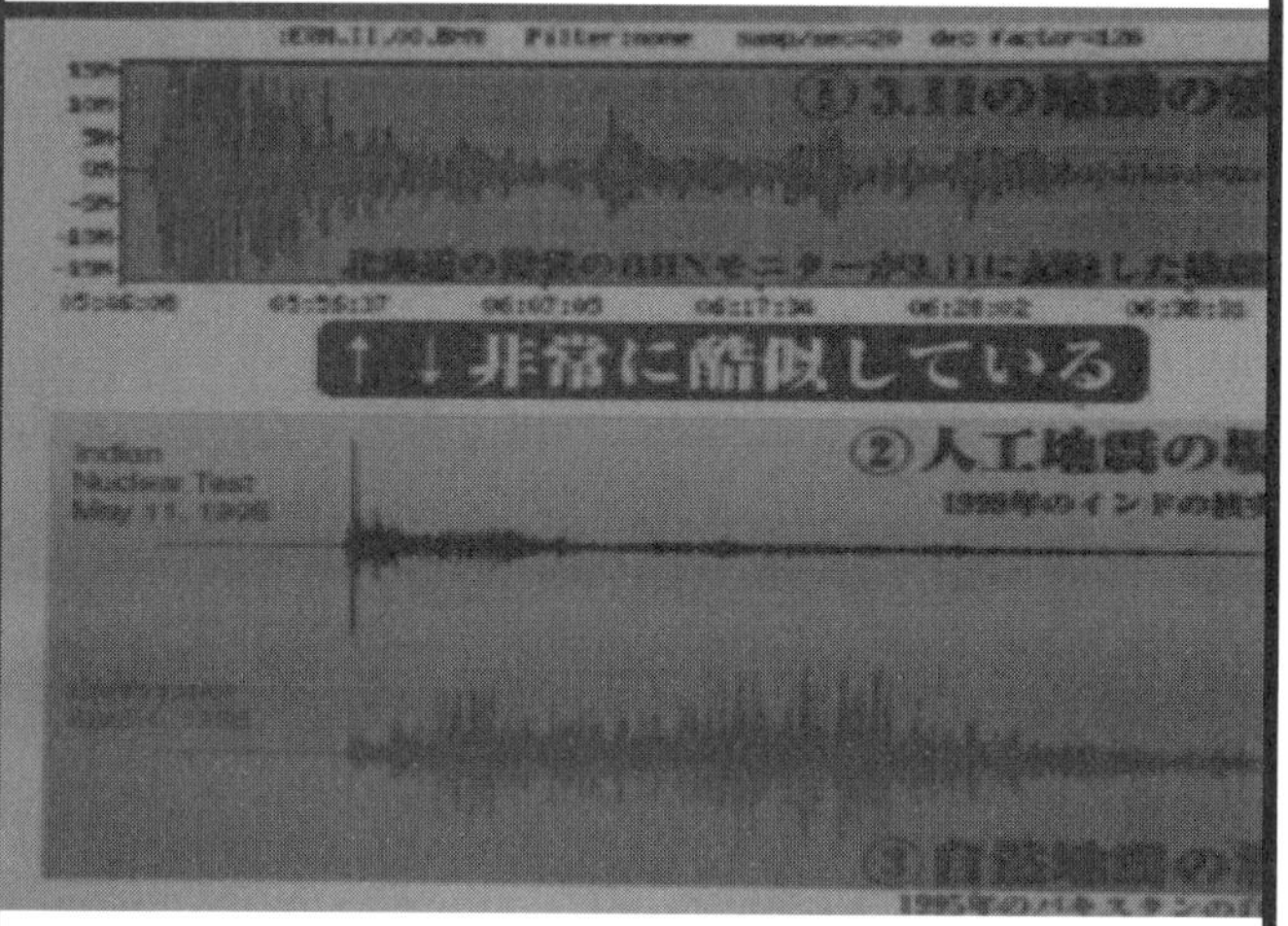

核爆発による人工地震はいきなり激しいS波が生じるのが特徴

http://sharetube.jp/article/1574/

気象兵器HAARPとは何か。

これはかつてカナダのガコナ州に建設された『高周波活性オーロラ調査プログラム』の略だ。現地の広大な平野に巨大アンテナが林立している。その後、どこかに売却されたという噂だが、真意は不明だ。このアンテナから特殊な電磁波が放射され、電離層に反射し、目的地に照射、その地一帯を加熱するというのだ。

ある著名な天才物理学者は、3年間、このHAARPの活動を追跡した。ついに3・11が起こる直前、異常に活動していたことを突き止めた。そして、何者かが人工地震で日本を混乱に導いたのは100％間違いないと断定した。

こうした疑惑を科学的に立証するデータは、この物理学者のものだけではないのだ。

M9の地震の前に日本上空の大気が急速に加熱されていた！

こうした疑惑を科学的に立証する科学的データの一つが、米国科学技術系サイトのテクノロジー・レビューが2011年5月18日、「M9の地震の前に急速に加熱された日本上空の大気」のタイトルで掲載した記事だ。

これはNASAのゴダード宇宙飛行センターが日本の東北でM9の地震が起こる数日前から、

人工地震兵器の噂が絶えないカナダのガコナ州のHAARP　引用/Wikipedlia

DEMETER宇宙船が撮影したという、電離層全体の電子量が3日前に劇的に最大限に達したというものだ。

このデータが39ページ上の画像だ。確かに同年3月5日あたりに日本列島で赤外線のエネルギー量に変化が表れた。そして、3月8日、9日、10日とピークに達した。

同時にTEC値と呼ばれる、GPSでの解析による「電離層全電子数」が日本列島周辺で真っ赤に変色しているのが解析された。

これは「LAIS（地圏―大気圏―電離層結合）メカニズム」と呼ばれる考え方と一致するという。NASAの研究チームの解説を簡単に言えば、「何らかの原因でラドンガスが大気中に放射され、この時の放射能が空気をイオン化する」というのだ。

そうすると、水分子が空中でイオンに引きつけられ、水の大規模な凝結を誘発するという。この結露が進むプロセスで、赤外線が放出されるというのだ。

この状態をDEMETER宇宙船が撮影したのだ。

早い話、**M9が起こる直前、東北一帯にストレスがかかり、大気中に大量のラドンガスが放射される。**そして、**震央の上空で赤外線放射が劇的に増加し、大気が加熱されたと考えられる**のだ。この大気を加熱するのに「HAARP」が使われた可能性が高いというのだ。

人工地震説を公開した前出の物理学者は、このHAARPの活動歴を追跡、3・11前に異常な周波数をチャッチしていたのだ。

また、北朝鮮が行う核実験に対して、2006年から米韓の科学者が共同で3年間研究した結果、人工地震がともなう特徴を証明したという記事が配信された。この記事もまた3・11の疑惑を確信に導くものだ。

この研究に携わった気象庁の関係者は、核実験による人工地震は二つの面で確認されたと話したという。それが以下の証言だ。

「まず、人工地震と自然地震の違いは、地震波の特徴で見分けることができる。**自然地震は規模が大きいほど、断層が長い時期に渡って長く割れることで、地震波は低周波になる。**

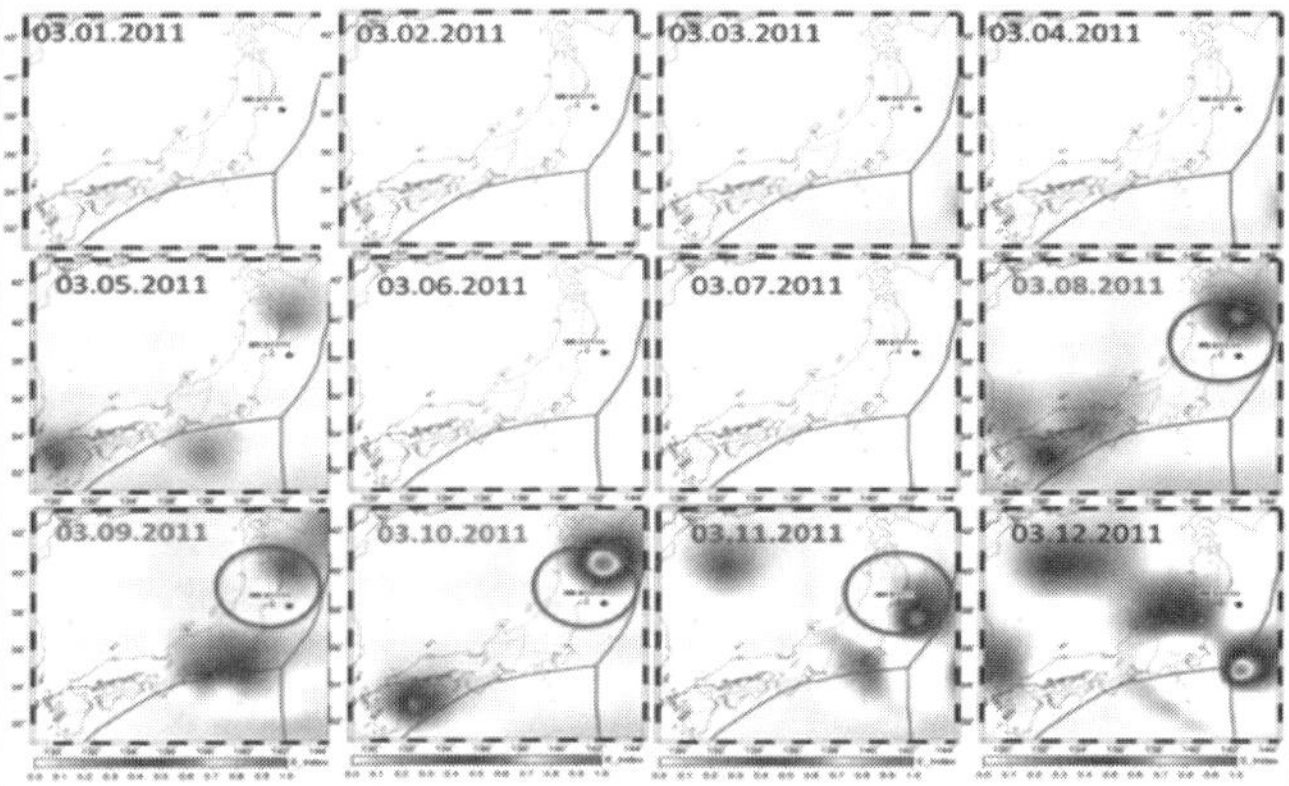

電離層全体の電子量が3日前に劇的に最大限に達した

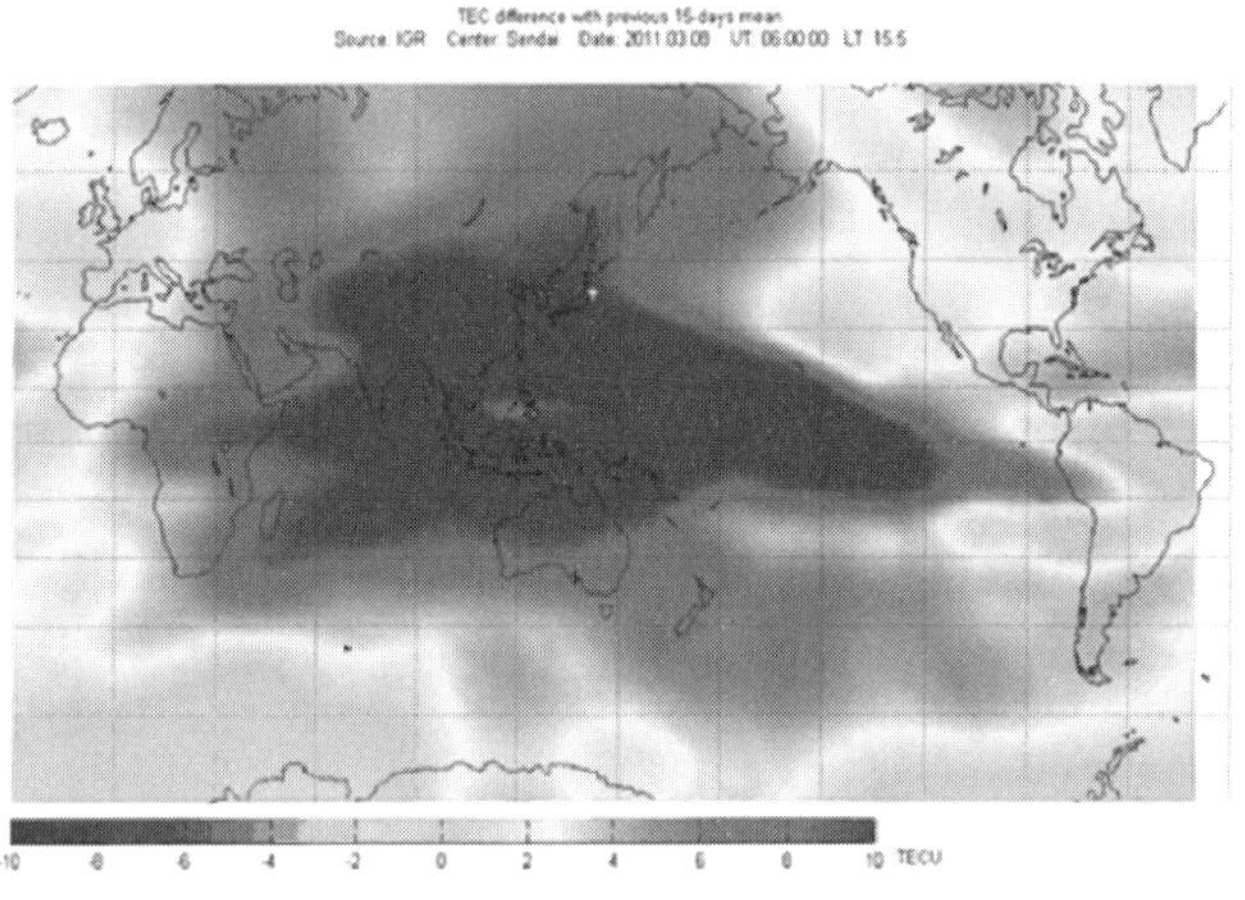

「電離層全電子数」が日本列島周辺で真っ赤に変色

引用/米国科学技術系サイトのテクノロジー・レビュー

一方、**核実験による人工地震は核弾頭が一瞬で破裂して発生するため、地震波は高周波になる。**同規模の地震でも高周波なら人工地震と判断できるし、核実験かどうかは地震波の分析だけでも確認が可能だ」というのだ。

事実、韓国の気象庁では、**「済州島を除いた全国100か所に設置された地震波観測所すべてで人工地震であることを知らせる（高周波）波動が観測された」**と話したという。

また、人工地震と自然地震を見分けるもう一つは、空中を行き来する音、つまり音波の観測だ。気象庁では、「自然地震とは違い、核実験では音波が観測されるのだが、全国5か所の音波観測所のうち2か所で音波が観測された」というのだ。

要するに自然の地震では、地震波は低周波となり、核を使った人工地震では高周波となる。さらに自然の地震では音波が生じないが、人工地震では音波が観測されるという事実だ。

3か所で地上の核爆発で起こる微弱な気圧の乱れを観測した！

人工地震による音波を観測したデータは、米韓だけではない。2011年5月23日付けの共同通信が配信した記事では、千葉県とロシアの2か所で音波を観測したという。

これによると、包括的核実験禁止条約（CTBT）に基づき核実験を監視している**日本気象**

協会では、東日本大震災の震源付近で、津波の海面上昇による大気の圧縮で生じたと見られる微弱な長周期の音波を千葉県とロシアの施設3か所で検知したというのだ。

この音波を観測したのは、津波発生海域から約300キロの千葉県いすみ市と、1000キロから1900キロのロシアのウスリースクとペトロパブロフスク・カムチャツキーの「微気圧振動監視観測所」だ。この3か所で地上の核爆発で起こる微弱な気圧の乱れを監視していたのだ。いすみ市の観測所では、大震災発生約17分後、3月11日午後3時3分頃から約12分間、約20パスカルの気圧変動でできた音波を確認した。人間の耳では聞き取れない長い周期で、震源域付近から伝わったことが推定できたという。

ロシアの2か所の観測所でも、ほぼ同じ長周期の音波を約1時間から1時間40分後に捉え、音波がほとんど衰えず伝わったと見られる。

気象協会では、「音波鑑定で津波の規模を推定できる可能性がある。今後の研究次第では強い揺れをともなわず大津波を起こす明治三陸地震（1896年）のような津波地震の防災情報に有効かもしれない」とした。

要するにこの施設3か所の目的は、地上の核爆発で起こる微弱な気圧の乱れを監視することだ。その3か所とも、長周期の音波をチャッチしていたのだ。

これでロシアは、3・11が人工地震であることを確信したはずだ。実は、ロシアのプーチン大統領は、この情報を知っていたらしい。

この後、東京では3月21日から27日にかけ、世界フィギュアスケート選手権大会が開催されることになっていた。これが中止となり、モスクワで1か月後に開催された。

この開会式では、「東日本大震災にあった日本への追悼」が行われたことがわかった。

このセレモニーでロシアは、3・11で発生した異常な地震波形をレセプション会場のリンク上に再現、「これが人工地震の証拠だ！」と言わんばかりに全世界に訴えたという。

しかし、この大会の放映権を日本の某テレビ局が握っていた。そして、この部分をカットし、放映したことが後に判明した。

この某テレビの上層部では、3・11がテロ攻撃であることを事前に知らされていたので、このシーンをカットしたのが真相らしい。

さらに東大研究室では、岩手県から福島に至る9か所にのぼる震源地から人工地震の際、生じる高周波を観測していたことが後に公表していたことがわかった。

実は、日本の新聞、テレビなどのマスコミは、世界を操る秘密結社に操られていることが近年、明確になってきた。

この秘密結社とは、ユダヤ国際金融資本、またはディープステートであることが世界的に暴

「核爆発で起こる気圧の乱れを監視する」観測所
音波をチャッチ/日本気象協会の発表

●千葉県いすみ市：震源地から約300キロ。3月11日午後3時3分頃、約12分間、20パスカルの気圧変動で起きた長周期の音波を観測。

●ロシアの微気圧振動監視観測所：震源地から1000キロから1900キロのウスリースク、ペトロパブルフスクカムチャッキーでほぼ同じ長周波の音波を約1時間から1時間40分後に観測。

日本気象協会では、千葉県いすみ市で当日午後3時３分頃、長周期の音波を観測していた

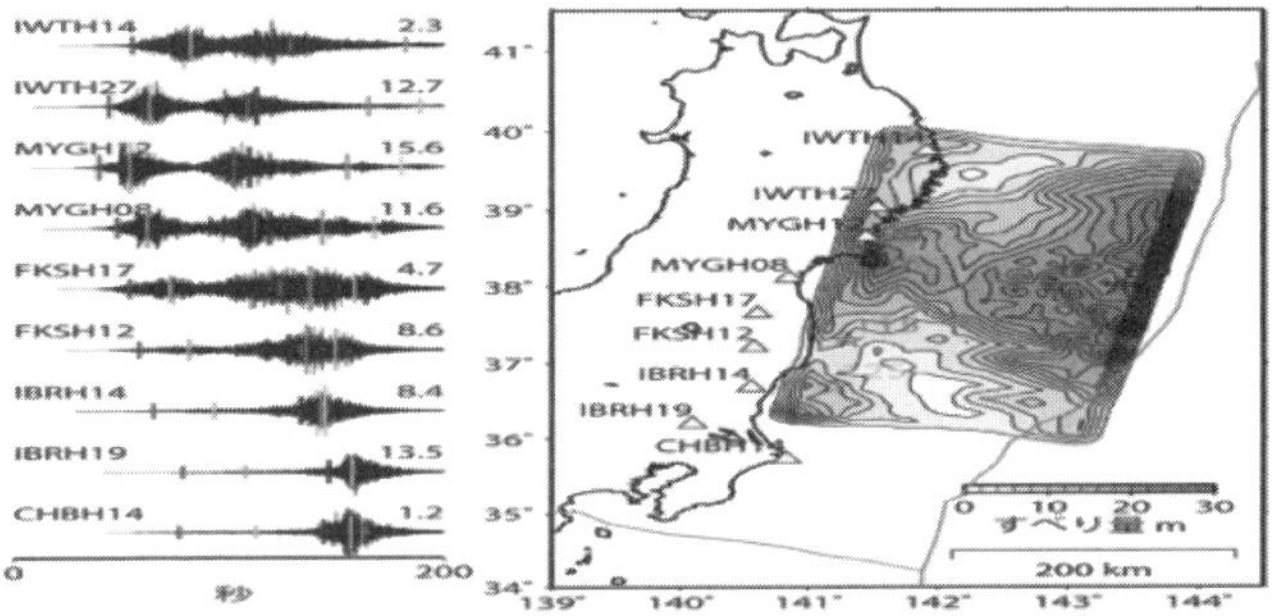

東日本の各地で人工地震の際、生じる
高周波が観測された/東大研究室

東大研究室でも人工地震の際、生じる高周波を９か所の震源地から高周波を観測していた

かれてきた。この組織こそ、フリーメーソンと言われる。そのトップ組織が『イルミナティ』であるという。某テレビはその下僕であり、『朝鮮ネットワーク』の一員との噂がある。むろんのこと、他のテレビ局も同様、ほとんど全局、フリーメーソンに乗っ取られていることが巷間、広まってきた。

この**フリーメーソンとは、政治家小沢一郎をしてマフィアと言わしめ、世界の経済、金融、司法、マスコミ、エネルギー、医療、農業分野までを支配下に置く**という。そして、次々謀略を仕掛け、必ず敵対する経済圏をつくっては局地戦争を仕掛け、武器弾薬を売り込む悪魔のような闇の結社らしい。

この**国際金融資本を代表するのは、言わずと知れた、ロスチャイルド家やロックフェラー家、ブッシュ家があまりにも有名**だ。彼らの思想は、**ユダヤ人の伝統的な『タルムード』を忠実に信仰するという。別名アシュケナージ・ユダヤと称される白人組織のことだ。**

この組織は、もともとのユダヤ教徒ではなく、中途から改宗したハザール人、またはカザール人のDNAを持つ。そして、〝自分たちこそ唯一神から選ばれた民族〟と信じて疑わない狂信的な集団のことだ。ユダヤ人以外の人間は、ゴエム（家畜）と見なす人種差別思想に凝り固まった組織であることがすでに暴かれている。

したがって、〝家畜と同じ人間が死のうがどうでもいい。あるいは家畜と同じ人間を殺して何が悪い〟と本当に信じ込んでいるらしい。

これに対し、モンゴロイド・セム系のモーゼやイザヤ、イエス・キリストのDANを持つのがユダヤ人本流のスファラディ・ユダヤだ。日本人のDNAと同じYAP遺伝子を持つことが近年解析されている。

これまでの第一次世界大戦、第二次世界大戦、朝鮮動乱、ベトナム戦争の他、最近では9・11米国同時多発テロ事件まで自作自演で引き起こしたことが世界的に知られてきた。

9・11では首謀者としてビン・ラーディンを仕立てた。そして、アフガニスタンに潜伏していると決めつけ、空爆する根拠として攻め入ったことが暴かれた。

次にイラク戦争を仕掛け、フセイン大統領を葬った。さらにリビアのカダフィ大佐を暗殺、武器や弾薬、その他2兆4億円もの資金を強奪したことが先端ジャーナリストによって明らかにされている。

この**情報源によると、リビアにあった武器や弾薬、そして膨大な資金がイラクの北方に運ばれ、世界の脅威となったIS国創設に使われた**というのだ。

この謀略を仕掛けたのが、ヒラリー元国務長官であり、ブッシュ元大統領であるという。ヒラリーは、2016年〝メール問題〟が発覚した。このメールには、リビアのカダフィ大佐暗殺計画などの謀略関係のものがかなりあったらしい。

これをウィキーリクスがハッキングし、この情報をロシアに亡命した元CIA職員スノーデンが世界中に配信したのが真相のようだ。映画監督オリバー・ストーンがこの真相を忠実に再現した。この後、スノーデンは香港経由でロシアに亡命、闇の魔手から逃れた。

ヒラリーやビル・クリントン元大統領らはいずれも民主党だった。この民主党のスポンサーが投資家ジョージ・ソロスだったことが明らかとなった。皆、ユダヤ系白人組織、フリーメーソンの一派であるわけだ。

ロシアのプーチン大統領は、これまで行われたCIAの謀略に関する情報をスノーデンから入手した。しかし、米国民もいつまでも馬鹿ではない。ネット社会の今日、こうした悪辣《あくらつ》な民主党の謀略に気づき、民主党政権に嫌気がさしたらしい。米国大統領選で共和党のトランプが圧勝したのはこうした背景が潜んでいたようだ。

2018年3月、これまで米国及び世界を操ってきたデービッド・ロックフェラーは死去した。したがって、権力はロックフェラーからロスチャイルド家に移行したと見られている。

このロスチャイルドが後ろ盾となって、大統領トランプが誕生したのだが、旧勢力に囲まれ、トランプ政権も混乱を極めているらしい。米国では内紛状態、FBIとCIAが殺し合うという、余談の許さない展開が行われているという。

2018年7月16日、ヘルシンキで米ロ首脳会談が行われ、プーチンとトランプの両大統領で世界をリードする意向が確認されたとの観測がある。しかし、この会談宣言をめぐって前述した米軍産複合体が激怒し、トランプ暗殺に動きだしたという噂もある。

最新のニューズウィークのメルマガによれば、**米のネット情報で台頭し始めてきた〝Qアノン〟勢力を後ろ盾にトランプは、このディープステートの追放を宣言、まずは9・11米同時多発テロ事件を仕組んだ元国務長官ヒラリー・クリントンら民主党トップや元大統領ブッシュの逮捕に動いている**という。

プーチンは、すでにロシア内のイルミナティ殲滅に成功しているようなので、この秘密結社及びディープステートの権力が弱まっていることは確かなようだ。2018年6月米朝首脳会談が行われたことでもわかるように、世界は平和に向けて動き出したといえる。

Ⅱ　東日本大震災を仕掛けたのはイルミナティ、ディープステートだ!?

EUは世界の脅威はISではなく、ロシアであると決議した

ロシアのプーチン大統領は、米国ＣＩＡの元職員スノーデンにより米軍産複合体が行ってきた数々の謀略を完全に熟知したようだ。

２０１６年１月、こうした謀略を次々繰り出し、世界を戦争に巻き込み、膨大な利益を貪《むさぼ》ってきたユダヤ国際金融資本のトップ、イルミナティに対し、殲滅することを宣言したことがネット上にアップされた。

続いて、この組織のトップ企業、これまでダイオキシンや遺伝子組み換え食品などを次々開発、世界寡占を進めてきたバイオ企業モンサント社の戦略製品、コーンシロップや遺伝子組み替え（ＧＭＯ）食品、そして、西洋医薬品を追放、どんなことをしてもロシア国民を護《まも》ると宣言した。

このモンサント社こそ、悪魔のバイオ企業と称され、２０１７年に殲滅されたＩＳ国のスポ

ンサーであることが噂されていた巨大企業だ。

驚くことに近年、ワルシャワで開催されたNATO（北大西洋条約機構）の首脳会談では、ロシアに対して「世界的な安全に対する主要な脅威である」ことが決議されていた。

ここ数年、世界を混乱に陥れているのは、IS国のテロ行為と思われるのだが、世界の脅威のNO・1がロシアというのだ。

シリアで内戦を起こし、中近東を混乱させている元凶であるIS国は米国生まれな上、彼らはその支配下にあるので脅威ではないというわけだ。

2014年に起きたロシアのクリミア併合危機問題では、米軍は、イージス艦など数隻をクリミア半島に派遣し、ロシアを牽制《けんせい》する戦略を取ったことがあった。

ところが、ロシアは電子兵器を搭載したスホイ24戦闘機を出動、このイージス艦の上空を12回旋回したのだ。

この電子兵器こそ、世界最高の秘密兵器だった。スイッチを入れれば、一瞬にしてミサイルであろうと、ロケットであろうと、イージス艦、原子力空母ロナルド・レーガンであろうが、作動不能、3週間ほどで単なる鉄くずと化してしまう。米軍の軍事力もはるかに及ばないテクノロジーを搭載していたのだ。

哀れ、イージス艦はスホイ24に上空を12回もされるという、大恥をかいたわけだ。

むろん、この時、プーチンはイージス艦を攻撃することはなかった。

これが実行されたら、時の国務長官ヒラリーは、核のスイッチを押すことを命じたとされる。プーチンはこれを熟知、そのような大人気ないことはせず、第三次世界大戦を回避したわけだ。

早い話、米国は、軍需産業が経済の中の30%以上を占めているので、どこかで戦争を起こさないと経済が成り立たない。

そこで、武器弾薬を売りさばき、巨万の富を獲得しているのがユダヤ系国際金融資本、前述したカザール・マフィアだ。

現在、このカザール・マフィアの操り人形だった元国務長官のヒラリーが大統領選で敗北、新大統領トランプが権力を握ったため、この悪魔の構図は崩れたかに思えた。

トランプは過去2年間で前政権が遺した政策を見直し、各国大使を入れ替えるなど、自分の傘下を人材に登用、米国ファースト（自国優先）に舵《かじ》を切った政策を推進した。しかし、多勢に無勢、軍需産業を育成しないことには米国経済は成り立たない。

ここで企てたのは、ご存じ、北朝鮮の核ミサイル危機だったわけだ。度々金正恩《キム・ジョンウン》を「ロケットマン」と揶揄《やゆ》し、米軍が空爆開始寸前であることを、マスコミを使って喧伝《けんでん》、またはツイッターで危機を煽《あお》った。

これに日韓は煽られ、THAAD（終末高々度防衛ミサイル）ミサイルや欠陥機オスプレイ、

米国防長官マチス曰く「ロシアが最大の脅威！」

ＥＵと米国防長官は最強の武器を持つロシアを敵視する

Putin's 2016 New Year Speech – I'm Going To Defeat The Illuminati

イルミナティ殲滅を宣言したロシア・プーチン大統領　出典/yournews

ジェット戦闘機（F35）の100機の購入を強いられた。正しくカザール・マフィアの謀略に踊らされているのが真相ではないか。

この恐るべき、カザール・マフィアが3・11を引き起こし、そして、熊本地震を仕掛けた状況証拠が浮かび上がってきたのだ。

3月13日に宮城県沖に空母ロナルド・レーガンと第七艦隊が現れた

3・11が人工地震で引き起こされたとする状況証拠として、実に不可思議、絶対起こり得ないことが起きた。それは米国の20隻の艦隊で組織される第七艦隊と、空母ロナルド・レーガンが3月13日宮城県沖に出現、『トモダチ作戦』を開始したことだ。

ここは海洋だ。救援に駆けつけるにはあまりにも早過ぎる。

しかも、第七艦隊には、救援活動にうってつけの強襲揚陸艦エセックスやドック型揚陸艦トーテュガまで25隻が帯同していたというのだ。この米国を代表する空母と第七艦隊が偶然、日本近海で出くわしたとでもいうのだろうか。

3・11が起こることを事前にチャッチし、日本近海で待機していたとしか考えられないではないか。あまりにも準備が良すぎるのは明白だ。

しかし、その後、驚くべきことに空母ロナルド・レーガンに乗っていた5000人ほどの乗務員のうち、およそ半数ががんや甲状腺疾患などの被曝障害に罹《かか》ったという報道が流れた。

2015年3月8日、震災から4年経ってTBSがようやくこのことを特集した。

被曝の内訳は、ロナルド・レーガン乗務員4843人中、悪性新生物（がん）46人、甲状腺の疾患35人、呼吸器系の疾患931人、消化器系の疾患722人だ。

この報道によれば、「この放射線障害を訴える原告250人が、〝この被曝症状が福一原発から漏れた放射線が原因だ〟とし、東電のほか、東芝と日立の原発開発メーカーまで入れ、損害賠償を提訴、被曝障害者の治療のため、1500億円の基金を設立することを要求している」というのだ。

続報ではすでに原告が500人以上に増え、1人が両足切断、女性が子宮を摘出、妊娠不能に陥った。被曝患者に共通するのは、「疲れやすくなり、頭痛がつきまとい、常にイライラする」という症状を訴え、自宅に引きこもりがちに陥っているという。

後にロナルド・レーガンの航海日誌と放射線分布観測装置「WSPEEDI」のシミュレーション図から、3月13日15時、福島沖合から宮城県沖に航行中、福島第一原発がメルトダウン（炉心溶融）したことで発生するトルーム（放射線雲）に突入したことがわかった。

東電はこのメルトダウンを公表したのがそれから5か月後だった。あの翌12日、メルトダウンを直ちに公表していれば、彼ら乗務員は被曝を回避できたはずだ。

さらに仙台沖でトモダチ作戦を1か月実行中に海水を採取し、塩素を除去したのを飲用、または料理にこの海水由来の飲料水を使用、シャワーにも活用したことがわかった。甲板を海水で洗った後、作業着から放射線を検出、この衣類を焼却したこともあったらしい。

となれば、岩手県から宮城県沖で小型水爆を使って日本海溝を破壊した際、発生した放射線に再被曝したとも考えられる。

ロックフェラーの権力が低下した米国では、現在、9・11自作自演同時多発テロ事件の首謀者と、戦争を仕掛けた闇の組織のトップの逮捕者リストが公開され、捜査が進んでいることは前述した。

東日本大震災では、こうした謀略で2万人ほどが亡くなった。この事件をうやむやにし、風化させてしまったのでは、亡くなった人々の鎮魂になるはずがない。

この東日本大震災は、人工地震で仕組まれたことを明らかにし、**少なくとも日本、または世界の敵は、米軍産複合体を操る闇の政府、ディープステートであることを広く知らしめることが最大の供養と考える。**これを知っていながら、黙認した日本政府及び原発関係企業のトップを一掃することが最大の供養ではないだろうか。

トモダチ作戦でやって来たロナルド・レーガン　　引用/アメリカ大使館

3.13日、宮城県沖合に
25艘の第7艦隊が現れた！
ロナルド・レーガン」乗組員（4843人中）
悪性新生物(がん) 46人
甲状腺の疾患 35人
呼吸器系の疾患 931人
消化器系の疾患 722人
原子力空母「ロナルド・レーガン」

ＴＢＳで報道特集されたロナルド・レーガンの乗務員の被曝症状

CIAの前身米国OSSの機密文書で日本への人工地震計画が練られていた

ここまで述べても「そんな馬鹿な！　人工地震がどうして起こせるのか」の反論が聞こえそうだ。**こうした反論をされる方には、米国CIAの前身、米戦略事務局（OSS）が作成した機密計画書『地震を使った対心理戦争計画』が情報公開法によって、2005年4月に明らかにされている**ので、この機密文書をとくとお読みなっていただきたい。

この報告書によれば、第二次世界大戦末期、1944年にカリフォルニア大学のバイヤリー教授を中心とした地震学者らが総動員され、「日本近海のどこかの海底プレートに強力な爆弾を仕掛ければ、人工的に巨大な津波が起こせるかシミュレーションが繰り返された」と記載されている。

この報告書の結論は、「日本人の目を覚まさせるには地獄に飲み込まされたと思わせる必要がある。そのためには、地震を恐れる日本人の特性を徹底的に突くべし。地震攻撃に勝るものはない」だった。

また、当時米軍の研究開発部門の責任者らの最終結論は、「日本の周辺にある海底プレートをピンポイントで爆破すれば、巨大な津波を発生させることが可能になる、目標とすべきプレートの周囲8キロメートル《キロメートル》内に爆弾を仕掛ければ、1年以内に狙った場所で地震を起こすことができ、津波も誘導できる」だったという。

ここで言う爆弾とは、核爆弾のことだろう。早い話、「日本人を屈服させるには、地震と津波が最も有効手段」と結論付けされたわけだ。

実際、1944年12月、M7・9の「昭和東南海地震」、45年1月にはM6・8の「三河《みかわ》地震」が発生、それぞれ数千人の犠牲者を出した。前者では三菱重工業や中島飛行機といった軍需工場が壊滅的な打撃を受けたらしい。

米国では、「15メートル規模の津波をともなない、観測史上最大規模の大地震」だと報じられたようだ。このOSSの一連の文書の中に第二次世界大戦の終戦方法として、「人工地震兵器で津波を引き起こして日本を降参させて終戦する、原爆を落として終戦するか」まで議論された記録があるという。

こうして選択されたのが、広島、長崎への原爆投下だったわけだ。

この計画は、米国とニュージーランドと共同で行われたらしい。それは1999年、ニュージーランドの国立公文書館から『プロジェクト・シール』と書かれたファイルが見つかったことで判明した。

この文書の中で、「米国とニュージーランド政府は第二次世界大戦の末期から地震・津波兵器の開発を進めてきた。ニュージーランドの沖合でも実施された津波爆弾『プロジェクト・シール』の実施では、7か月間、約3700発もの爆弾を使い、30メートルを超える津波を発生させるのに成功。日本を降伏させるためにはこの津波爆弾を使うか、原爆を投下するかが検討されたが、精度が高く、効果が大きい原子爆弾が使われた」と書かれていることがわかった。

驚くべきことに終戦直前、日本上空を空襲してきたB29から膨大なビラが投下された。このビラこそ降伏を促すものだった。

このビラの文を要約すると、

【諸君の国に大損害を与えた1923年の大正関東大地震を覚えているか。米国はこれに千倍を超える損害を生ぜしめる地震をつくり得る。

これらは数年間をかけ苦心惨憺《さんたん》の賜物を2、3秒間内に破壊し得るのである。これを使えば、諸君の家屋は崩壊し、工場は焼失し、諸君の家族は死滅するのである。

米国式地震を注目せよ！　諸君はそれが発生する時を知るであろう】と記されていた。

このOSS機密文書の信憑性《しんぴょうせい》を立証できるのは、60ページの1930年代から1960年代まで、朝日新聞から読売新聞、毎日新聞、日経新聞までが掲載した人工地震関係の記事がそうだ。全部で数百本は超え、日常茶飯事的に紙面化されていたのだ。

それだけではない。すでに1970年代半ば、米ソで気象兵器の開発は禁止するよう、交渉が行われていたのだ。したがって、その交渉が表面的には行われたが、水面下では密かに開発

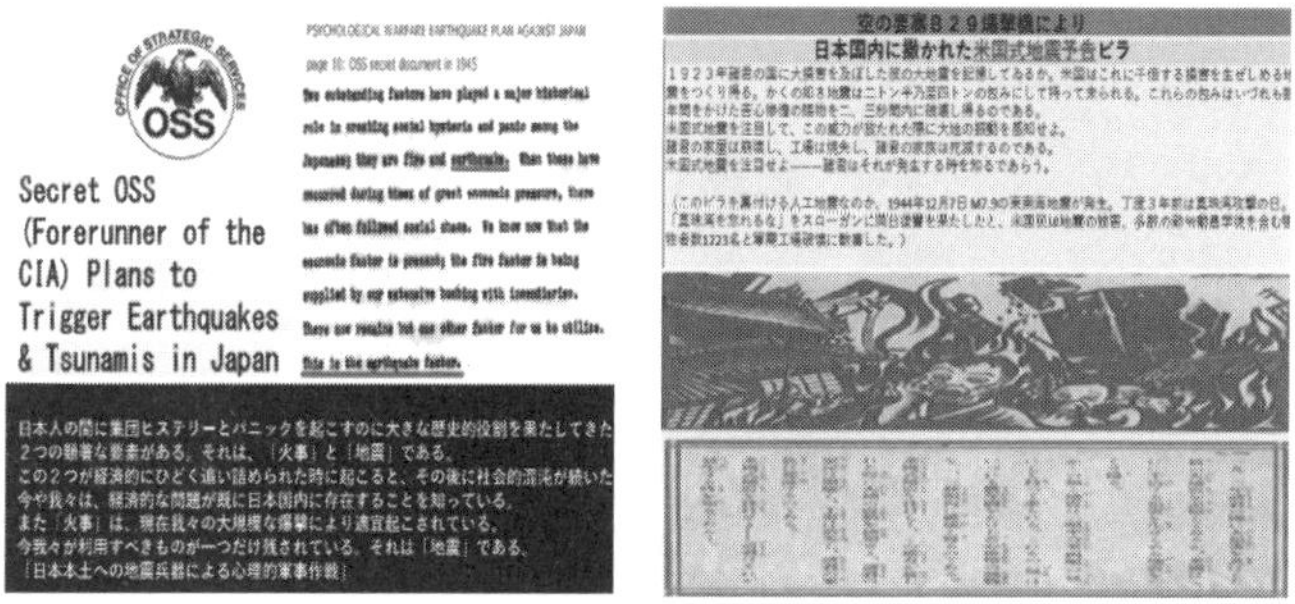

情報公開法で明らかになったＣＩＡの前身ＯＳＳ文書と、B29から投下された地震予告ビラ

出典/https://blog.goo.ne.jp/zaurus13/e/35fa7119b28e9e08f26f900d7912da41「ザウルスでござる」

が進み、実用化されていたわけだ。

近年、人工地震の記事が掲載されないのは、世界を操る前出のイルミナティが緘口令を敷いたためであろう。くどいようだが、この組織がニューヨークタイムズからＣＮＮ、ワシトンポストなどの米国の主要なメディアも傘下に収めているので、情報操作はわけもない。

朝日新聞はニューヨークタイムズと提携しているというので、国際情勢は同じ流れが掲載される道理となる。

また、３・11が起きた２０１１年の7月、人工地震をめぐって国会の代表質問でも取り上げられた。ＮＨＫが全国中継したもので、維新の党の柿澤未途《みと》議員が、人工地震説を取り上げていた、国際政治学者である自民党の浜田和幸元政務官に質した。

原爆で人工地震
ネバダで14日に初実験
"気象兵器"で米ソ交渉
開発禁止話し合う
最大の人工地震成功
各地で震動感じ
パラグアイに移住調査団
1930年代から人工地震が300本以上報じられていた！

かつて大新聞が人工地震を日常的に報道していた

3.11人工地震説は政治家、NHKも周知の事実
2011.7　月、国会代表質問で、柿澤未途議員が自民党の浜田和幸政務官に人工地震説を質した。
浜田政務官：「人工地震は旧ソ連、中国、アメリカでも可能であり、国際政治軍事上の常識であります」。一説ではインド・スマトラ沖大地震の際、米国は人工地震でビンラディン派を一掃した。平野達男国務大臣：3.11ではそのような事実はない。

国会で人工地震説を展開する浜田和幸政務官　　引用/YouTube

この映像によれば**浜田政務官は、「人工地震は旧ソ連、中国、アメリカでも可能であり、国際政治軍事上の常識であります」と答弁**している。

早い話、ここで述べられた人工地震説の答弁書は国会議員に配布されており、これを中継したＮＨＫの職員も知っていたはずなのだ。

２００４年には12月には、インドネシア・スマトラ島沖でＭ９・３の巨大地震が起き、20万人以上が死んだ。この時、米国の太平洋艦隊はマラッカ海峡を通り、中近東に向かいたかった。しかし、インドネシア政府はこの艦隊の領海通過を許可しなかったらしい。

この震災後、太平洋艦隊はマラッカ海峡を難なく通過、火薬庫のペルシャ湾に向かうことができた。

こうしたことを浜田政務官は掌握していたと思われる。これを陰謀論と置き換える御用学者も存在する。しかし、これは世界で起きている現実なのだ。

知らないのは、残念ながら、こうした事実から隔離され、新聞、テレビしか見ない我々一般市民ということになる。

Ⅲ ユダヤ系国際金融資本の暗躍を暴け！

3月11日以後、東京湾アクアラインを震源地に連続地震が起きた！

ここまで述べてきた真相と状況証拠で導ける結論は、米国が60年くらい前から研究を続行していた気象兵器及び人工地震によって、3・11を仕掛け、日本を混乱に導くとともに日本弱体化を狙ったものと考えられるのだ。

では、果たして誰がどのようにして、この謀略を実行したのだろうか。

このことはすでに先鋭のジャーナリストらが暴いているようにユダヤ系秘密結社イルミナティが背後で動いている息吹が聞こえてくるのだ。

この東北地方一帯で広域にわたって巨大地震から余震までが起きたことは周知の通りだが、実は、東京湾でも震度2から3の微弱地震が頻繁に起きていたことはあまり知られていない。

この震源地こそが東経139・9度、緯度35・5度だったのだ。

ここは東京湾の、川崎と木更津を結ぶアクアラインに位置し、アミューズメント施設やレストランが併設された海上パーキングエリア、『海ほたる』のど真ん中なのだ。

古代史やユダヤ問題などに精通、ここ2、3年情報提供してくれる無門明星という女性から情報提供が再度あった。今回は気象庁と東大地震研究所が発表するデータを集計してみたというのだ。

その結果、**2011年3月12日から2015年12月26日までこの問題の震源地東経139・9度、緯度35・5度で起きた地震が30数回、M2からM5までの微弱地震から中規模地震が発生したことを摑《つか》んだ。**震源の深さはおよそ30キロメートルから40キロメートルが多いが、20キロメートルと浅いのから深さ90キロメートル、100キロメートルと深いものもあった。

専門家によれば、「自然界では、このように同一場所を震源地に30数回も起きた地震など過去に例はなく、自然界では起こり得ようもない」というのだ。

カザール・マフィア、または闇の政府から指令を受けた何者かが東京湾の同一場所をボーリングし、何らかの方法で爆破。人工地震を連続的に誘発したと考えるほうが筋が通りやすい。

人工地震説に関する文献やネットで情報を収集している内に、山本寛氏という人物が常温核融合説を唱えていることがわかった。そして、**海底に水や液体二酸化炭素を注入する『フラッキング工法』(水圧破砕法)という技術を使えば、地震を引き起こせる**ことを指摘していたのだ。

2004年10月23日、新潟県長岡市を震源とした新潟県中越地震が起きた。実は、この時、井戸に液体二酸化炭素を注入する試験を行っていたという。

注入当時まで長岡では地震が起こったことはなかった。しかし、2003年7月から注入を開始し、半年たってM3以上の地震が5件発生し、巨大な新潟県中越地震につながったという。

地震はすべて注入井戸周辺に集中したことが判明したのだ。

山本氏の見解を簡略すれば、「**新潟の場合、注入井戸からは水ではなく二酸化炭素を注入したのですが、帯水層のために水が地中深く押し込まれ、高い圧力で水が注入された状態と同じになった**のです。**圧力注入された水は周りの金属と反応し、原子状水素ガスが発生し、水素核融合して巨大地震の大爆発につながった**のです」とのことだ。

これを中止した後、長岡では地震が一切起こっていない。この『フラッキング工法』が東京湾アクアラインで行われた可能性が高いといえる。

この水素核融合人工地震説を裏付けるのは、2015年米国オクラホマ州ではシェールガス、シェールオイルの採掘のため、『フラッキング工法』を実施したことだ。

ところが年間5000件以上、地震が発生するという事件が勃発《ぼっぱつ》。月間数十から80回以上にも達したのだ。このことで家屋が損傷、または全壊した住民が保険金を請求したところ、保険会社では人工地震を理由に保険金支払いを拒否したというのだ。

これで『フラッキング工法』で微弱地震から巨大地震まで引き起こせることが裏付けられた。

この事件をもって、現在、オクラホマ州では地下水や液体二酸化炭素を注入する場合、注入量を規制する法令が定められたのだ。

ユダヤ系大企業ベクテル社が阪神・淡路大震災も仕掛けた!?

さらに大きな疑惑が持たれていることは、この『海ほたる』一帯の埋め立て工事を担ったのが世界的なユダヤ系大企業、年商4兆円も売り上げるイスラエルのベクテル社であることだ。

問題はこの巨大企業は、2007年起きた阪神・淡路大震災の震源地となった明石海峡大橋工事、青森県六ヶ所村の核燃料再処理施設の建設、東京湾横断道路、関西空港、羽田空港ビルなど、日本の主要なプロジェクトを請け負っている事実があることだ。

なぜ、日本の主要な工事にイスラエルの大企業が参入しているのか。しかも多国籍企業は、納税を回避できる優遇措置もあるという。そうなれば、ベクテル社は巨大な国税をそっくりそのまま懐中に納めていることになる。

さらに、このユダヤ系大企業ベクテル社の謀略を前出の物理学者がネットで摘発した。

このブログによれば、「阪神・淡路大震災も3・11東日本大震災と同じく人工地震だ」というのだ。

この衝撃のブログを続ける。「自然界では数秒以内の同時多発に震源が2か所ある地震はありません。ところが、東日本大震災と同じく阪神・淡路大震災でも地下破壊の明石海峡の淡路島寄りを震源に地震が起き、1秒後にまったく別の断層の神戸ポートアイランド付近を震源に2連発地震が起きるという異常な双子地震でした。

2つの震源地が同時に活動を開始したのは、地中の爆破が2発連続したからであり、ベクテル社が明石工事海峡大橋工事の時に起爆物をあらかじめ埋めておいたからではないか」というのだ。

何と言うことか！　これが事実ならば、日本は阪神・淡路大震災でやられ、次に東日本大震災で東北及び福島第一原発まで破壊されたことになる。

昨年、起きた熊本地震も人工地震の可能性が非常に高い。

こうしたことを平然と敢行できるのは、まともな人間ができることではないだろう。

このユダヤ系国際金融資本が裏で動いたと思われる状況証拠は、地球深部探査船『ちきゅう』号の動きだ。この海底探査船**ちきゅうは、日米合同のプロジェクトで推進されているもので、表向きは地球深部の探査や資源探査などが謳《うた》われ、日本近海をボーリング探査などの活動を現在も続けている**のだ。

しかし、震災前後、震源地をはじめ、海ほたる付近に停泊、不穏な動きを見せていることが

ＧＰＳ履歴によって足跡がネット上で公開されている。

問題の３・11当日、『ちきゅう』は東京ディズニーランド付近で子供たちを船内に案内し、一般見学を行ったらしい。

しかし、実際は、**「この船で硬い岩盤をボーリングして穴を開け、小型水爆を繰り返し、投入してはリモート起爆し、爆破の勢いで東京湾北部断層を動かし、大震災を再現しようとしている恐ろしいアメリカの船舶ではないか」**と専門家らは疑っていることだ。

その証拠に日本人の乗務員がこの仕事の目的をインタビューされて、海中深くまでボーリング探査をできる特殊船舶であることを誇っていたが、勢いあまって、「そのほか、人工地震を発生させまして、その地震波を測定するのが目的です」と公言してしまったことがネットで公開されてしまったのだ。

このことを暴いた前出の物理学者によれば、「ちきゅうが悪用されれば、ボーリング用ドリルの刃先を何本も交換しながら、船の真下の海底の岩盤の断層に無数の穴を開けて、その穴をめがけ、核弾頭付きバンカーバスターミサイルを撃ち込んで核爆発を再三繰り返すと、それなりの大地震を引き起こせるのは理論上可能なことです」と綴《つづ》った。

もうすでにちきゅうは、**「東海から南海地方の海底を無数にボーリングしており、小型水爆をセット、後にＧＰＳで現地入りする原子力潜水艦がこの目印を標的にバンカーバスターミサ**

イルを撃ち込んでいるのではないか」というのが専門家の見解のようだ。

バンカーバスターミサイルとは、米軍がイラク侵攻した際、サダム・フセインが潜んでいるとされる地下壕を強力な破壊力で爆破したミサイルのことだ。

これを使えば、東京湾の海底30キロメートルから40キロメートルの岩盤を破壊するのも簡単と推測される。

浜に打ち上げられるイルカの群れは、原子力潜水艦のソナーに脳が破壊されたためだ！

原子力潜水艦が日本近海を潜航、日本弱体化に動いている状況証拠は、3・11直前の3月4日、茨城県の鹿島市の下津海岸に、50頭ほどのイルカが打ち上げられたことだ。

イルカ座礁事件も、ウイルス感染説や地磁気変動説などもあり、謎なのだが、イルカや鯨は水中で脳内から超音波を発し、仲間どうしで連絡を取り合っていることがわかっている。

実は、この原子力潜水艦に搭載された強力ソナーによって、イルカや鯨の脳が破壊され、方向感覚を狂わせ、座礁してしまうことが考えられているのだ。

事実、**２０１１年2月20日、ニュージーランドの南東の砂浜にゴンドウクジラ１００頭ほどが打ち上げられた。そして2月23日、ニュージーランド大地震（カンタベリー地震）が発生し**た。

このことを裏付けるのは、2011年4月の読売新聞は、「米議会調査局の報告書で米海軍・艦船の水中ソナーでクジラなどの大量死や大量迷走が過去10年間に少なくとも6回の軍事演習中で起きていた」と報じた。

これでかなりの状況証拠が揃ってきたのではないだろうか。

3・11直前、問題の前出の地球深部探査船『ちきゅう』は、東北の日本海溝震源地付近で作業していたことがGPSで捉えられている。3・11当日は、東京ディズニーランド付近でイベントを行っていたことは前述した。

したがって、**『ちきゅう』が日本海溝でボーリングし、プロジェクト・シールで確立された大津波を起こせるポイントに水爆を埋め込み、ここに目印を付けておく。その後、原子力潜水艦がこの地点に到着し、ここをバンカーバスターミサイルで破壊**する。

イルカが茨城の海岸に打ち上げられたのは、原子力潜水艦が東北の日本海溝を目指し、茨城付近を通過したためではないだろうか。

前出の物理学者は、「現在、原発の放射能漏れが報道されていますが、実は地震が頻発に起こった頃には、各震源地と一番高濃度の放射線が一致していたのです。特に放射能濃度を測るモニタリングと気象庁の発表しなかった22の地震の地図を重ね合わせると放射線の高い地域が震源地なのです」というのだ。

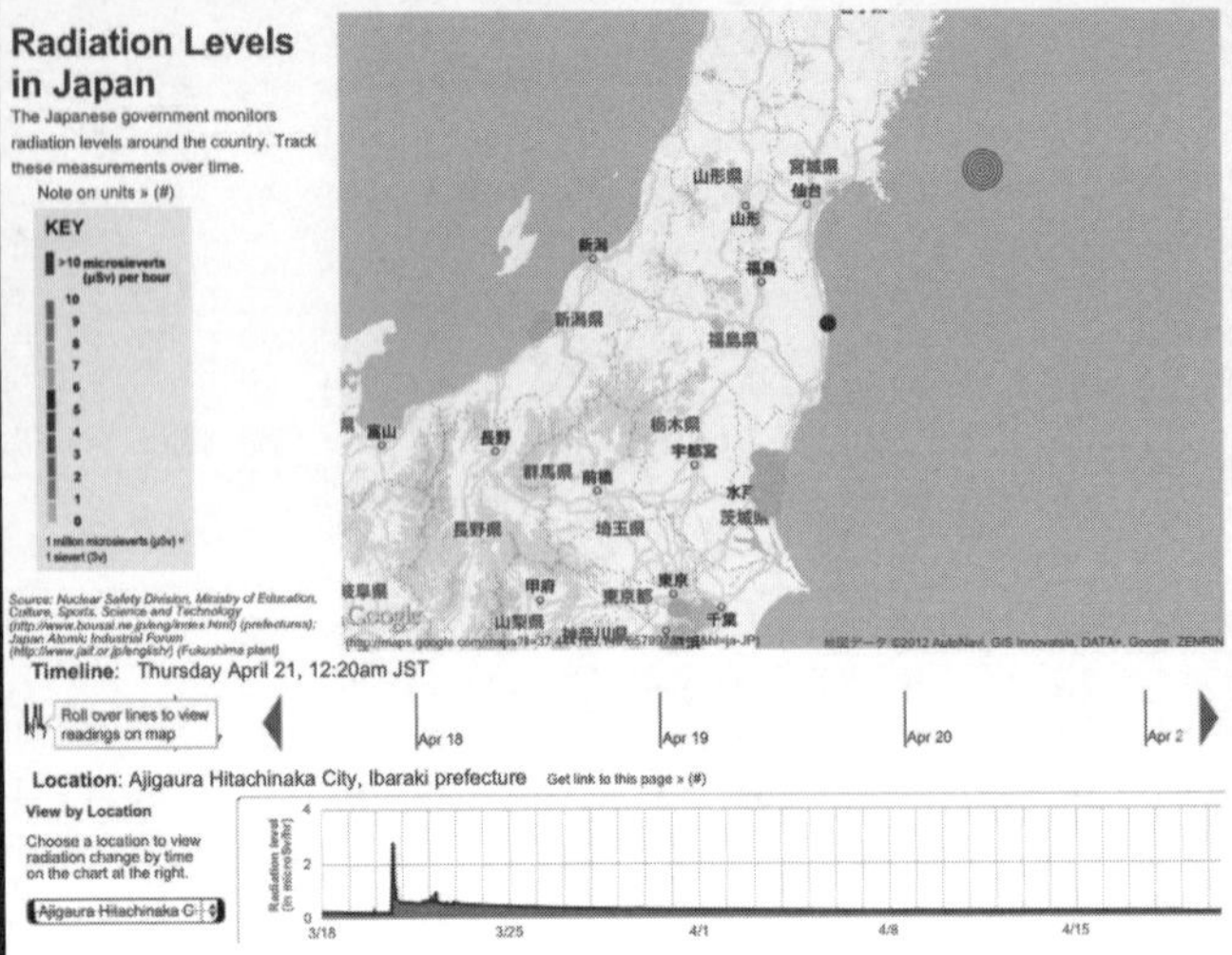

3.11の震源地と高濃度放射線地帯が重なっている　引用/wontonのブログ

汚染水放出は米国政府の要請だったと発言した　引用/TBS【朝ズバッ！】

これを裏付けるのは、米国軍事衛星が捉えた放射線レベルを示す地図だ。これを見ると明らかに福島原発と、宮城県沖と岩手県沖の太平洋が異常に高い。福島原発は放射線漏れを起こしているのでずば抜けて高い。見事に東北の震源地と高濃度放射線地帯がぴたり一致する。

この物理学者のブログは、しっかりしたバックデータを基に書かれていることが再確認できた。では、福島の原発破壊の目的は何だったのか。

これは、「人工地震に使った各地の核爆弾から漏れた微量の放射線をごまかすために原発破壊を行い、積極的に原発注視の報道をしていたのではないでしょうか」と物理学者は述べる。

さらに、当時内閣参与だった平田オリザ氏が、「福一からの汚染水の放出はアメリカの強い要請だった」ことをTVで明らかにしたことだ。

つまり、米国の汚染水放出の強い要請は、東北各地で小型水爆の爆発によって拡散した放射能を、福島原発の津波による破壊で放射能が拡散したことにいち早くすり替える狙いがあったわけだ。これははっきり言ってカザール・マフィアが〝核テロ戦争〟を仕掛けたと断言して良いのではないだろうか。

この後、平田氏はこの発言は撤回せず、不適当だったと謝罪したにとどめた。

政府は3・11の8日前、巨大地震と津波が起こることを知っていた！

3・11の当日、日本を代表する大手広告代理店では社員を自宅待機にしたことがわかった。この大手代理店こそ、フリーメーソンの傘下であることを多くの人が知り始めた。

また、この日、米国大使館はなぜか、移転の準備を始めた。この後、海外の大使館が続々関西に移転を開始したのはなぜか、日本人はよく考える必要があるというものだ。

これだけではない。筆者の知り合いの穀物菜食を指導する著名なK氏という女性は、地震が起こる1か月ほど前、都内某有名ホテルの地下で会合があったことを明かした。

そこで、目撃したのは世界地図から東北が消えている地図だった。続いて「直ちに東京から離れるように！」と日本語と英語、フランス語でアナウンスがあったというのだ。

これこそ、フリーメーソンの会合だったのではないだろうか。フリーメーソンには、大企業の会員が多い。

ネットでは真意のほどは不明だが、「3・11直後、イスラエルのネタニヤフ首相が当時の菅直人首相に電話で、日本の外貨準備高の半分を送金するよう脅迫があった」ということが流布されている。しかも、「拒否するなら、今度は富士山を爆破する」という脅しを受けたという。

菅首相はこれで60兆円を送金したらしい。東電内部では、関東に住む4000万人ほどを韓国と北朝鮮に避難させる計画が持ち上がったという。

さすがに菅首相は、それには同意できなかったという。その後、菅首相は闇の勢力の存在に震え上がっていたらしい。表に出て記者会見を行ったのは、枝野幸男民主党元幹事長だった。

これが菅首相の陸前高田市入りが遅れた理由であろう。枝野元幹事長は、3・11が近づいたある日、巨大地震が起こることを事前に聞き、家族を九州に移したという噂がある人物だ。

また2013年7月16日、元双葉町長の井戸川克隆氏が、「3月3日、3・11が起こる8日前、政府、東北電力、東京電力、日本原電は巨大津波・地震が起こることを知りながら、何もしなかった！　私を見張っているのがいるが、主権は国民にあるはずだ」と新宿西口で訴えていたのだ。

これが平和だった町を破壊された元町長の偽わらざる心情というものだ。

早い話、3・11が起こることは政府、東電など一部のトップが知っていた。それだけではない。東北の著名な建設会社の株が高騰した。また、逆に東電の株に大量の「売り」が殺到した。このことから、金融関係者や政府関係者はこの謀略情報を事前にキャッチ、インサイダー取引によって膨大な資金を入手したという噂が広がった。

これで3・11と連動した東京湾アクアラインを震源とした連続地震には、大きな謀略が潜んでいることが見えてきた。これを仕組んだのは、1945年8月、国際法違反の広島・長崎に

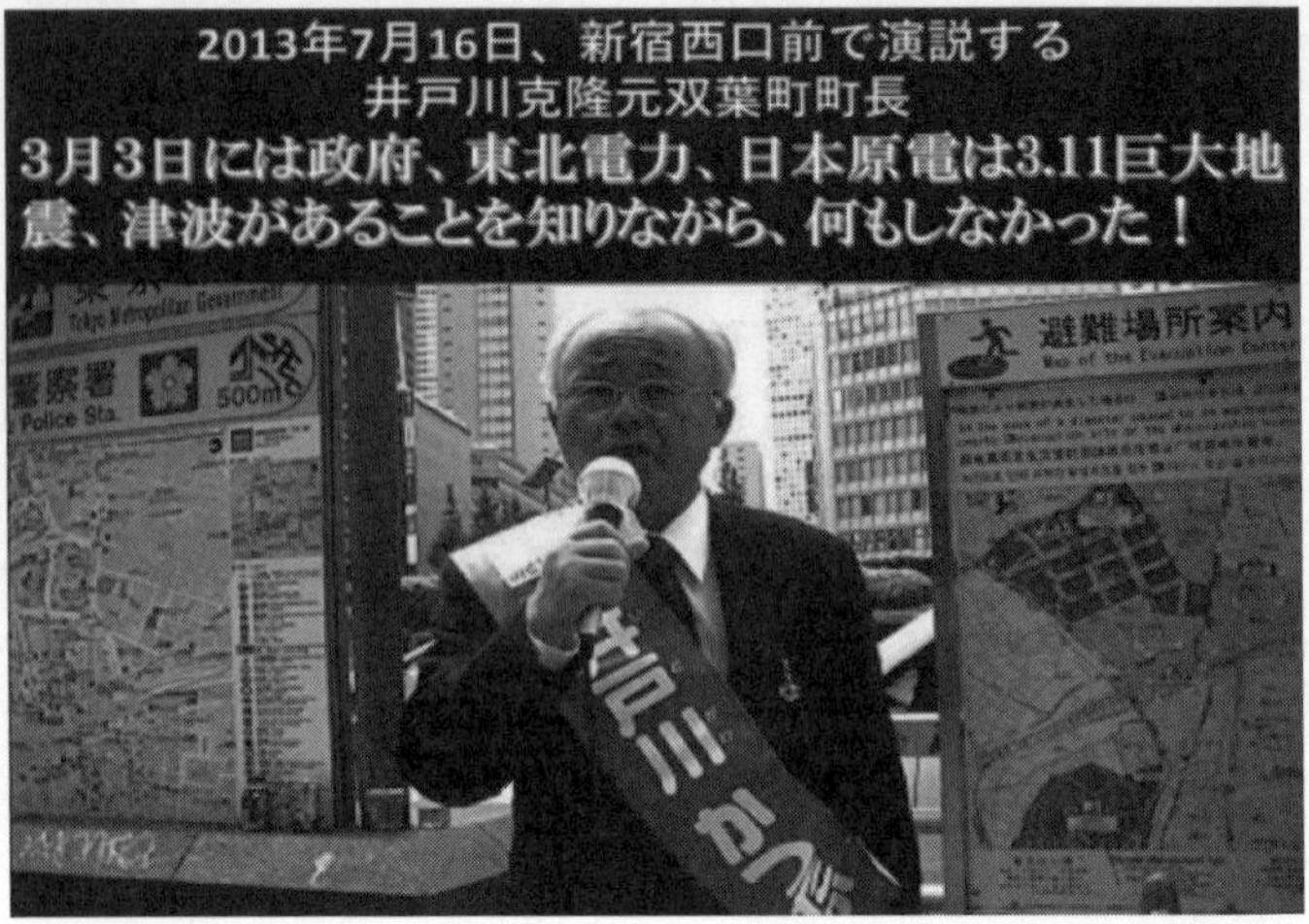

3.11が起こることを政府は8日前に知っていた訴える井戸川克隆元双葉町町長
引用／FB

原爆を落とし、無差別大量虐殺を蛮行した巨大組織に間違いないのではないだろうか。

フリーメーソンのトップ組織、イルミナティp2の幹部、レオ・ザガミに国際ロビイストの中丸薫氏が糾《ただ》した。

「あなた方イルミナティや権力者たちは、なぜ日本や日本国民を3・11の大津波・大地震のような人工兵器という無差別な方法で攻撃するのか」

ザガミの返答は、こうだ。

「もちろん、日本という国を地球上から抹殺する目的だった。イルミナティ上層部は日本という国を『神の国』として認識している。

我々の目的の完全遂行のために、まず、『日本の国』を消滅させせなければならない。日本はこの150年間で我々の新世界統一秩序の遂行をくじいてきた稀有《けう》な国だからである」

ザガミは3、4年前も著書で、「これまでインヴィジブルマスターが日本を完膚なきまでに叩きつぶした。これからもそうするだろう」と述べている。

これがイルミナティが日本を攻める理由だ。

暗殺された元ビートルズのジョン・レノンが「世界は狂人に操られている！」と言い残していたのだ。狂人と何ら変わりはないフリーメーソンは、再度日本壊滅を狙ってきた。

日本政府はこの謀略を事前に知っていたのだろう。8日も時間があったら、相当のことができたはずだ。何も対策を取らなかった当時の政府は、断罪されてしかるべきだ。

恐るべき謀略を仕掛けたイルミナティは、すでに日本政府や大企業を動かし、マスコミを操っているとしか考えられない。

しかし、この謀略に対して信じられない存在が日本を防衛、イルミナティが仕掛ける人工地震や人工台風の被害を阻止してくれていることが浮き彫りになってきたのだ。

第2章

ＵＦＯ艦隊が日本を防衛していた!!

Ⅰ 熊本地震の謎を追え

不気味な地響きがし、この世の終わりかと思った

それはいきなりやって来た。2016年4月14日午後9時26分のこと。熊本市内で療術院を経営する津崎優子は、玄米発酵食魚菜食のクッキング教室を終え、茶の間でくつろいでいた。

突然、不気味な地響きがし、この世の終わりかと思った。茶簞笥が倒れ、皿やコップ類が飛び散った。壁が大きく波打っている。家屋が倒壊するかに思えた。

かなりの激震だ。電信柱が大きく揺れている。カラスの鳴き声に混じって、悲鳴が近所から聞こえる。

いつも冷静な夫の顔が蒼白《そうはく》だ。腰が抜けるかと思った。津崎は義母を抱きかかえ、戸が吹き飛んだ玄関から外庭に這《は》い出た。幸いなことに家族全員無事だった。

いったい、何分続いたのだろうか。相当な地震だ。記録的な地震に違いない。思わず3・11東日本大震災に見舞われた東北の人々のことが津崎の脳裏に浮かんだ。

幸いなことに日本造りの母屋は倒壊を免れた。代々続いた農家なのだ。柱や土台がしっかりしていたのが幸いした。しかし、塗り壁が剝《は》がれ、廊下のサッシ窓は庭に飛び散った。揺れがおさまってから、懐中電灯を片手に恐る恐る母屋をのぞいたが、何もかもがひっくり返っている。本棚や簞笥が倒れ、書籍や衣類が散乱している。

まずは布団と毛布を用意し、寝る準備をしなければならない。3・11以来、懐中電灯と手袋、ペットボトルは常に身近にまとめておいたのが役立った。

布団は長屋から運び出し、庭に敷いた。家屋はいつ倒壊するかわからないので危険だ。とは言え、とても眠れるものではない。雨が降らないのが幸いした。ビニールシートを布団の上に敷いて、寒さをしのいだ。

夜が明けると、甚大な被害が出ていることがわかった。隣では屋根瓦が崩れ、半壊していた。全壊した家もまばらに見える。

朝9時、車に乗って買い出しに出掛けたが、大型スーパーは皆閉鎖。「コンピューターが作動しないのです」「天井が落下して危険ですので、中にお客さんを入れることはできません」店員は悲痛に叫んでいた。

「私は義母の紙オムツが欲しくて何軒か回ったのですが、その日はとうとう手に入りませんでした。この惨状に見るに見かねた行きつけの1軒の大型スーパーが時間を決めて開けてくれたのです。その店には大勢の人が押し掛け、100メートルほどの長蛇の列であふれ返っていました。とにかく食べ物を確保しなければと思い、差し当たり2週間分の食料を購入したのです」

　津崎は当時を述懐した。

庭で8人の野外生活が始まった

　最初の地震が終わった後、津崎は知り合いの87歳の女性と73歳の男性と連絡が取れたが、家屋が倒壊、住む所がなくなったことがわかった。

「とても放っておけるものではありません。困った時はみな同じです。皆、私の家に来てもらったのです。近所に住む73歳の従姉妹の女性は、家が半壊以上の痛手を受け住めなくなったというので、私たち家族とともに過ごすことになりました。

　そのため、8人分の食料を確保しておく必要が生じたのです。卓上プロパンガスコンロは5台いつもストックしていたので、ガスボンベをたくさん購入しました。ポットにはいつも湯を沸かして入れておきます。

　2日目は車にペットボトル、毛布、雨がっぱ、カンパン、ジュース缶、お菓子、チョコレート、カップ、ティッシュペーパー、軍手、紐《ひも》、袋類、新聞紙、下着類一式、2日分の衣服などを購入し、詰め込んでおきました。家の中に持ち込める状態ではないのです」

こうして、8人の野外での共同生活が始まった。庭にテーブルを置いて、コンロを使って煮炊きした。

16日になって深夜1時過ぎ、今度はM7・3、震度6強の本震が襲った。この2回目の揺れが凄《すさ》まじかった。あちらこちらから悲鳴が聞こえた。

この2回目が本震とされたが、**4月14日午後21時26分、熊本地方を震源地にM6・5震度7から始まって、4月16日午前9時48分までM5以上震度6弱以上が7回も続いた。**15日午後1時までに余震は120回を超えた。まったく異常な地震だ。

この本震と余震で益城町の商店街の破壊がかなり進んだ。むろん、既報の通り、名城熊本城の飯田丸五階櫓《やぐら》などは破壊されたままだ。益城町の体育館には2か月経っても被災者が1000人を超え、炊き出しが行われている。

否、6か月経っても体育館には行き場を失った人々が暮らし、益城町周辺の商店街の復旧は、進んでいない。斜めに傾いた民家や半壊したテナントなどは、そのまま放置されたままなのだ。家が倒壊、建て直さなければならない人々も、「あと1年、2年経っても目途が立っていない」が現状だ。

被災5か月後、被害が一番酷かった益城町は、当時のまんま（筆者撮影）

2か所の自衛隊駐屯地の放射線量が高いのはなぜだ

筆者は2016年9月5日、1週間ほど熊本入りし、現地を視察した。その際、酷い頭痛に襲われたことを前述した。そこで、簡易ガイガー・カウンターを購入し、震度6弱以上の震源地となった陸上自衛隊高遊原分屯地と陸上自衛隊健軍駐屯地2か所と、益城町周辺の放射線量を測定した。

結果は、やはり思った通りだ。

被害が一番酷かった益城町周辺では毎時0・05マイクロシーベルトを検出した。しかし、2か所の陸上自衛隊では、毎時0・28マイクロシーベルト前後を検出。測定は操作ミスを考え、同一場所で3回行った。

国が決めた年間安全自然被曝量は2ミリシーベルトなので、毎時0・05マイクロシーベルトは問題ない。しかし、なぜ両自衛隊駐屯地で線量が異常に高かったのか。

実は、地震が起きた4月16日、RK独立党2人が同様に現地入りし、破壊された商店街や熊本城崩落地点など、数か所でガンマ線の放射線量を測定していたことがわかった。

その結果、当該地域外では毎時0・06マイクロシーベルトを検出したが、熊本市内では最高毎時3・31マイクロシーベルトを記録した。

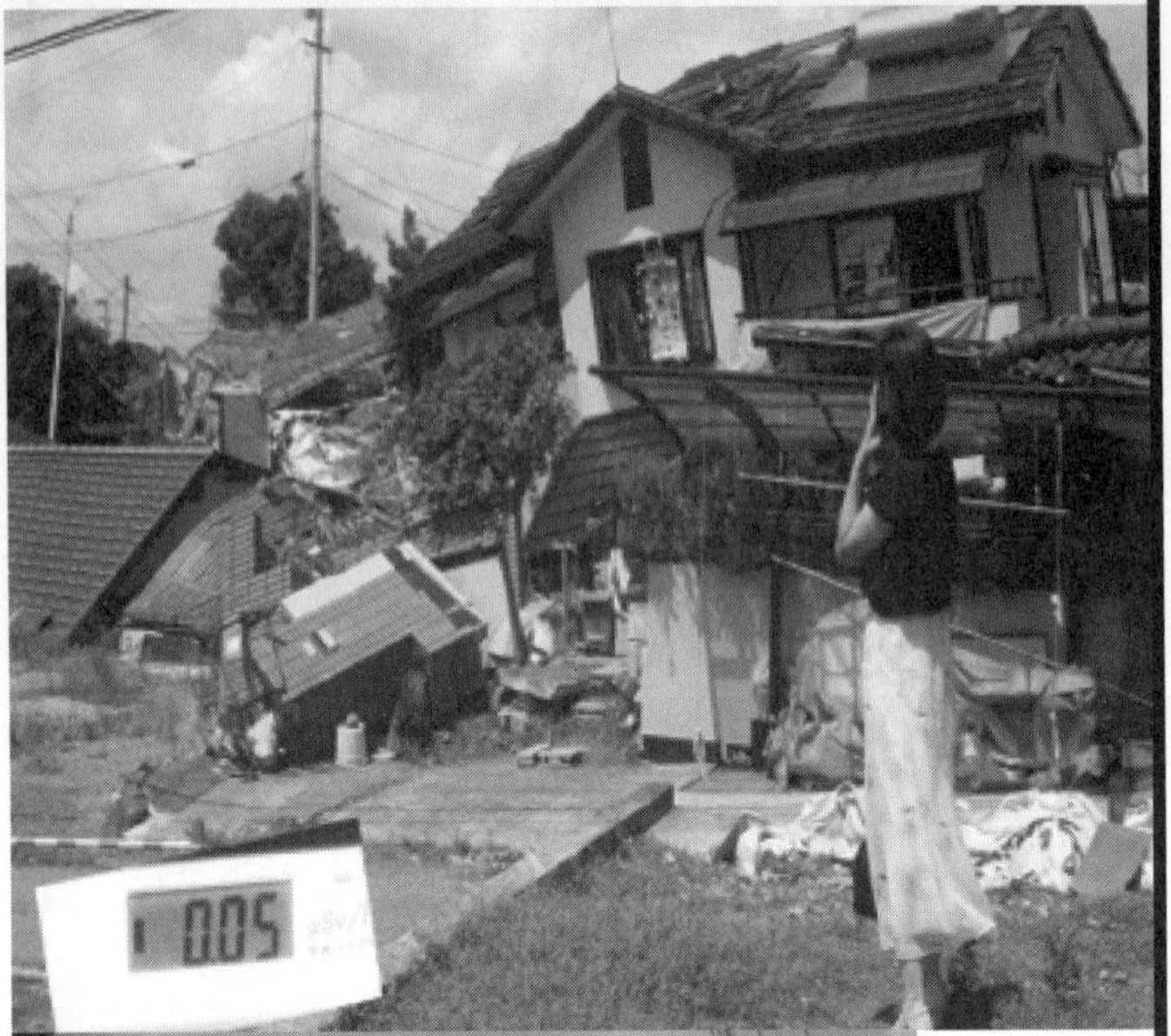

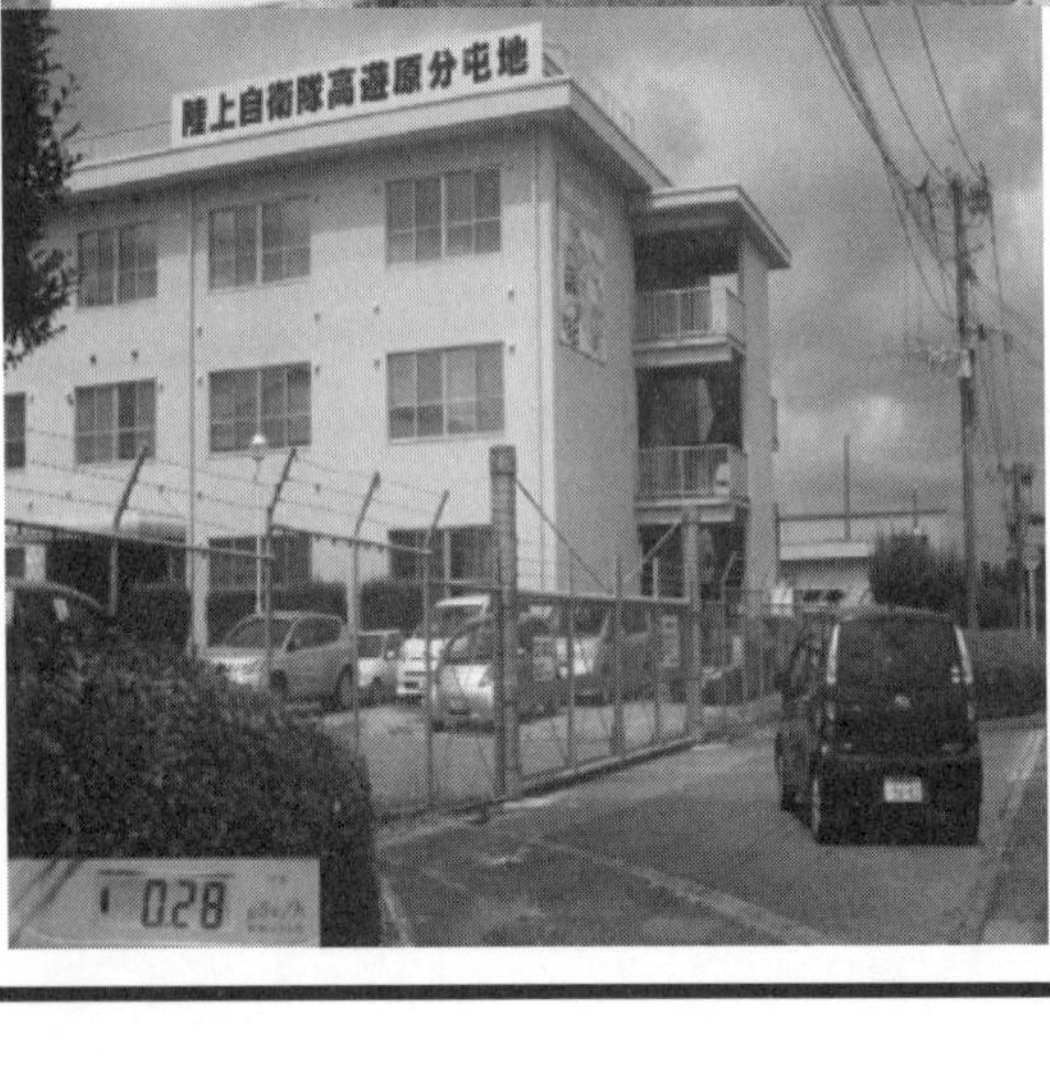

5か月後、自衛隊高遊原分屯地の線量は、0.28 μ Svで益城町より異常に高かった

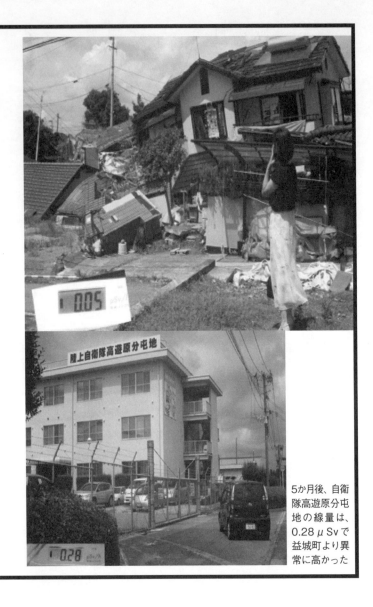

4.16、RK独立党が熊本市内数か所で毎時3.31μSvを検出した　引用/RK独立党

このスタッフ2人は、頭痛と下痢症状に悩まされたらしい。そこで測定5時間後、直ちに現地を離れたという。

このことからネットジャーナリストで著名なR・K氏は、「熊本現地では、腸炎が集団発生し、メディアによりロタウイルス感染が疑われると報道されているが、これは被曝の急性症状ではないのか？ 2人は熊本現地に5時間程度しか滞在していない。

もし、中性子線が被害のあった地域の直下から発生しているのであれば、被災民も、今現在、被曝し続けている恐れがある。高線量を記録した地点の近くに避難民が収容されている体育館があったという。このまま被災民が現地に留まれば、集団被曝、そして5年後以降、集団発症の恐れがあります。熊本地震に『核兵器』が使われた可能性があります」とブログに綴った。

毎時3マイクロシーベルトの線量は、即座に健康を害す線量ではないというのだが、問題なのは核爆発の際生じる中性子線だというのだ。これは通常のガイガー・カウンターでは計測できない。

R・K氏が心配するのは、ガンマ線の異常値が計測された以上、中性子線の発生が危惧《きぐ》されることだ。被災者は、高線量の周辺の体育館などに収容されているので、5年目以降の被曝症状の発症が懸念されるわけだ。

熊本入りし、筆者が計測した放射線は、当時と比べると、大分収まった数値だ。これは何度も降った豪雨や大雨で除染されたための数値だったに違いない。熊本市内に1週間滞在、筆者だけ締めつけられる頭痛に悩まされたのは、熊本市民の多くがこの線量に慣れ慢性化したためではないだろうか。

その証拠に筆者は熊本を離れ、羽田空港に到着、品川駅あたりに着いた頃は、頭痛は相当和らいでいた。

震度7以上の起こり得ない広域・群発地震が中央構造線沿いに向かった

この地震が異常なのは、気象庁の青木元地震津波監視課長が4月16日午前中、記者会見で指摘したように「熊本、阿蘇、大分の三つの地域で同時多発的に震度7の巨大地震が起きた」ことだ。

16日午前午前1時25分発生したM7・3の本震は、14日発生した熊本地震の原因となった『日奈久《ひなぐ》断層帯』とその北側の『布田川《ふたがわ》断層帯』が交わるやや北側で発生した。

その後、北東側で地震活動の高まりが見られ、同日午前3時55分、熊本地方でM5・8最大震度6強、午前7時11分には大分県中部でM5・4最大震度5弱の地震が相次いで発生した。

そして、頻発した余震が不気味にも中央構造線に向かって発生したのだ。

起こり得ない震度7以上の地震が広域で発生した

政府の地震調査研究推進本部によると、14日夜から16日午後3時までの間、震度1以上の地震が287回発生、震度6弱以上が14日夜の震度7を入れ、7回記録するという、異常ぶりだったのだ。

気象庁はこの群発した余震域が離れていることから、それぞれ別の地震と判断した。

早い話、前出の青木課長は、こうした地震が起こることはあり得ないことから、「広域的に続けて地震が発生したケースは近代観測が始まって以降、思い浮かばない」とコメントしたわけだ。

怪しいのは、震源を別にする地震が広域で連続発生し、しかも特定の方向に進行したことだ。かつてこのような地震が世界史上、起こり得ただろうか。

しかも、14日から16日まで北緯32・8度、東経130・8度でM3以上が7回以上も集中、震源地がほぼ10キロメートルと浅かったのだ。

この震源地こそ、陸上自衛隊高遊原分屯地だった。ここをネットで調べたら、西部方面航空隊が駐屯する陸上自衛隊健軍駐屯地の分屯地であることがわかった。

さらに陸自、海自、空自が共同運用し、指揮通信システムと情報保全隊を備えた防衛大臣直轄部隊であったのだ。要するに対中国戦を想定した軍の警察機能を有してもいたわけだ。

こうした機能を備えた防衛大臣直轄の分屯地の地下を震源地に、深度10キロメートルあたりで群発地震が発生。さらにこの地震が生き物のように中央構造線に向かって発生した。

まるで何者かが計画的にこの分屯地を狙ったか、またはこの分屯地内で何かが行われていたのか。そのどちらかと思えるのだ。これが最大の謎だ。

熊本地震でも異様な発光現象が発生した！

次に怪しいのは実況画像でも放映された熊本市街で観測された謎の発光現象だ。これは3・11の時、仙台市内でも同様な怪現象が観測された。

これこそ、気象兵器HAARPによる電磁波攻撃だったのではないだろうか。ネットでは数日前から夜間、異様な発光現象が起き、電磁波過敏症の人たちの体調が悪化したという書き込みが飛び交った。

これを裏付けるのが、Ｙａｈｏｏ！ニュースが報じた「京大の梅野健教授らの研究グループが昨年4月の熊本地震発生前後でGPSを使い、大気よりも上の上空約３００キロにある電離層を分析した。その結果、地震が発生する1時間ほど前から、熊本付近の電離層で電子の数に異変が起きていた」とする記事だ。

前出のＨＡＡＲＰに詳しい天才物理学者によれば、「電磁的に地殻に電圧差をつくれば、それに沿って温度差もできる。それを超高周波の電子レンジ並みの周波数で加熱すれば、地殻をあっという間に過熱できる。これがＨＡＡＲＰの原理である」というのだ。

したがって、地下の鉱物資源と電磁波を共鳴させれば、地殻にエネルギーを与えることができる。空中で発光現象が起こるのは、地下で鉱物資源が高周波の高電圧に曝されて起こるアーク放電のためだというのだ。

仙台と熊本の地震でも、このアーク放電が見られたことから、空から高電圧高周波攻撃がかけられたと考えられるわけだ。

天才物理学者の下した結論は、「小型中性子爆弾とＨＡＡＲＰによる人工地震に１００％間違いない！」だ。

さらにこの天才物理学者の説を裏付ける有力な証拠をハーモニーズという任意団体を組織し、気象兵器ＨＡＡＲＰの痕跡《こんせき》を追跡している横石集氏という、ＩＴ系技術に詳しい民間人がしっ

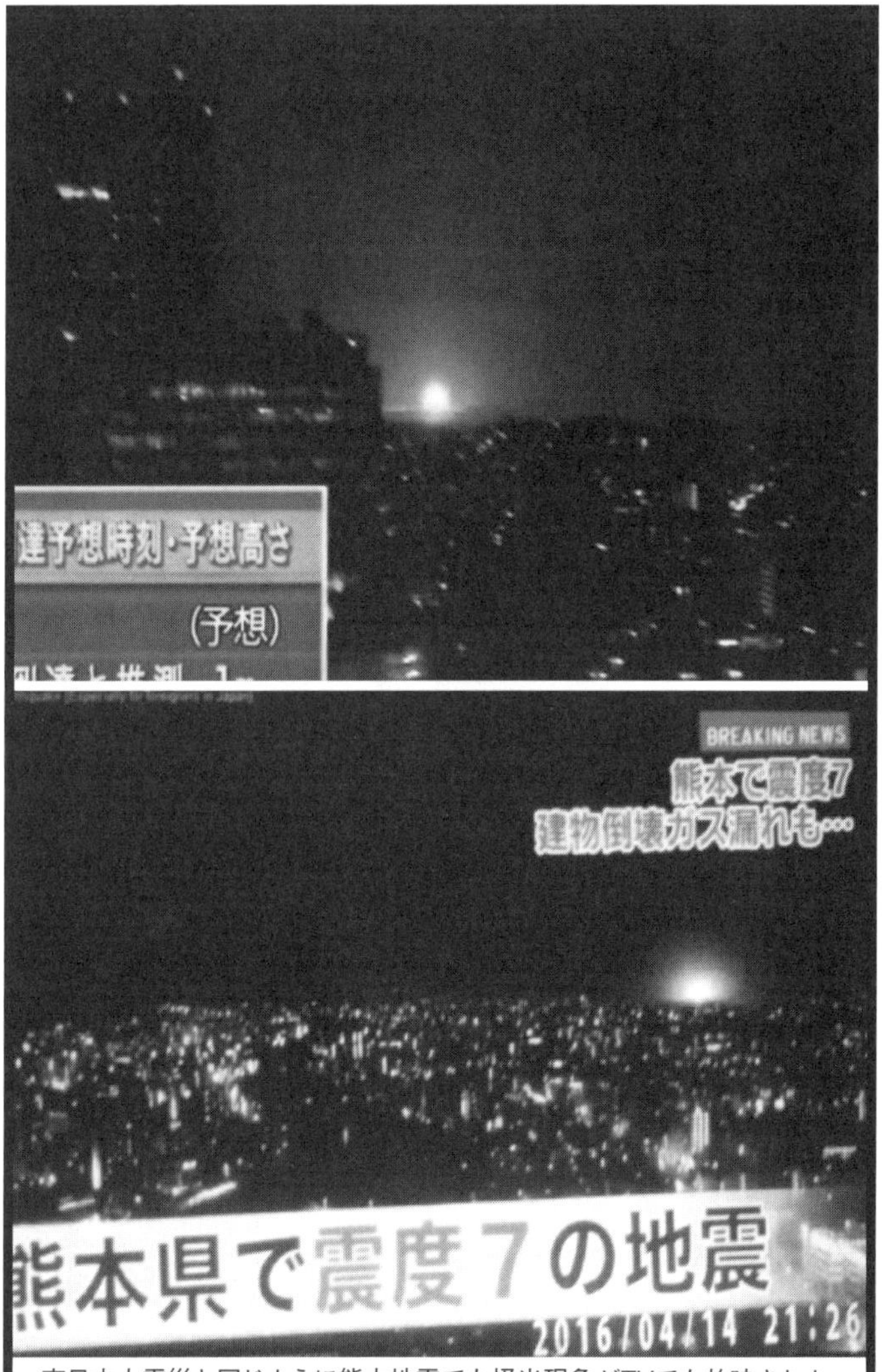

東日本大震災と同じように熊本地震でも怪光現象がTVでも放映された
引用／ YouTube

電離層に反射し、攻撃
引用/Wikipedia

かり摑んでいた。

同氏は3・11が起きて以来、この地震に異常さを感じていた。巷間、言われだした小型核爆弾を使っての人工地震攻撃であるという都市伝説に疑問を抱いていなかった。さらに世界各国を襲う台風にも疑問を持っていた。

カナダのガコナ州にある気象兵器HAARPの存在が疑わしい。この気象兵器が稼働している証拠をウイスコンシン大学が提供する動画サイトMIMICという衛星画像で追跡していたのだ。

このサイトは、太平洋と大西洋、インド洋、そして北極・南極などの海域から発生する水蒸気の蒸発量をアニメーション化したものだ。したがって、熱帯地区で水分の蒸発量が増え、低気圧や台風が形成、巨大化する様子をライブ感覚で摑むことができる。そのため、どの地域で台風が巨大化し、どこに進むかが把握できる。

これに気象衛星ひまわりの画像と雨雲レーダー、そして米国海兵隊が提供する台風の進路レーダーなどを重ね合わせれば、机上で台風や低気圧の進路を予測、風速や雨量なども容易に摑むことができるのだ。

ここ数年、MIMICを観察、横石氏が下した結論は、「台風やハリケーンも、地震と同じく気象兵器HAARPなどを使った人工台風にほぼ間違いない」というものだ。

10数年前、ニューオリンズを襲った「ハリケーン・カトリーナ」も人工ハリケーンだった!

2005年8月28日、黒人が多く居住する米国ニューオリンズに上陸した『ハリケーン・カトリーナ』は、大被害をもたらしたことがあった。実は、これもカザール・マフィアの首魁《しゅかい》ジョージ・W・ブッシュ元大統領とチェイニー補佐官の命令による人工ハリケーンだったことが米国のネット情報で暴露されていた。横石氏が下した人工ハリケーン説と一致する。

このネット情報によれば、マイアミに海面を加熱できるXバンドレーダー(SBX)というHAARPのような電磁波照射装置を積載した船舶から操作されたカトリーナは、この日朝8

時にカテゴリー5に巨大化し、午後1時にピークを迎え、最大風速時速280キロメートル、中心気圧は902hPaを記録したという。

また、2012年10月25日、ニューヨークを襲った『ハリケーン・サンディ』は、発生から温帯低気圧になるまで9日間も居座り、死者180人、750億ドルの損害を出した。これもXバンドレーダーで軌道を操作したものらしい。

さらに2013年11月4日、フィリピン・レイテ島を襲った史上最強の台風ヨランダも人工台風だったらしい。これは上陸地点で895hPa、最大瞬間風速90メートル／秒を記録、米軍合同台風警報センターによれば、「最大瞬間風速102・7メートル／秒に達し、前出のカトリーナとサンデイをあわせたよりも強力だった」ことがわかった。

この台風でレイテ島周辺で20万人が被災し、いまだに復旧の目途《めど》が立っていない。これも仕組んだのは、世界侵略を目指す偽ユダヤ系カザール・マフィアらしい。

この冷酷な組織は、〝神から選ばれた自分たち以外はゴエム（家畜）である〟と狂信思想に凝り固まっている。したがって黒人が水没し死のうが、有色人種が死のうが別にどうってことはない。

Wikipedia では気象兵器とは、「人為的に気象を操作することにより敵対する国家や地域に損害を与えることを目的とした兵器の一種。環境改変技術のひとつでもある。1977年の環境改変兵器禁止条約においては、環境改変技術（Environmental Modification Techniques）と表現され、**『自然の作用を意図的に操作することにより地球（生物相、岩石圏、水圏及び気圏を含む。）又は宇宙空間の構造、組成又は運動に変更を加える技術』**と定義されている」。

要するに気象兵器とは、すでに50年以上前から大国で研究されており、『環境改変技術敵対的使用禁止条約』に日本でも国会で議決、批准が決定されていたのだ。その裏で、この技術を禁止するどころか、さらに進化を遂げ、より効率の良い技術が開発されていたわけだ。

この有力な情報筋は2015年12月、CIAが「様々な国が気象操作やジオ・エンジニアリング（ケムトレイルなどの気候工学）を戦争での兵器として使用する能力を保有している」ことを認めたことを公表した。

このジオ・エンジニアリングの中心となる気象兵器がこのXバンドレーダーと前述したHAARPだったわけだ。

ハリケーン・カトリーナも米国の気象兵器でコントロールされた

さらに米国では船舶から照射するXバンドレーダーだけでなく、この大量破壊兵器を完成させるためにNASAでは、強力なマイクロ波を照射するレーザー光を使った『レーダー』を開

Xバンドレーダー（SBX）と無人衛星機などを使ったジオ・エンジニアリングは兵器として最も効率が高いとされる　引用/「世界の裏側ニュース」

発したという。このレーダーを地球を周回する無人衛星ミニシャトルに搭載、これを台風やハリケーンの中心に照射する。

　そして、科学者を交えたプロジェクトで開発されたヨウ化銀や炭素粒子などを航空機から散布することで、ハリケーンの巨大化に成功したというのだ。これが今、国際問題になっている前出のケムトレイルだったのだ。

　この実験で成功したのがハリケーン・カトリーナだったらしい。何とも恐ろしい気象兵器を開発していたものだ。

　ＮＡＳＡが推進したアポロ計画で活躍したスペースシャトルは、スターウオーズとも言える宇宙兵器として活用されていたわけだ。

　戦争を直接仕掛け、ミサイルやロケット弾で都市を破壊したのでは世界中から批判される。しかし、台風や地震などは自然災害と思われるので容認されやすい。敵対国を攻撃するにはジオ・エンジニアリングが、大規模な戦闘機や武器弾薬を使う必要がないので、最も効率が良いわけだ。その上、広島に落下した原爆の数万発の威力をつくり出せる。

　もちろん、これを推進するのは、３・11を仕掛けた偽ユダヤ・カザール・マフィアこと、闇の政府ディープステートと思われる。

　ちなみに日本の気象庁でも渇水対策から人工降雨の開発に成功しているようだ。

この地球上空から強力なマイクロ波を照射、台風や人工地震を誘発するテクノロジーが、ウイスコンシン大学が提供するＭＩＭＩＣで捉えられていたわけだ。

横石氏は5年以上の際月をかけ、見事にこの気象兵器攻撃の痕跡を暴いていたのだ。

むろんのこと、**この環境を改変するＨＡＡＲＰ・気象改造システムが「環境改変技術の軍事的使用その他の敵対的使用の禁止条約」という国際条約に抵触する。**

日本はすでに１９８２年、国会で承認していることは前述した。米国政府を操る闇の政府ディープステートは、国際条約違反など問題ではない。いかに世界を混乱に導き、威嚇するかが命題に違いない。

自分たちの組織に刃向かうものは抹殺すればよい。これこそ、ジョン・レノンが生前、言い残していた〝世界は狂人によって操られている〟という狂人の心情と考えてよい。

Ⅱ 数千年前から異星人が地球文明に関与している！

熊本地震直前、日本列島は巨大な電磁波に覆われていた

横石氏が人工台風の足取りを摑めるＭＩＭＩＣの画像で異常をキャッチしたのが２０１６年4月5日のことだ。何と、地球を南北に周回、分断するような巨大な電磁波の帯が地球を覆っているという現象が出現したのだ。しかもかなりの速さだ。

実は、この２０１６年は1月から人工台風攻撃が頻繁に行われ、最終的に12月24日に発生、フィリピン近海で消滅した台風26号が最後だった。

この年、1月から6月まで発生した台風はゼロを記録。このまま続けば、台風観測史上、前代未聞の記録が更新されようとしていた。

むろんのこと、前述したようにこの台風も気象兵器を操作した人工台風だ。

この前代未聞の台風ゼロ現象が記録される背景には、熱帯に発生した台風に、何と葉巻型ＵＦＯ艦隊が数機突入、台風の消滅作戦が実行されていたのだ。同氏は、これをハーモニー宇

宙艦隊と名付けたが、ここではUFO艦隊と表記する。

予備知識のない方は、「そんな馬鹿な話があるものか！」と一笑に付すに違いない。ましてやUFO現象は、国内のマスコミでも緘口令が敷かれ、TV番組でお笑い芸人によって茶化されるのが日常茶飯事だ。

したがって、大企業のビジネスパーソンや大学教授ら、特に工学系の学識者からはUFO情報は〝とんでも情報〟と見なされ、まともに相手にされることはほとんどない。

UFOの実在が世界的な大ニュースとなったのは、1947年7月、ニューメキシコ州ロズウェル市で起きた『ロズウェル事件』だ。これはロズウェル市の郊外で2機のUFOが墜落、その後、宇宙人の遺体とともに軍隊がこれを回収し、ネバダ州にあるエリア51という秘密地下基地に搬入されたと噂される事件だ。

このエリア51基地周辺の監視が非常に厳しいことから、ここで最新兵器を製造し、宇宙人が働いているという、謎の基地だ。

やがて、米軍は地球観測用気球が落下したもので、マネキンを積んでいたと発表され、うやむやにされてしまった。

しかし、2013年、CIAは秘密地下基地エリア51の存在を認める文書を公開、宇宙人異

星人の実在がクローズアップされるようになった。

このロズウェル事件から70年後、2016年3月、米国大統領選で優位が確実とされていた、ヒラリー候補はテレビ番組で当選したら、「秘密地下基地エリア51とUFO情報を公開する」と約束していたのだ。

古くは1942年2月25日、ロサンゼルス上空に10数機のUFOが数時間にわたって出現、陸・空軍は灯火管制を敷き、1400発ほど高射砲を撃った事件があった。

この事件はロサンゼルス・タイムズにトップ記事で報じられていた。どうも米国では日本の攻撃と勘違いしたらしい。

その後、**トルーマン大統領が1940年代後半、異星人と密約を交わしていたことはUFOファンの間では常識的な話だ。その密約とは、彼らから工学的な先端技術を入手する代わりに人体実験を容認するという驚くべき裏取引のことだ。**

これを裏付けるように2016昨年 You Tube で、死期の近づいたフィリップ・J・コーソという元米軍情報将校が、「彼らから半導体、IC、レーザー光線、ステルス機、粒子線加速器などの技術供与を受けていた」ことを明かした。

前述したXバンドレーダーなどの気象兵器のテクノロジーは、ヒラリーが明かした米国秘密基地エリア51で働く宇宙人からもたらされた可能性が高い。

筆者は2017年、ここで数年働いたというS医師を取材した。

「この秘密基地は地下数百メートルにあります。宇宙人の寿命は1000年以上あり、彼らには消化器官がなく、食べる必要もない。その上、細胞中のミトコンドリアの損傷も起きていないのです」と語った。

この宇宙人こそ、前出の米軍将校が技術提供を受けたと巷間言われるリトルグレイだろう。

さらに1987年9月、ロナルド・レーガン大統領にいたっては国連総会で、「地球に異星人が入り込んでいると思います。一致団結し、異星人の脅威に対して闘おうじゃありませんか」と演説していたことが動画でアップされている。

もはや、異星人の実在は、空想の世界ではないことを知らねばならない。

世界に衝撃を与えたものでは、2012年12月、ロシアのメドヴェージェフ首相がテレビインタビューを受けた際、衝撃的な発言をしたことが世界に配信された。

同首相は、「大統領になった場合、核ミサイルの発射ボタンと一緒に宇宙人に関する極秘ファイルを渡される」ことを明らかにしたからだ。

この時、インタビュアーから「モスクワにはどれくらい宇宙人がいるのですか」と質問された。

「それを言うとパニックになるので、それは言えません」と答えたのだ。早い話、このコメントは、モスクワに無数の異星人が住んでいることを明かしたのも同然なのだ。

1942年からUFOが相次ぎ出現するようになった

国連総会でレーガン大統領が異性人の脅威を語った

引用/「幻解！　超常ファイル」YouTube

地球には5種類の宇宙人が訪問し、2種類の異星人が米国政府で働いている

そして、2013年4月、米国ワシントンで行われた米国政府や上院下院の議員が参集した『シチズンズ・ヒアリング・ディスクロージャー公聴会』が開催された。

ここで、元カナダ国防大臣だったポール・ヘリヤーは、「**地球には5000年前からゼータ・レチクル、プレアデス、オリオン、アンドロメダ、アルタイルの5種類の宇宙人が訪問しており、少なくとも2種類の異星人が米国政府で働いています。**

しかし、米国には闇の政府が存在し、世界を支配すべく様々な不和を引き起こしているのです。彼らが頻繁に出現するようになったのは我々が原爆を使うようになってからのことです」と衝撃的な証言をした。

さらにこのディスクロージャー・プロジェクトを20年前から推進している医師スティーブン・グリア博士は、チリのアタカマ砂漠で発見された異星人を解剖し、DNAを解析したことを明かした。今日、全米でUFOが当たり前のように議論されるようになったのは、高収入が得られる救急救命医の座を投げ打って活動を続けるグリア博士の功績が大きい。

また、2016年6月には、イギリスのEU離脱問題で欧州委員会のジャン・クロード・ユンケル委員長が、「私は各惑星のリーダーとあってこの問題を心配していることを知った。ヨ

ーロッパの人々ともっと遠くから我々を観察している人々の両方を安心させる必要があります」と議会で公表したことだ。実に平然、当たり前のように話したのだ。

ユンケル委員長とは、ルクセンブルクの首相を18年以上務め、世界銀行の総務を務めたヨーロッパ政財界の超大物だ。その人物の発言なのだ。

むろんのこと、後に「他の各惑星のリーダーが〜」と訳したところを、「この惑星のリーダーたち〜」と通訳の間違いとされ、これもうやむやにされてしまった。

しかし、2016年退任したオバマ大統領に至っても、2016年12月5日、UFOまたは異星人の米政府への関与を認める記者会見をホワイトハウス内で行っていたのだ。

こうしたUFO及び異星人に関する情報はNASAをはじめ、マスコミには緘口令を敷いているので、新聞、テレビではほとんど報道されることはない。

現実は、一般市民の想像の域をはるかに超える。

結論を先に言えば、前出のポール・ヘリヤーが述べたように数種類以上の異星人が他の惑星からやって来ており、様々な目的を持って、各国政府に関与していることは明らかなのだ。

この説を裏付けるように**2016年9月、世界的な天才宇宙物理学者として知られるスティーヴン・ホーキング博士は、人類が銀河系に電波望遠鏡を使って情報発信していることに対して、「人類は友好的ではないエイリアンに対して警戒しなければならない」と諭していた**のだ。

多くの有識者が考えているように銀河系内で人類だけが高度文明を築いているとしたら、何を警戒する必要があるのだろうか。

また、2017年1月、科学誌に米国の物理学者ダンカン・フォーガンは、「地球に友好的な銀河系クラブだけでなく、様々な目的を持った惑星間連合が存在しなかったら、地球はすでに侵略されただろう」と公表している。

この両者の見解は、ポール・ヘリヤーが述べるように、すでに数種類以上の地球外知的生命体が地球文明に関与していることを認識している発言だろう。

欧米や、UFO現象多発地帯の南米、そしてロシアなどの物理学者の間では、異星人の地球関与はもはや常識と言える。

すでにUFO搭乗体験やコンタクティ事件は世界中で多発している。**海外では、アダムスキーが金星人オーソンと何度も会見したという、1940年代の『アダムスキー事件』、スイスのビリー・マイヤーがプレアデス星人セムヤーゼに案内を受け、何度もUFOに搭乗したという、1970年代の『ビリー・マイヤー事件』はあまりにも有名**だ。

この宇宙には、1000億×1000億の恒星があると考えられている。銀河系の中心から2万9000光年離れた太陽系の中の地球だけに高度文明があると考えるのは、人類の横暴、傲慢《ごうまん》というものだ。

欧州委員会のユンケル委員長が各惑星のリーダーと会ったと発言

ホーキング博士もエイリアンに警戒すべきと公表している

引用/TOCANA　YouTube

現実は、地球文明こそが低レベルの文明であることだ。いまだに大国どうしで核兵器で鎬《しのぎ》を削り合い、第三次世界大戦がいつ起きてもおかしくない世界情勢が続いているからだ。

近年、増加しているのは、アダムスキーやビリー・マイヤーらのようなUFO搭乗体験やコンタクティ事件だけではない。誘拐され、髪や皮膚を採取された人体実験や、中には性交渉に及び異星人とのハイブリッドをつくったという、信じがたい事件も相次ぎ報告されるようになってきた。

これは海外に限ったことではない。この2016年4月上旬、筆者はUFO講演の依頼を受けたある著名な学会で、司会を務めた女性と話す機会があった。

この女性の知り合いの男性が何と宇宙人女性と性交渉を持ったというのだ。この男性は現在、大手企業に勤めるサラリーマンであるという。

この男性は、UFO内に搭乗し、当初、異星人たちから人体実験のようなことをされたが夢だと思っていた。しかし、足先に小さなマイクロチップのようなものが現実に埋め込まれていたことがわかった。

後に両親から告げられたのは、家屋の上空にUFOが飛来し、ライトで照らされていたというのだ。この日以来、頻繁にUFO内に搭乗するようになり、宇宙人の女性と性交渉まで何度か行ったということを明かされたというのだ。

もうすでにＵＦＯや異星人問題は、〝信じる〟〝信じない〟レベルを超え、彼らは我々の日常生活にかなり入り込んでいることを認識すべきだ。彼らのテクロノジーが地球文明にも貢献していることをもう公開すべき時に来ていると言える。

２０１７年７月、米大統領トランプは、宇宙軍を創設する計画を明らかにした。そして、米ロ会談が終了した現在、ＵＦＯ及び銀河連盟及び惑星間連邦政府の実在を公表するという意志が確認されたという噂がある。

２０１２年10月19日、日本上空からシベリア上空に数千機のＵＦＯ艦隊が出現した！

筆者がなぜ、ＵＦＯが地球を訪問していることにこだわっているかは、前述した国際的な地位にある政治家の証言もそうだが、決定的な証拠としてＮＡＳＡの『WorldView』という衛星写真に巨大葉巻型ＵＦＯが日本上空に無数に出現しているサイトを見たことによる。

このサイトはネットで無料公開されているので、どなたでも３６５日、数年前までさかのぼって検索できる上、コピー・ダウンロードも可能だ。ぜひ、ご確認していただきたい。

ＵＦＯ艦隊が最大出現した日は、２０１２年10月19日のことだ。この情報を知らせてくれたのは前出の無門氏だった。筆者は早速、ＰＣでこのサイトを検索、ユーラシア大陸が平面図法で広がる画像を調べた。
何と、雲霞《うんか》のように千葉県上空から福島、岩手、北海道沖合、オホーツク海にかけ、葉巻型UFOが無数に映っていたのだ。

筆者はこの画像に驚愕した。東北沖合の太平洋側にもかなりの数だ。その数は数千機にも上るだろう。無門氏は2000機までカウントしたという。

房総半島中心が拡大できるよう、WorldView の表示設定を100キロメートルから50キロメートルまで拡大すると数百機ほど確認できる。そして2000メートル、1000メートルと拡大すると、鉤《かぎ》型に連なった葉巻型UFOがかなり大きく見える。

このサイトのメジャーで大きさを推定すると、**UFOの全長は直径200〜300メートル、全長は4〜5キロメートルほどに相当する。一番多いのは長方形型の4連結した葉巻型タイプだが、正方形、または2連結したのも見える。**

いずれもUFO周辺からビーム、または電磁波のようなものが放射されている。どの機も北極方面を向いているが、全機とも微妙に大きさと向きが違う。

したがって、画像をコピーしたとは考えられない。もしかすると、UFOは北極から南極、または南極から北極へ放射される磁力線のエネルギーを使って飛行している可能性もある。

後にこのサイトは、ユーラシア大陸、北極、南極と3パターンに分類できることを知った。

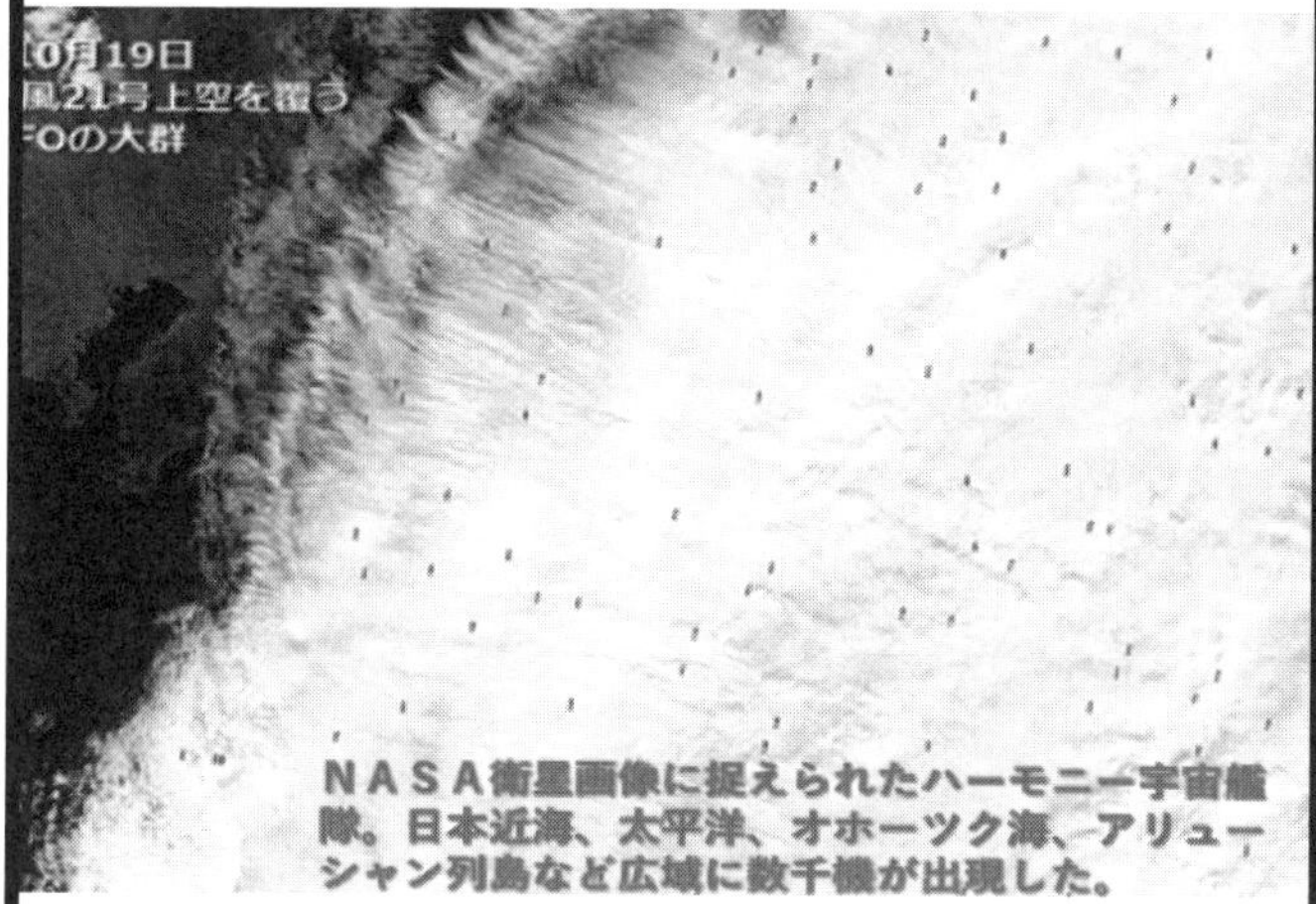

2012年10月19日をもって大量出現するようになったUFO艦隊

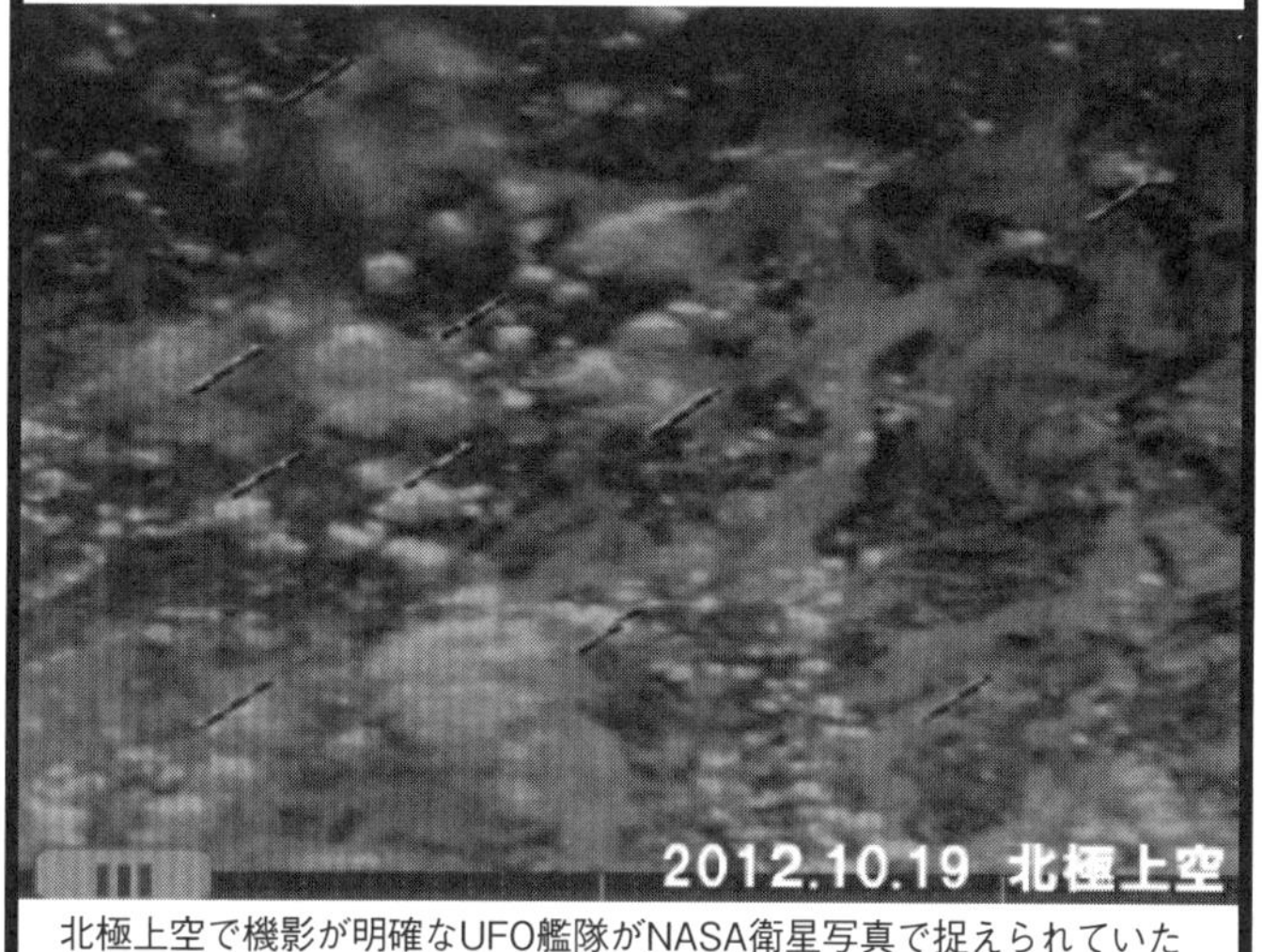

北極上空で機影が明確なUFO艦隊がNASA衛星写真で捉えられていた

10.19日、台風21号の目に
無数のUFOが出現していた！

台風21号の目に無数のUFO艦隊が突入、進路を東方海上に変えてくれた

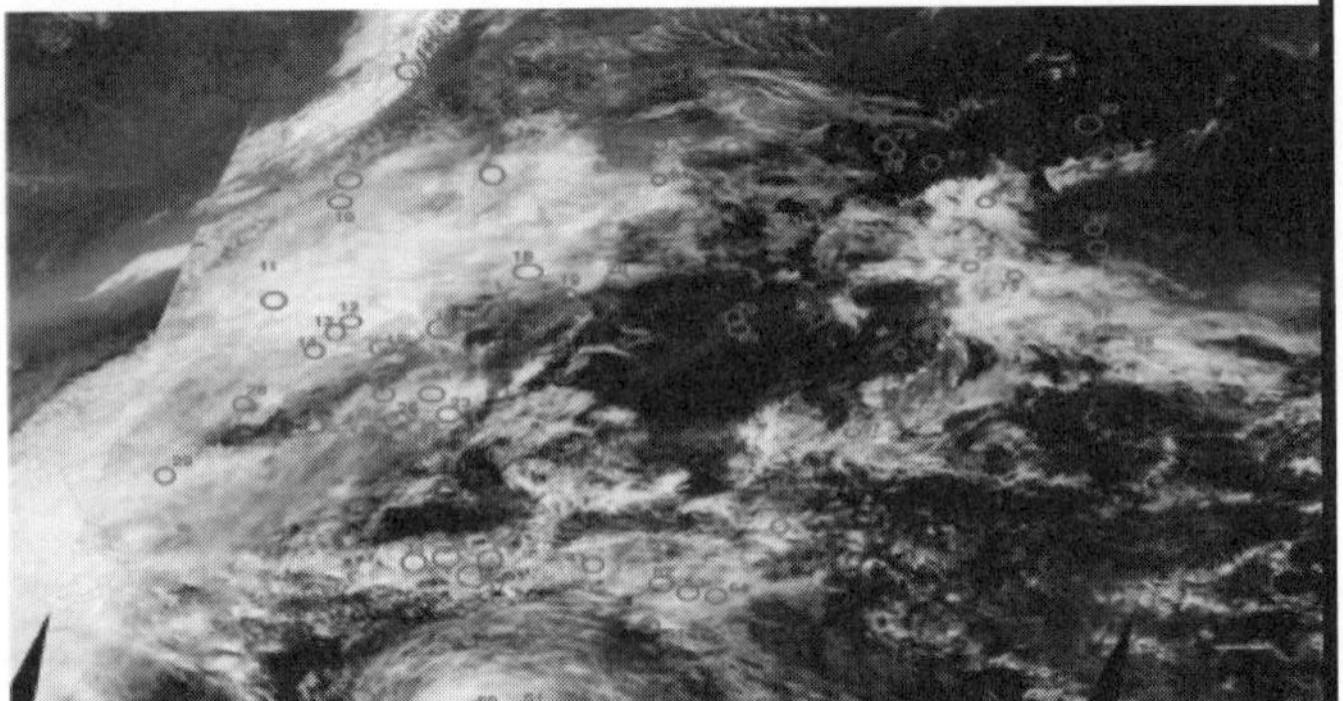
2013.10.07、台風24号「ダナス圧倒、風速70㍍を艦隊98機で九州宮崎に上陸した台風を無害化」！

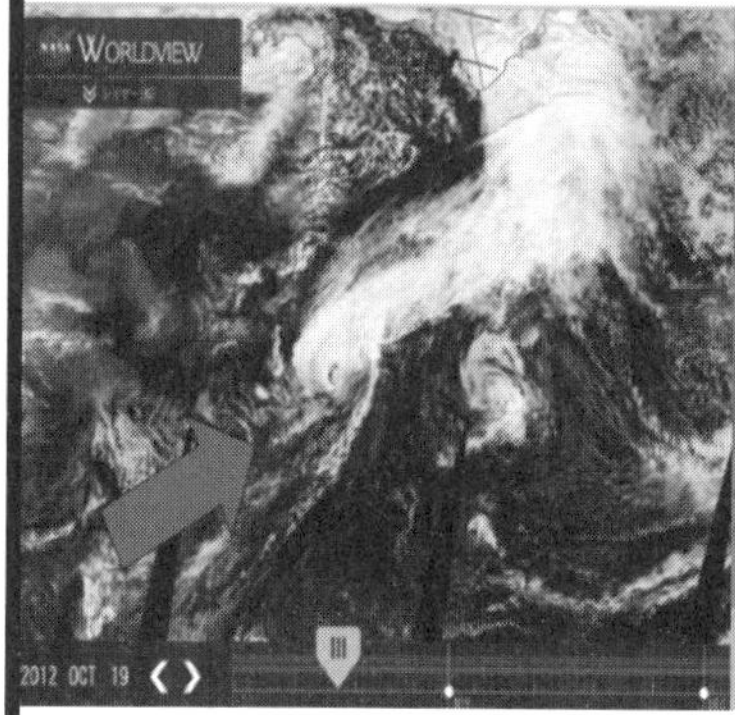

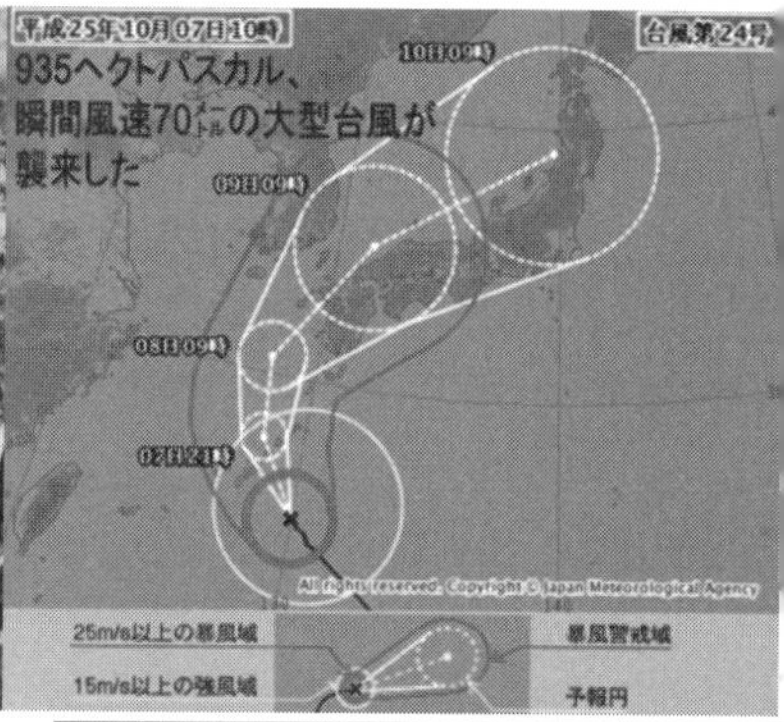

11か月間で5956機出現！

2016年	1月	2月	3月	4月	5月	6月	7月	8月	9月	10月	11月	計
EOSDIS Worldview HARMONY艦UFO 確認総数	473	413	288	589	468	865	816	756	518	279	491	5956

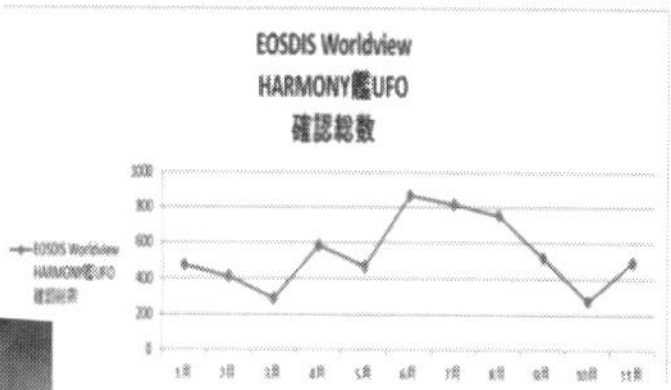

2017年11か月で5956機がWorldViewに映った

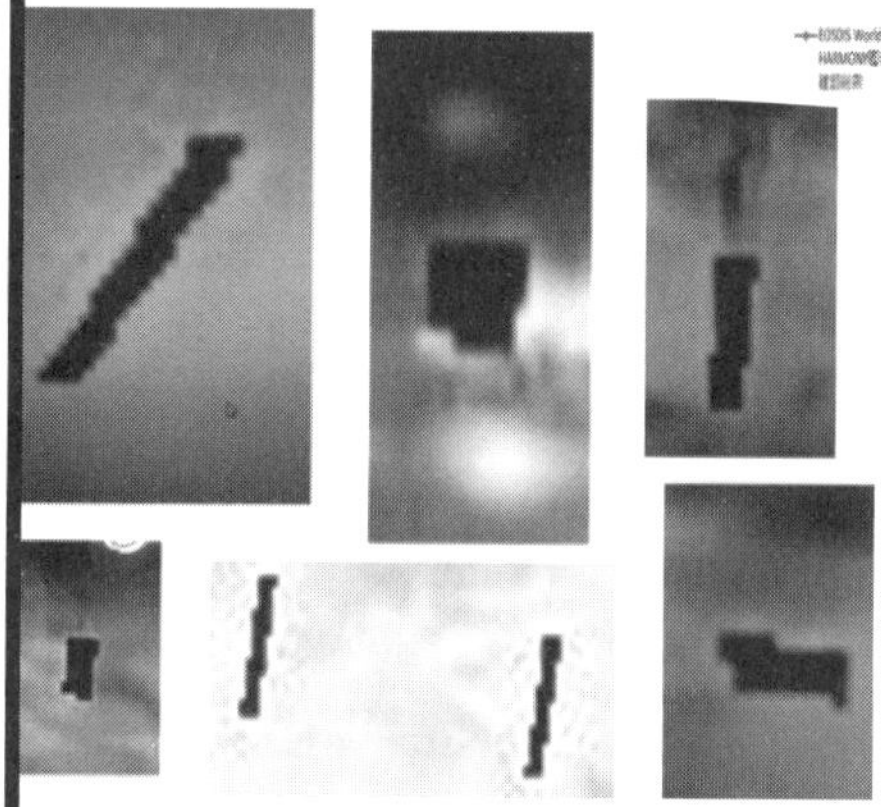

拡大すると様々な機種が存在する

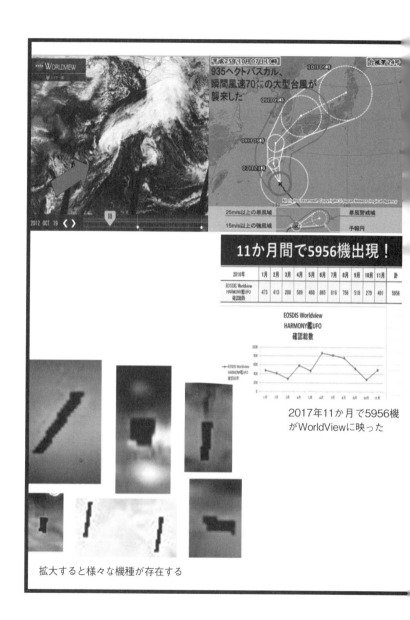

そこで、無門氏はなぜか北極に設定、黒い小さな斑点にしか見えない北極点をフォーカスに次ぐフォーカスを繰り返した。

すると、そこにも大量のUFOが雲霞のように数百機前後布陣するのを確認した。どうも北極、南極が基地となっているのかもしれない。筆者もこの画像もフォーカスし、さらにその北極の周辺を隅々探ってみた。

何と、今度は雲霞のような黒い画像ではなく、葉巻型UFOのグレーの胴体の濃淡までがくっきり見えるのだ。その数も数百機はある。中には、3連結から4連結目が切り離される寸前のも見える（口絵参照）。

もはや、これは否定のしようがない。紛れもない葉巻型UFO、否、葉巻型スペースシップと断定する他はない。他に何が考えられるだろうか。

NASAではこの WorldView を使って、フェイク画像を発信し、遊んでいるとでもいうのだろうか。それなら、NASAの権威は失墜する。けっして画像のゴーストや傷、ましては鳥であろうはずもない。

一番驚いたのは、この衛星写真を処理し、このサイトを管理するNASAの電子作業員自身であろう。

この北極上空に映っているものは、おそらく電子作業員のサボータジュか、修正するのを諦《あきら》めたためか、前述したように北極点は、黒い小さな点にしか見えないのだ。これを拡大、拡大、拡大を繰り返すことでＵＦＯの映像を初めて捉えられる。

まさか、この黒い小さな点を画面いっぱいに拡大、ＵＦＯが発見されることは想定外だったのではないだろうか。

ＵＦＯの出現数では、WorldViewで年間６０００機前後が捉えられていたことがわかった。ハーモニーズの会員がカウントしてくれたのだ。

驚くのは彼らがただ単に日本、または地球上空に現れるわけではないことだ。ほとんど地震や台風が接近する直前、または、前述した〝プロテクション・グリッド〟などのバリヤ機能や地球全体にエネルギーを放射しているようなケースが見られる。

日本の場合は、完全に人工地震及び人工台風攻撃の阻止が目的なようだ。

数千機が出現した日、台風21号が九州鹿児島沖接近していた。横石氏は、２日前の17日、ＵＦＯ艦隊が台風消滅作戦を敢行していたことを掴んだ。

「葉巻型ＵＦＯなのでハーモニー宇宙艦隊（以下ＵＦＯ艦隊）と名付け、ずっと追跡していますが、日本に接近する台風はじめ、人工地震まで防御してくれている事実を掴んでいます。彼らは無償で、日本及び地球を防御し、闇の政府が繰り出す謀略を阻止してくれているのです。

実は、ＵＦＯ艦隊が大量出現した２日前の10月17日、台風21号が沖縄に接近していたのですが、台風消滅作戦がこの日から行われていたようで台風の目の中に数機飛び込んでいるのがわかりました。

数千機出現した19日には台風21号は千葉県沖合に去っています。また、翌２０１３年10月7日には、強力な台風24号『ダナス』が九州宮崎に接近していました。予想進路は九州上陸が確実でしたが、ダナスには98機ＵＦＯ艦隊が出現、これも日本海側に弾かれたように進路が変わっています。

闇の政府からの攻撃があった時には、必ず1機から数十機以上のＵＦＯ艦隊が出現してくれるのを確認しています。彼ら無償の愛には本当に感謝に尽きます」とのことだ。

台風24号ダナスは確かに９３５ｈＰａ、瞬間風速70メートルを超える強大な台風だった。沖縄に上陸し、九州宮崎から北上、そして、本州沿いに東進、再度東北までも直撃、日本列島各地での被害が予想された。

ＵＦＯ艦隊は、台風の目にも無数に突入したほか、日本列島にも布陣、圧倒的な布陣で日本海に弾き飛ばしてくれたことが気象庁の天気図で確認できた。

三沢市役所OBの上平氏は3日間プレアデス星を訪問し、地球に帰還した！

数千機出現したＵＦＯ艦隊の実在は、実に衝撃的、驚天動地とはこのことだろう。

過去、地動説と天動説との論戦があった。当時、天動説を信じている人に地球が太陽を回っていると説いたコペルニクスは、悪魔か、気違いかのように思われたに違いない。

この書で説くことは、まさしくコペルニクス的な発想の展開が要求される。驚異的な人物は横石氏だけではない。

それは２０１６年７月のこと。ＵＦＯに搭乗、３日間プレアデス星を訪問し、他の惑星も見聞、生家に戻ったという三沢市役所ＯＢの上平剛史氏を、筆者は偶然インタビューすることができたのだ。上平氏が岩手県一戸町《いちのへまち》に住んでいた16歳の時の体験だったらしい。

筆者はこの時、同氏の住所も電話番号も知ってはいなかった。したがって、アポの取りようもなかった。たまたま十和田を別件の取材で訪れ、その帰途、三沢市内の書店に立ち寄った。その書店の裏の路地を車で徐行している時に、実に同氏と鉢合わせしたのだ。

これもあり得ない。何かが動き出しているとしか思えない。

同氏も筆者が陸前高田市出身のジャーナリストと聞いて驚いた。そして、60年前以上の体験を以下のように語ってくれた。

「プレアデス星からやって来たのは、宇宙太子と呼ばれている方です。過去に2回ほど、テレパシーで交信したことがあったのです。

太子は、16歳の私を以前から好意的に見護《みまも》ってくれ、地球人進化のために私をプレアデス星に案内してくれるというのです。近くの山で栗拾いしている時に上空からＵＦＯが近づいてきて、気が付いたら、20～30《メートル》ほどの小型ＵＦＯ内に搭乗していたわけです。

そこで、上下つながったウエットスーツのようなのに着替えたのです。怖いと感じることもあったのですが、好奇心のほうが強かった。そこで太子の誘いを受け、プレアデス星を見聞することに決めたのです。

母船の葉巻型ＵＦＯは全長5《キロメートル》から10《キロメートル》、大型なものでは全長１００《キロメートル》や２００《キロメートル》に達し、人間が想像もつかない巨大な母船もありました。

葉巻型ＵＦＯ内では1機当たり1万人まで乗れますが、常時４０００人ほどの乗員がいて、それぞれ任務についており、母船にはプレアデスのほか、アンドロメダ、シリウス、オリオン、ケンタウルス、ゼータ・レクチル星の宇宙人も搭乗していました。

宇宙ジャンプを何度か繰り返し、４００光年ほどの距離を数時間で〝ワープ航法〟で飛行します。宇宙にはこのような通路が無数にあるというのです。

ＵＦＯの管制室にはでっかいスクリーンがあり、銀河系が見え、どこを飛行しているかがわかります。驚いたのは太陽系の惑星が見え、それが徐々に拡大され、地球、日本列島、盛岡、私の住んでいる二戸の実家までが見られたことです」というのだ。

この証言こそ、前述したカナダの元国防大臣ポール・ヘリヤーが明かした5種類の宇宙人来訪説とほぼ一致する。同氏がプレアデスを訪問したのは、今から60年以上前のことでこの体験記が公表されたのは6、7年前だ。したがって、ヘリヤー元国防大臣の証言よりも先なので、この証言を盗用したとする説は成り立たない。

UFO艦隊が大量出現した際、WorldView の画面設定から葉巻型UFOの全長が4～5キロメートルと述べたが、同氏の証言はまったくこのことを裏付けるではないか。**しかも1機当たり、4000人が搭乗し、それぞれ任務についているというのだ。驚くのはこの機内には、山や川、池、畑などが再現され、そこで無農薬による野菜や果物が栽培され、魚なども養殖されている**のだという。

このインタビューは3時間以上に及んだ。その内容はとても空想で話せる内容ではないのだ。同氏の生まれは筆者と同じ岩手県。しかも二戸という過疎地だ。この北国で公務員を定年まで勤めた人間が嘘をつくだろうか。

実に同氏は60年前ほどの体験記を定年退職した後、執筆した。60年も前のことなので、記憶がかなり曖昧《あいまい》なはずだが、宇宙太子らのリモートコントロールを受けながら、執筆できたとい

昭和16年、岩手県一戸町生まれ。日大農獣医学部・法学部卒業、三沢市役所32年勤務の後、定年退職。「北の大地に宇宙太子が降りてきた」。

16歳の上平少年は宇宙太子の案内でプレアデス星を訪問した（たま出版）

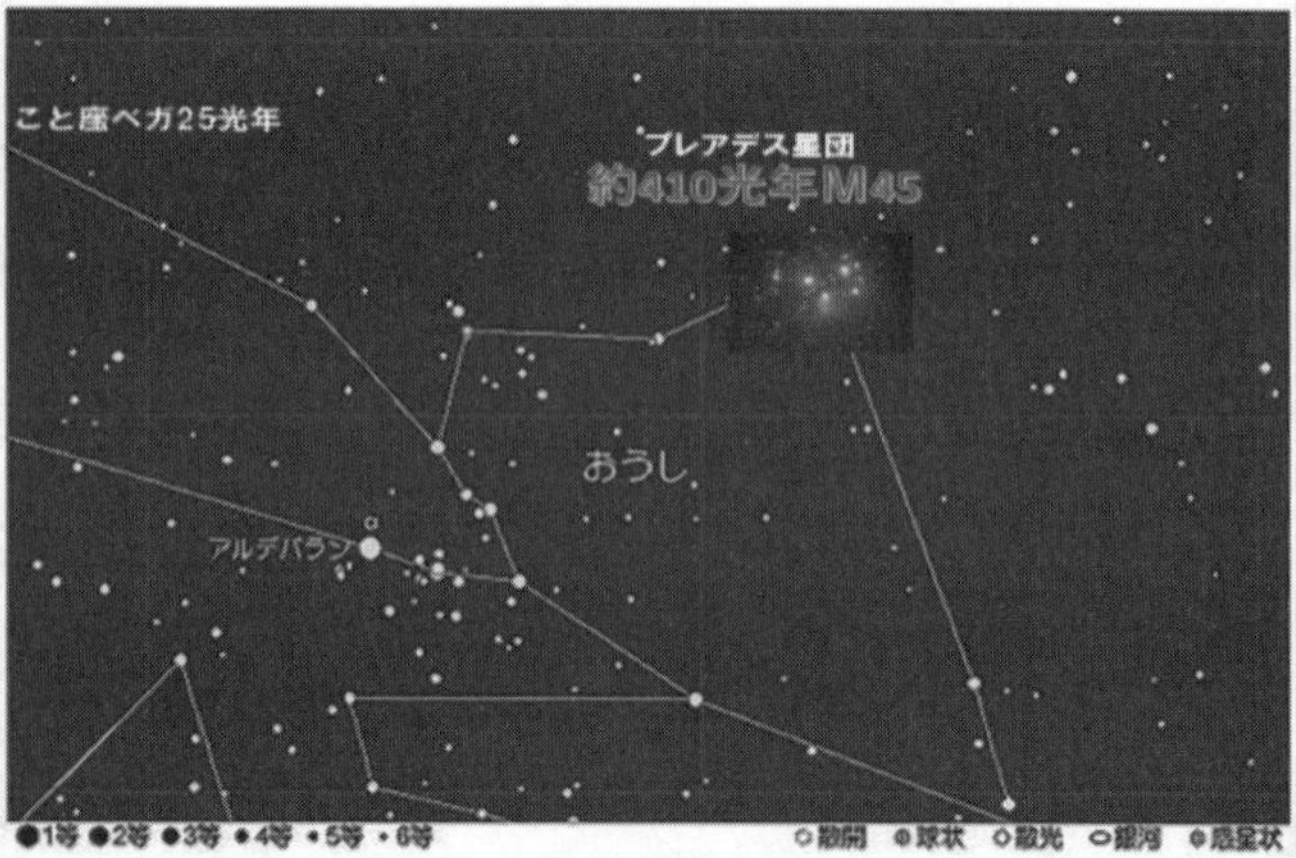

410光年離れたプレアデス星に滞在、ワームホールを通って3日間で地球に戻った

う。

果たして、プレアデスの社会とはどんなだったのだろうか。

その**社会とは、必要なだけ平等に配分する経済流通システムが完成、相手を思いやる奉仕が基本の社会だったらしい。足りないものを補い、困った人を救済する、地球とはまったく違う社会が形成されていた**というのだ。

また、3歳から15歳までの年齢別の学校があり、子供は親元を離れ、ここで奉仕と愛を学び、実践する。知識はコンピューターで脳に刷り込みされるので、試験をする必要がない。詰め込み式の暗記をすることもなく、子供はのびのびと知識と技能を取得できるという。

惑星を案内してくれた女性は300歳だったが、25、26歳にしか見えない美しい人だった。細胞蘇生《そせい》の技術が相当進歩しているらしい。

彼女には都市にある学校から食料生産基地、そして配送センター、宇宙飛行センターまで小型UFOに乗って案内してもらった。

同氏はこの惑星で地球に似た野菜や果物が栽培されているのを見て驚いた。その女性が紹介してくれたこの都市の市長から驚くべき、人類誕生の謎を告げられた。

「実は、**地球は私たちの祖先が島流しに使った惑星で、そこに送った星人が生存できるように、プレアデス星の野菜や果実の種なども持たせ、それを地球で栽培させたた**のです。

ですから今地球にある野菜や果物などはその種から進化したものなのです。そこで星人は、自分たちのDNAと霊長類のDNAを使い、人間のプロトタイプを創ったのが真相なのです」

16歳だった上平剛史少年は人類が島流しの宇宙人のDNAによって創造されたことを知った。その方法は理解できなかったが、野菜や果物がプレアデス星から持ち込まれたことは理解できた。このような60年以上前の体験を話してくれたわけだが、いまだにテレパシーで彼らからメッセージが届くこともあるという。

小さな町で上平少年が3日間も行方不明になったので、相当の騒ぎとなった。その後、物わかりのいい叔父にUFOの話をしてみたが、「そんな馬鹿なことは考えないで、勉強しなさい」だった。以来50年以上、上平氏は誰に話すこともなく、胸に秘めていたわけだ。

2008年11月14日、ベネディクト16世も地球外生命体の実在を認めると公式声明

何と言うことか。410光年離れたプレアデス星から数日間で地球に帰還したという話だけでも一般の人には、理解できないだろう。工学や物理学系の大学教授の頭にあるのは、「物質は光速以上のスピードは出せない」という定説だ。

その上、人類は、プレアデス星人によって自分たちと霊長類のDNAを操作し、創造された

というのだ。これもまた、到底理解される話ではない。

また、プレアデス星人が地球を島流しに使ったという真相は、上平氏だけが証言しているのではなく、別章で詳細するが、アルクトゥルス人サナート・クマラという多次元世界から通信を受けているトムケニオン&ジュディ・シオン夫妻も同様なことを『アルクトゥルス人より地球人へ』（ナチュラルスピリット）で述べているのだ。

さらに考古学者ゼカリア・シッチンは、6000年前のシュメール壁画文字を解読し、最初に人類を創ったのは、〝アヌンナキ〟（天からやって来た人の意）というトカゲ型宇宙人であることを世界に公表していた。

この書はシリーズ化され、世界的なベストセラーとなった。

ゼカリア・シッチンによれば、アヌンナキのDNAと霊長類のDNAを使って、労働力として、人間を創造したというのだ。

この説も前出のサナート・クマラが告げたメッセージと酷似する。

この説を認めたのは、**2008年11月14日、ローマ法王・ベネディクト16世の声明だ。同法王は、「神はアダムとイブとともに地球外生命体を創造された」と公式発表している**のだ。この時の模様がYou cubeにアップされているが、バチカン宮殿のバルコニーから聴衆に告げたようなのだ。

ベネディクト16世が公式に知的生命体の実在を公式に認めた
http://karapaiya.com

早い話、カトリック教会とバチカンが地球外生命体の実在を認めた公式文書として歴史に刻まれたわけだ。バチカン宮殿の上空には何度もＵＦＯが出現し、ローマ全体でテレビでも大々的に報道されたらしい。

実は、筆者はこの2年間でＵＦＯ関係の講演会で30回以上、講演しているのだが、ここで述べた人間を創ったのはアヌンナキであるということは、ＵＦＯファンの間ではかなり知られた認識なのだ。

何度も言うようにＵＦＯ問題は、闇の政府、カザール・マフィアによってマスコミに緘口令が敷かれているので、新聞・テレビしか見ない人々には理解し得ようもないのだ。ネットやYouTube、または文献や書籍を研究している人々とは、情報量が雲泥の差だ。

上平氏と似たようなＵＦＯ搭乗体験では、青森でりんごの無農薬・無化学肥料による栽培で、一躍時の人となった木村秋則氏も手記を刊行している。その内容は、かなり上平氏と一致、本当はこのことを書きたかったらしい。**UFO内に搭乗するのはブルーの光線によって吸い込まれ、その瞬間は記憶がなく、気が付いたらUFO内のイスに座っていた。また、元に戻される時も記憶がなく、気が付いたら、自宅のソファに横たわっていた**というのだ。

木村氏の場合は、この体験が夢のように思えたが、ある日、テレビを見てそれが事実であったことを確信した。

それは、米国でUFOに搭乗したという、女性のインタビューがたまたま流れた。この女性は、UFO内には3人搭乗しており、その中に「めがねをかけ、前歯がない、みすぼらしい格好の日本人の老人も乗っていた」と証言したのだ。この老人こそ、紛れもない木村氏だったわけだ。

Ⅲ　暗躍するユダヤ系企業に迫る

熊本地震発生直前の4月5日、巨大な電磁波が地球を覆った

ＵＦＯ、または異星人が各国政府、否、市民生活にもかなり関与していることを綴ってきた。現実には、到底信じられない事態が進行していることに気付かなければならない。

ハーモニーズを結成している横石氏は3・11以降、人工台風を捉えたＭＩＭＩＣの画像とともに、前述した**WorldView と Google Earth で捕捉されたＵＦＯ艦隊の活躍と人工地震の謀略をブログ HARMONIES G+ で数年前から公表していた**のだ。

もちろんのこと、この衛星画像では近年発生した台風の中に、ＵＦＯが突撃している無数の画像をどなたでもかなり確認できる。

ここまで述べてきたことが信じられないと思われる方は、同氏のブログとともにご自身で衛星画像を検索、過去にさかのぼって確かめてみたらいい。

しかし、残念ながら、２０１１年10月19日、WorldView から確認できた数千機のＵＦＯ艦

隊の画像は、2017年4月後半、全機とも消去された。これこそ、UFO艦隊及び銀河連盟の地球への強制介入を決定した証拠だったのだが、1機残らず、葉巻型UFOは消されたのだ。NASAの隠蔽体質は、今に始まったことではない。NASAを操る闇の政府ディープステートにとって、この証拠画像を知られることこそ、不都合な真実であることを裏付けるものだろう。一部のUFOマニアが言う、この画像が〝電磁ゴースト〟であったなら、1機残らず、消去する必要がなかったはずだ。

このことでも闇の政府の息吹が聞こえてくるではないか。とはいえ、それ以外には、単機から数機出現した画像は無数に残っているので、UFOの証拠画像は確認できる。

筆者は、このUFO艦隊が日本を防衛していると仮定し、これまで起きた巨大地震や、巨大台風の接近前を WorldView を検索し、このことに確信を抱いたのだ。この衝撃的なUFO艦隊の活躍と、闇の政府、〝ぶら松〟気象班との総力戦については次章で詳述しよう。

次に2016年4月5日、横石氏はカザール・マフィアこと闇の政府が仕掛けたMIMICに出現した電磁波に、〝なんじゃこら電磁波〟と名づけ、警戒を呼び掛けた。

「この異常な電磁波の流れが軌道衛星と同じなので、明らかに軍事衛星、またはそれに類するもの、宇宙空間から地球上に向けて放射されたものと思われます。

太平洋上での人工台風攻撃がまったく効かなくなっているので、宇宙空間から直接、打ち込む方法を考えたのかもしれません。地上施設からの照射であれば、電離層にいったん反射させ、間接的に目的地を攻撃することになりますが、宇宙空間からの攻撃であれば、直接、電磁波攻撃が可能なのです。いずれにしてもちょっと様子を見る必要がありますね」

筆者は、ちょうどこの頃、偶然ある人物から気象衛星が特殊兵器を搭載している！　という情報を入手した。

地球上空の軌道上の宇宙ステーション内で、太陽光をマイクロ波に変換する技術が数年前に開発されたというのだ。**この電磁ビーム光線を台風やハリケーンに照射し、台風内の温度を人工的に上昇させることで、台風の勢力をコントロールできる**という。

これは従来のＨＡＡＲＰを超えた宇宙兵器といえる。しかも熱源は太陽、フリーエネルギーにつながる超テクノロジーではないだろうか。

ここで述べている気象兵器については２０１３年９月、米国三大ＴＶの一つ、ＣＢＳのニュース番組で世界的な物理学者であるミチオ・カク博士が出演、「レーザー光線による気象操作」に言及、テレビ局が慌てて、発言を訂正していたことがYouTubeでアップされていたことがわかった。**ＴＶ局のキャスターに「レーザー光線による気象兵器は可能か？」と問われ、カク博士は、「もちろん」と答え、「１兆ワットのレーザー光線を上空に打ち込むことで、降雨や稲妻を発生させることができます」と答えた**のだ。

その後、ベトナム戦争で米国CIAが長期間にわたって気象操作で雨を降らせたことに言及したところ、ディレクターが、「そういう可能性があるということですね」と慌てて制止された。

実は、気象庁においてもこうしたテクノロジーを使い、「人工台風や人工地震を起こせることは暗黙の常識として定着している」というリーク情報もある。日本では主に渇水対策が目的、すでに稼働していることは前述した。

その後、**何と闇の政府は、〝ぶら松〟気象班に地上からのHAARP攻撃も加え、日本近海、大西洋、アフリカ西海岸、インド洋など、あらゆる海域に電磁波放射を命じた**ようなのだ。その画像がきっちり、MIMICで捉えられているのだ。

4月13日は連続12時間以上、朝5時まで続行されたことが観測された。そして、同日午後7時に日本列島全体を覆う巨大電磁波が観測されたのだ。

この根拠が京大の梅野健教授グループがGPSを使って電離層内の異変をキャッチしたのではないだろうか。

横石氏は4月15日、ブログでこう綴った。

「明らかに日本をターゲットにしたもので、14日の事前準備ですね。いわゆるHAARP方式によって地層を軟らかくする目的での照射であって、その後、地下核爆弾を起爆し、断層がずれるようにすれば容易に人工地震を起こせるわけです。

CBSニュースでレーザー光線による気象操作を語ったミチオ・カク博士
引用/YouTube

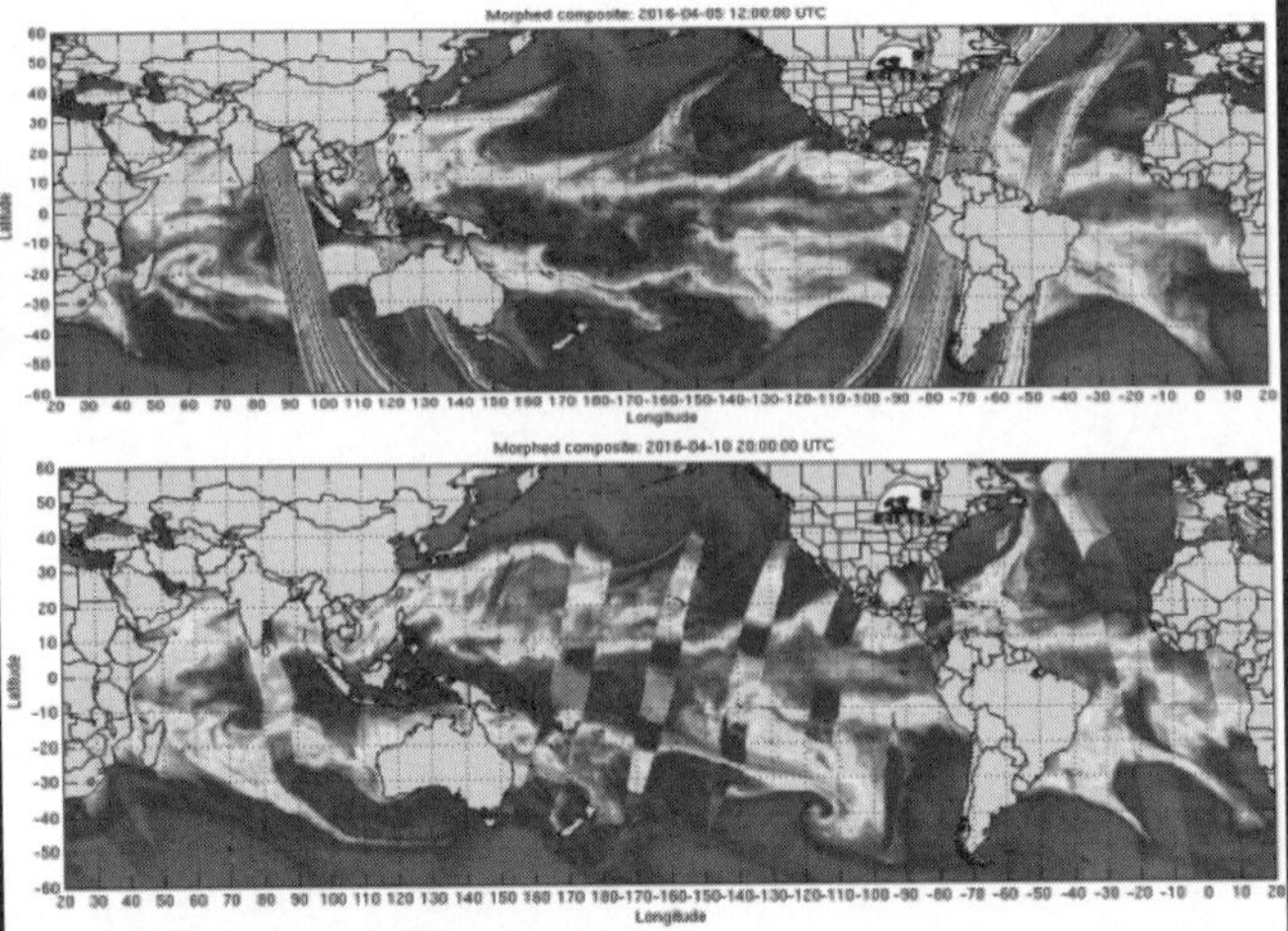

熊本地震が起こる4月5日から直前まで、怪電磁波がMIMIC画像で捉えられていた

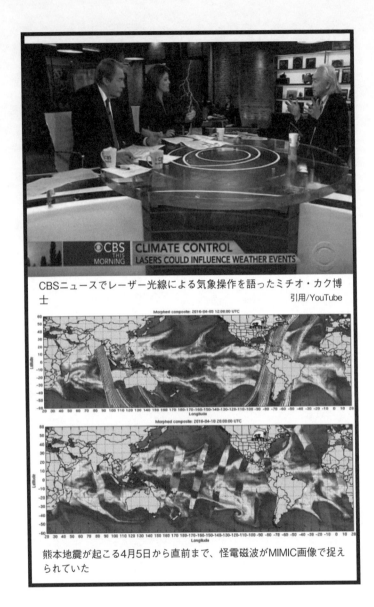

東日本大震災以来5年間にわたって、このレベルの大地震は起きていませんでしたから、日本は人工地震によって攻撃されている事実と、その裏側に潜む黒い謀略に眠れる日本人が気づく良い機会になってほしいと思います」

まさしく紛れもない巨大電磁波が日本列島を覆った。この攻撃が9日間続行され、地殻が緩み、群発地震へつながったのではないだろうか。

この熊本地震が人工地震攻撃であるとする推測は、4月15日時点ではかなり早かった。横石氏の慧眼《けいがん》は見事に的中したと言える。

ユダヤ系企業3社が南阿蘇村の地熱発電事業に関わっていた

熊本地震は気象兵器HARRPと軍事衛星を使った宇宙兵器で攻撃された可能性が高まった。

では、問題の小型核爆弾、または深度10キロメートル付近で群発して起きた地震はどのような方法で起こされたのだろうか。これに関しても前出の天才物理学者が、ブログで公開していた。

前章で、ユダヤ系巨大企業ベクテル社が関空はじめ、明石大橋橋脚工事、そして東京湾アクアライン埋め立て工事などの主要なプロジェクトをいつの間にか受注していたことなどを明らかにした。

また、海底掘削船『ちきゅう』は、日米合同のプロジェクトで運営されているが、すでにユダヤ系企業に支配されている模様だ。この天才物理学者によれば、こうした多国籍企業では、世界の火薬庫となった中東IS国をつくるのに加担したCIA（米中央情報局）やモサド（イスラエル諜報特務庁）、NSA（米国家安全保障局）の職員が社長に就任しているケースが多いという。そして、部下を工作員として現場に送り込めば、謀略は簡単に実行できるというのだ。

どうもこの20年間で日本は大きく様変わりしだ。**小泉純一郎元首相と竹中平蔵元蔵相がコンビを組んだあたりから、闇の政府の支配が大きく顕在化したよ**うだ。彼らは郵政事業を解体、民営化にした。**闇の政府の目的は、200兆円もの郵貯を米国債に転換させる**ことだった。次に、**『新自由主義―グロバリーゼーション』という耳あたりのよい名の下に非正規社員を増加させ、日本のセーフティ社会をことごとく破壊した。**現在もこれは進行しており、国営事業がユダヤ系企業に払い下げられている。

そして、多国籍企業が増えだし、いつのまにか、日本を代表する公共事業や調査研究に参入していたわけだ。

そこで、前出の天才物理学者は、国家的な事業が熊本でも行われていないかを調べてみた。そこから、浮かび上がって来たのが、独立行政法人石油天然ガス・金属鉱物資源機構（JOGMEC）という組織だ。この機構は2015年3月3日から同年11月30日まで「平成27年地熱資源開発調査事業費助成金公布事業」を公募し、26件採択していた事実が浮かび上がった。

早い話、石油エネルギーや原発に変わり得る電源として期待できる地熱発電事業を推進するため、地熱資源量の調査や地下構造を明らかにする事業に対して、JOGMECが認める事業について助成金を交付するというものだ。

採択された26件の中に北海道八雲町の地域調査や、鹿児島県指宿《いぶすき》市周辺の調査などの他、熊本県南阿蘇村湯の谷地域の調査事業が採択されていたことがわかった。

これで「新エネルギーの開発」という名目で、南阿蘇村の地熱発電事業にJOGMECから助成金が下り、掘削事業がスタートしたわけだ。

これを受注したのが「フォーカスキャピタルマネジメント」「レノバ」「デナジー」という会社だ。いずれもユダヤ系企業だったことがわかった。

同物理学者によれば、「こうした企業の社長の大半が前述したCIAやモサドからスピンアウトした出身者で占められる。こうした会社は、ほとんど別の会社に丸投げし、現場は外国人の現場監督に任せられる。受注した会社は何をしているかわからない。

その現地に住んでいないものがその地の公共事業を行うことほど怖いものはない。いつのまにか爆弾を仕込まれていれば、今ではGPSやネットで簡単にリモートコントロールできるからである」という。何とも得体の知れない連中が国家的な事業に絡んでいることがわかった。

小型爆弾が設置された福島原発はウイルス『ストゥクスネット』で操作、破壊された

実は、福島原発事故が小型水爆で破壊されたとする根拠は、ネットを使ったリモートコントロールで破壊されたことが先端のジャーナリストの間ではすでに常識だ。

それはこの作業にあたったＮＳＡ（米国家安全保障局）の電子作業員ジム・スートンという人物のリーク情報がネットで公開されたからだ。

この人物は、現在、命を狙われ、メキシコに逃れたのだが、このリーク後、自宅で数人の黒服の男に囲まれたことがあった。そこで、必死に福島レポートを訴えたところ、黒服の男も驚嘆し、拉致《らち》されることがなかったという。

ジム・ストーンの内部告発のインタビューは YouTube でいつでも見られる。

この動画を要約すれば、こうだ。

福島原発の地下に原発を仕掛けた会社はイスラエルのマグナＢＳＰ社という。この会社が『ストゥクスネット』という、産業用制御システムを開発したらしい。

そして、福島で4か月間ウイルスを植えつけ、オペレーターが完全に各施設にある燃料棒の温度制御をしていることや、どんな方法で温度や圧力を調整し、タービンの回転を制御するかまでを学習する。このウイルスを使えば、現在、それが作動している偽の状況を再現するとい

う。**ジム・ストーンは、イスラエルの電子作業員との間でメールをやりとりし、マグナBSP社が埋め込んだ核兵器の写真まで保有していることを掴んだ。**

「彼らはイスラエルにいながらにして、津波を引き起こし、津波が原発を襲うのを待っていたのです」と断言している。

この原子炉は地震に襲われると自動的に緊急停止する。なぜなら、原子力施設は本質的に安全に設定されており、どんなことが起こっても自動的にスタンバイモードになるシステムが組まれているからだ。

そこで、地震が起きて40分後、彼らはどうにかしてインターネットへの遠隔リンクを獲得し、発電機を停止させたという。このことはエルサレムポストでも報道されたというのだ。

その後、マグナBSP社は福島各施設内部に設置され、インターネット接続された小型核爆弾を仕込んだ巨大な監視カメラで一部始終を視聴しながら、前出のストゥクスネットを作動させた。そして、読み取り自動モーターなどすべてを爆破するまで、このウイルスを操作管理したというのだ。

このストゥクスネットは破壊、爆破されてもその前後のすべての読み取りを通常に保つ機能があるのだ。したがって、エルサレムでは施設内が爆破されたことを確認できるのだが、**福島の核施設内のコントローラーは原子炉が正常に機能している偽の読み取りしか認識できていな**

NSA（元米国国家安全保障局）のジム・ストーンが命をかけてリークした
https://youtu.be/ZCEmFlMrRVE

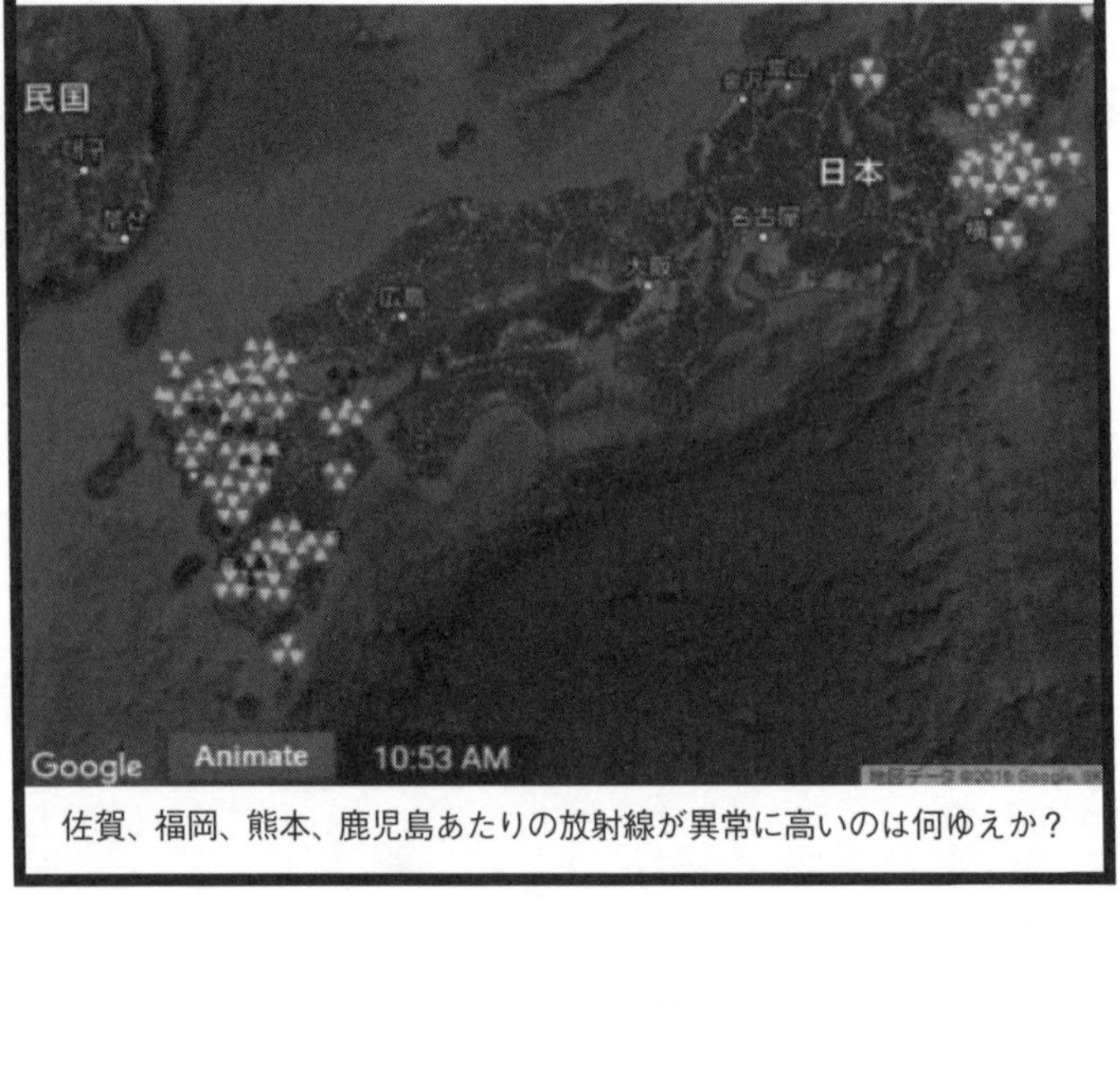

佐賀、福岡、熊本、鹿児島あたりの放射線が異常に高いのは何ゆえか？

かったわけだ。

1号機と4号機は水素爆発で、3号機は前出の監視カメラが仕込まれた小型原爆で、リモートコントロールしながら爆破した。

むろん、3・11の謀略者の実行を命じたのは、イスラエルと米国だという。

YouTube での告発インタビュー動画は、訳者によってニュアンスが多少異なると思われるが、およそこうした内容だ。

このジム・ストーンの命を賭けた内部告発で、福島原発がリモートコントロールによって小型核爆弾で破壊された真相がわかった。今回の一連の熊本の群発地震以降、佐賀や北九州、長崎、鹿児島あたりで高濃度放射線量が検出されている。

これは南阿蘇村で仕掛けられた小型核爆弾による放射線が拡散されたためではないだろうか。ジム・ストーンもロシアに亡命した元CIAのスノーデン同様、闇の政府が行う謀略を暴いた、良心を備えた人間と言える。

地震直前、安倍政権をめぐる国内情勢は最悪だったことも怪しい

自衛隊駐屯地で地震が頻発したことに疑問を持ったのは、天才物理学者だけでなく、UFO

問題や超常現象に詳しい著名な専門家も同様だ。

彼らもまた、陸上自衛隊高遊原分屯地の平成27年度発注予定業務を調べてみた。

予感は的中。あった。この地震の震源地付近でボーリング調査していたことを掴んだ。さらに詳しく調べたら、この分屯地で洗機場一式、ポンプ室RCを設置していることがわかった。早い話、**ボーリングした後、この穴に高圧ポンプで水を注入、フラッキング工法を行っていたことが推察される**のだ。その道具が全部揃っている。

ボーリング調査は理解できるが、何ゆえ、ポンプ室まで必要だったのか。2015年、米国オクラホマ州でシェールガス採掘のため、フラッキング工法を行った結果の事件を思い出してほしい。月間数10回から80回以上、地震が発生したのだ。

オクラホマでは地震で倒壊、半壊した民家に人工地震を理由に地震保険が適用にならなかったのだ。そっくり余震の回数が熊本地震と同じではないか。しかも震源地がほとんど地下10キロメートルだ。明らかに人工地震を起こすための事業だったのではないのか。

この高遊原分屯地を管轄するのは防衛大臣だ。防衛大臣に命令できるのは誰か。

この熊本地震発生当時、安倍自公政権をめぐる国内情勢は極めて厳しかった。

第一に日ロ会談直前であった。これは日本を操るオバマ大統領にとっては面白いはずがない。

次にTPP（環太平洋パートナーシップ協定）加入問題で安倍政権は野党から責められていた。

当初、「TPPには加入しない」旨を公約していたが、オバマ元大統領に媚《こび》を売るポチ外交を推進する安倍首相としては、TPP加入の意志を貫き、恭順の意を示す必要に迫まられていたのではないか。

一説では、**環太平洋地域でいち早くTPPを締結させ、遺伝子組み換え食品とF1種を売り込みたいモンサント社が闇の政府を動かした**。そして、**熊本地震を仕掛けたのではないかとの観測が浮上**してきた。

また、消費税増税延期問題でも公約違反を問われていた。この地震が起こる直前、安倍首相は、「リーマンショックや大災害でも起こらない限り、消費税増税延期はありません」と記者会見していた。逆に言えば、大災害があったら、消費税増税は延期するという意味にも受け取れる。

さらに決定的と思えるのは、パナマ文書問題だ。当時、この**リストには、電通やJAL、ユニクロ、三菱商事、大和証券などの大企業が入っており、資産隠しが暴かれる寸前**だった。

実に国内から50兆円ほどがタックス・ヘイブンに移されており、摘発されたならば15兆円ほどの税収が見込めた。そうなれば、消費税の税率を引き上げることもない。

菅《すが》官房長官は、「日本政府はこの問題を追及しない」としていたが、当日テレビではパナマ文書問題を放映する予定だったらしい。

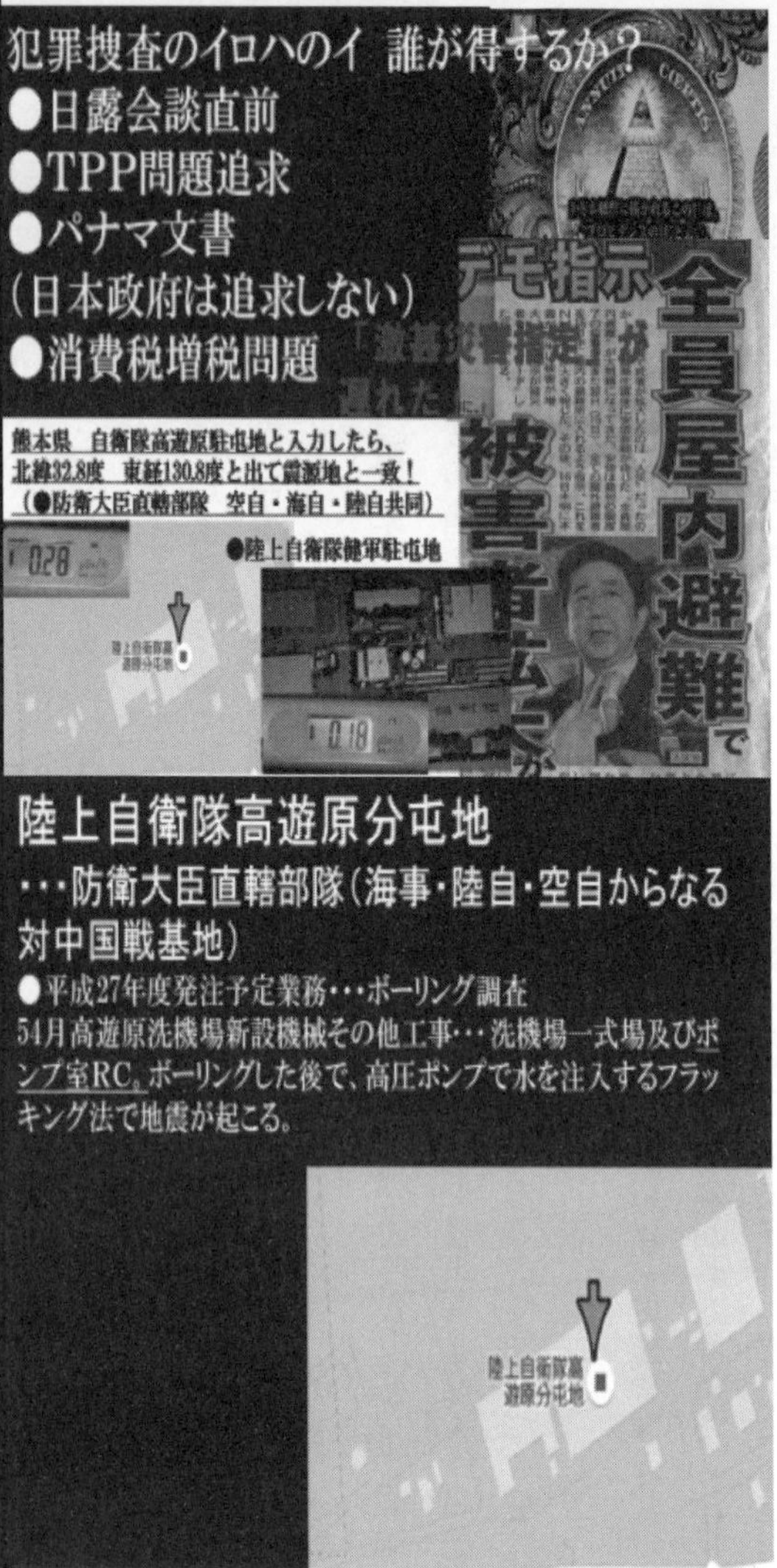
犯罪捜査のイロハのイ　誰が得するか？
●日露会談直前
●TPP問題追求
●パナマ文書
(日本政府は追求しない)
●消費税増税問題
デモ指示
全員屋内避難で
被害
熊本県　自衛隊高遊原駐屯地と入力したら、
北緯32.8度　東経130.8度と出て震源地と一致！
(●防衛大臣直轄部隊　空自・海自・陸自共同)
●陸上自衛隊健軍駐屯地
陸上自衛隊高遊原分屯地
・・・防衛大臣直轄部隊(海事・陸自・空自からなる
対中国戦基地)
●平成27年度発注予定業務・・・ボーリング調査
54月高遊原洗機場新設機械その他工事・・・洗機場一式場及びポンプ室RC。ボーリングした後で、高圧ポンプで水を注入するフラッキング法で地震が起こる。
陸上自衛隊高
遊原分屯地

熊本地震直前は、内外とも難問続きで安倍政権は追い込まれていた

高遊原分屯地では　ボーリング調査とポンプ室が配備

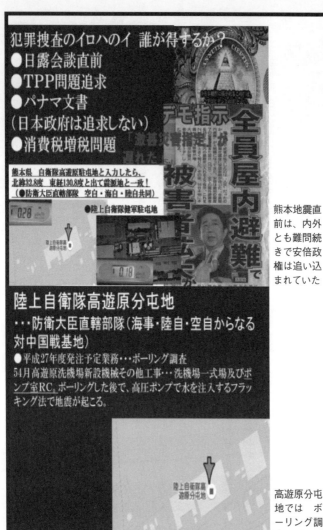

おかしいのは、この文書のリストにプーチン大統領と習近平国家主席の関係者が網羅されていた。ジャーナリストの間では、**「背後には投資家として著名なジョージ・ソロスやロックフェラーなどがこれを摘発した組織のスポンサーになっていることから、カザール・マフィアの謀略である」**ことがささやかれていた矢先だった。

安倍政権にとっては、実に神風とも言えるタイミングで熊本地震が発生したのだ。これ以後、熊本地震の報道一色となったことは周知の通りだ。

容疑者を炙《あぶ》り出す犯罪捜査のイロハのイは、その事件が発生したことで誰が一番得をするかを浮き彫りにすることだ。安倍政権にとっては、政権の延命を助ける実に神がかり的な震災だったのだ。

ここに3・11と同様、闇の政府の蠢動《しゅんどう》が見え隠れしてはいないだろうか。

2月27日、益城町上空に1機布陣、被害を最小限度に抑制してくれた

では、この熊本地震について、UFO艦隊の関与はなかったのであろうか。

どうしてUFO艦隊は出現しなかったのだろうか、日本は見放されたのだろうか。

否、横石氏は、必ずアクションがあったはずだと睨《にら》み、WorldView で4月14日以前をさか

のぼってみた。

日本は見放されたわけではなかった。やはり2月27日、熊本の益城町の震源地上空に巨大ＵＦＯが１機出現しているのを確認した！

「彼らは、おそらく約2か月前にこの付近で地震が起こされるのを把握し、被害を最小に抑えるオペレーションを施してくれたのでしょう。実際、最大震度7を記録した阪神・淡路大震災や東日本大震災に比べると、被害が１００分の１以下程度に収まっているからです。

熊本では亡くなられたが方が９人、怪我をされた方々が１０００人ほど、家屋が倒壊した方々にはお気の毒ですが、阪神・淡路大震災では６４３４人、東日本大震災では2万人ほどの死者が出るなど、甚大な被害を出しています。

熊本では一部火災が発生したものの、広範囲に延焼するような事態は避けられたわけです。

とは言え、九州の完全守護オペレーションでは、鹿児島からの帰りがけに熊本で2時間でもいいから下車し、熊本城で実施すればよかったと、本当に忸怩《じくじ》たる思いです」と綴った。

確かにＮＡＳＡの WorldView には2月27日、ＵＦＯ艦隊が出現したことが確認できた。現地では当日の日中と、地震発生2時間前の夜間、ＵＦＯ数機が上空に出現しているのが動画で撮影されていた。

そして、4月29日には、前述した日奈久活断層につながる水俣《みなまた》が近い、熊本県芦北町《あしきたまち》上空に

地震直前、益城町上空にUFOが出現していたことを地元の新聞が報道、WorldViewでも2月27日、益城町上空にUFOが1機布陣していた

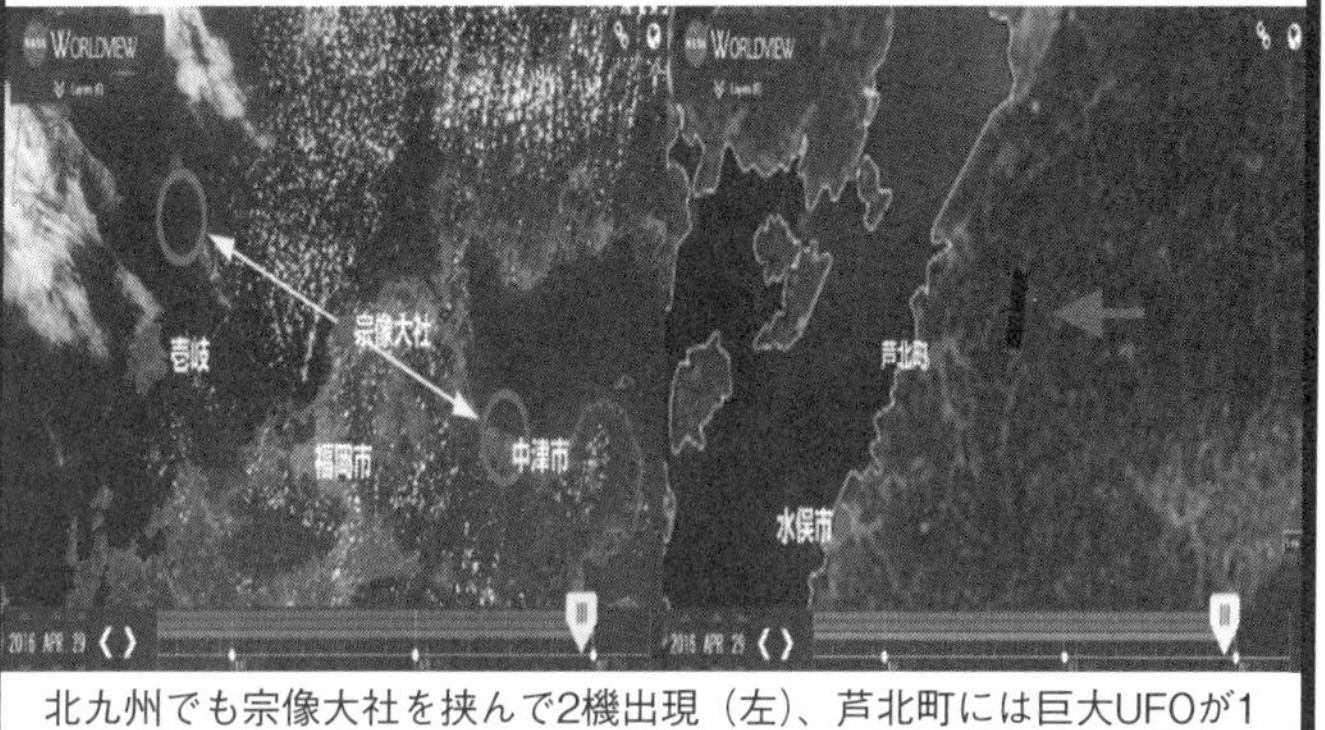

北九州でも宗像大社を挟んで2機出現（左）、芦北町には巨大UFOが1機出現していた

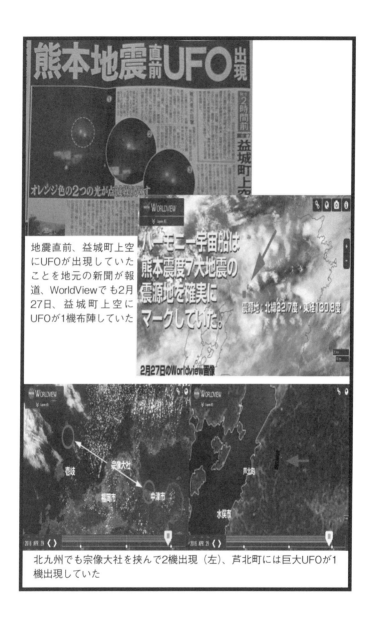

1機出現していた。このUFOはかなり大きい。直径も全長も通常の倍はある。それだけ、この活断層の危険性が高かったことを彼らは熟知していたのかもしれない。

また、福岡の宗像大社《むなかたたいしゃ》を挟んでUFOが2機上空に布陣しているのを確認した。

ハーモニーズからは、「4月30日には、関門海峡に近い響灘付近で着陸寸前まで低空に出現した」という目撃情報が寄せられている。響灘《ひびきなだ》付近には、石油の備蓄基地がある。UFO艦隊がここの攻撃を阻止してくれた可能性もある。

横石氏は、4月16日直後、熊本入りし、健軍商店街や阿蘇大橋、大分県の陸上自衛隊湯布院駐屯地周辺をいち早く取材していたのだが、5月になって連休を利用し、再度熊本に向かった。震災後、熊本地区で豪雨注意報が出ており、豪雨による被害が拡大するのを抑えたかったからだ。

2016年は熊本地震に始まり、それに人工台風攻撃をタイアップさせた、恐るべき日本壊滅計画が浮き彫りになった。この人工台風攻撃は、追い詰められた闇の政府の断末魔の咆哮《ほうこう》が見え隠れする。UFO艦隊の日本及び地球を防衛する意志が顕在化したといえる。

第3章

闇の政府《ディープステート》の日本総攻撃が開始された！

I　安倍自公政権は日本が自滅する法案を次々強行採決した

モリ・カケ問題で追いつめられた最中、大阪府北部地震が発生した！

台風や地震が気象兵器で起こせることを前章で綴ったが、これで気象操作が現実に行われていることがご理解いただけただろうか。

今や、ロケットやミサイルで相手国を破壊するのが戦争ではないのだ。気象兵器を使い、相手、または敵対する国を攻撃するのがより破壊力が高く、原子爆弾の数百倍以上の威力を発揮せしめることが可能なわけだ。

2018年春、国会では昨年来、モリ・カケ問題で安倍自公政権が野党の追及にあい、愛媛県から決定的な文書が公開され、内閣総辞職が確実と思われた。

ところが、6月18日、大阪府北部で震度6弱の直下型地震が発生した。まったく〝悪政には災害がツキモノ〟とはよく言ったものだが、この地震もかなり怪しい。

亡くなった方には、大変気の毒だが、人工地震の疑いが濃厚なのだ。

それは今回も3・11東日本大震災、4・14熊本地震と同じ緩やかなP波がない、いきなりS波がドカンと始まるという、人工地震特有の地震波が解析されたからだ。

また、前述した天才物理学者のブログでは、「これはHARRPを使った人工地震であり、朝鮮半島統一問題が無関係ではない」とする主旨を綴っている。

早い話、NWO（新世界統一秩序）を推進するロスチャイルド・ユダヤ国際金融資本は、南北統一のため、北朝鮮への支援金を強要するため、安倍政権に強請《ゆす》りをかけたというのだ。

また、陰謀論に長《た》けたR・K氏は、偽ユダヤ軍産複合体が安倍派を援護射撃、小型水爆で爆発させたと意見が割れた。どちらにせよ、**双子型阪神・淡路大震災、新潟県中越地震、3・11東日本大震災&福島原発核テロ攻撃、次に4・14熊本地震、そして6・18大阪府北部地震が人工地震で仕組まれた**ということになる。

3・11では気象庁の地震津波監視課長らは、「考えられない3連発の地震が起きた」と述べ、4・14熊本地震では、「広域的に続けて起こるような地震は観測史上思い浮かばない」とした。今回では、「何の前触れもなく地震が発生した」とコメントした。

気象の専門家なら、自然の地震では、こうした連続的に巨大地震が起こるはずもないことを熟知しているはずだ。

自民党、または3・11当時の旧民主党のトップは、人工地震、人工台風及び人工ハリケーンなどは、気象兵器で起こせることを知っていたはずだ。

2016年の熊本地震でも安倍政権は、日露会談直前、TPP問題追及、消費税増税先延ばし、そしてパナマ文書問題が俎上《そじょう》に乗り、ピンチに陥っていた。

今回では、高度プロフィッショナル制度（残業タダ働き制度）、カジノ法案、モリカケ問題、北朝鮮による拉致問題とまたもや追い詰められていた。

まるで安倍自公政権を援護射撃するように、地震が発生、国民の目は大阪に集中した。ネットでは、ユダヤ国際金融資本（NWO）が安倍総理を援護したとの書き込みが少なくない。

7月5日、今度は西日本豪雨災害が発生した

6月28日から7月8日にかけて、西日本が記録的な豪雨に襲われた。7月5日午後2時に気象庁が異例の記者会見を行い、記録的な大雨に数日間、西日本が襲われる恐れがあることを警告していたのだ。

しかし、安倍総理はこの警告を無視、〝赤坂自民亭〟と称さる料亭で防衛相及び法相、次期総理の呼び声のかかる政調会長ならびに総務会長らと若手を入れた総勢30人ほどで酒盛りをしていたことが発覚した。

3選の票固めの活動だったことは明白だ。次の6、7日も財界とマスコミらと会食、二日酔いだったらしい。この間、岡山・広島・愛媛などでは堤防が決壊、ダムの放水などで床上浸水が相次ぎ、19府県約260万世帯、約590万人避難指示、勧告が出されていた。

安倍総理は、ようやく8日午前8時になって、非常災害対策本部を設置、66時間の空白時間後、「救命救助、避難は時間との闘い、引き続き全力であたってほしい」と述べた。

災害では72時間が生命存続の限界とされる。66時間の空白時間でかなりの人々が亡くなったかもしれない。

それなのに、「災害は時間との戦い」と述べた。2014年4月の韓国の『セウォル号』沈没事故では、朴槿恵《パク・クネ》大統領は初動対応に7時間の空白があり、やがて弾劾され、拘置所入りとなった。

これをマスコミは追及、報道しない。

初動対応に遅れた安倍総理は、11日になって慌てて岡山や愛媛に飛んだ。来訪される方はVIP扱いしないといけないので、迷惑極まりない。そこで、「国民の生命が第一」とまたもやポーズを取った。

しかし、これは口先だけなのが明らか。頭には3選の票固めとカジノ法案採決しかない。実は災害対応どころか、それまで欧州外遊するつもりだったことが判明した。

2018年7月5日、西日本全域を未曽有の豪雨が襲った　　引用/朝日新聞

何が「国民の生命が第一」だ

総裁選対策の飲み会や地方回り、政権延命めくらましにかまけて、全ての対応が後手後手で被害拡大

官邸は7日まで何もやらず、非常災害対策本部、大雨特別警報の遅れに対して、轟々の非難が上がっている

かくも犠牲者が増えたのは人災ではないのか 口先保身政権に災害対応を任せられるのか

88人死亡58人不明

人が豪雨にのまれている中

この政権は何をしていたのか

西日本が豪雨に襲われている中、安倍総理らは酒盛りをしていた

引用/日刊ゲンダイ7月8日号

さらに**酷いのは、西日本の被災地では猛暑の最中、3万人以上がこの先、生活がどうなるかわからない不安な被災生活を送っている中、災害対応の重責にある石井啓一国交大臣をカジノ法案の審議に張り付かせている**ことだ。

これで安倍総理の化けの皮が剥《は》がれたも同然。当初、西日本豪雨に当てられた予備費はわずか20億円なのがその証拠だ。その後、臨時国会を開き、補正予算も組まない。

こうした中、欠陥機『オスプレイ』を17機で３６００億円、迎撃ミサイルシステム『イージス・アショア』２基で２０００億円の予算だった。その後、３倍に吊り上がり６０００億円で購入することが決まった。防衛費は史上最高の５兆円超となった。

安倍総理の考えていることは、米トランプ大統領の忠犬ポチ公と化し、その権威を笠に着て戦争できる国に仕立てあげ、日本国憲法を変えた首相として名を残すことが悲願と指摘される。

したがって、どのような問題を起きようとも、嘘・出鱈目をならべ、論点すり替え、居直りを続けるのが絶対的使命と思っているとしか考えられない。

西日本豪雨はHAARPで操作された人工豪雨だ！

前出の西日本豪雨もオカシイ！　被災者には大変恐縮だが、日本を襲った雨雲を衛星写真で

7.4　西日本には、雨雲がない

7.6　突然西日本上空に雨雲ができる

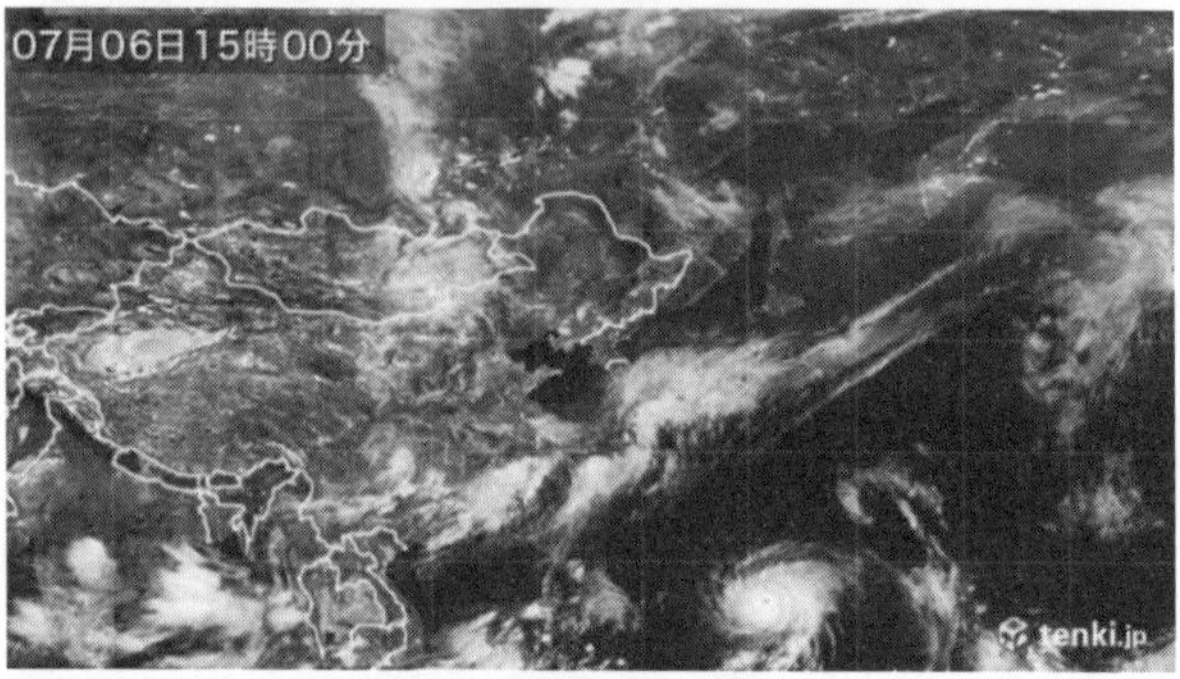

7.6　西日本に雨雲が居座り、豪雨を降らせた

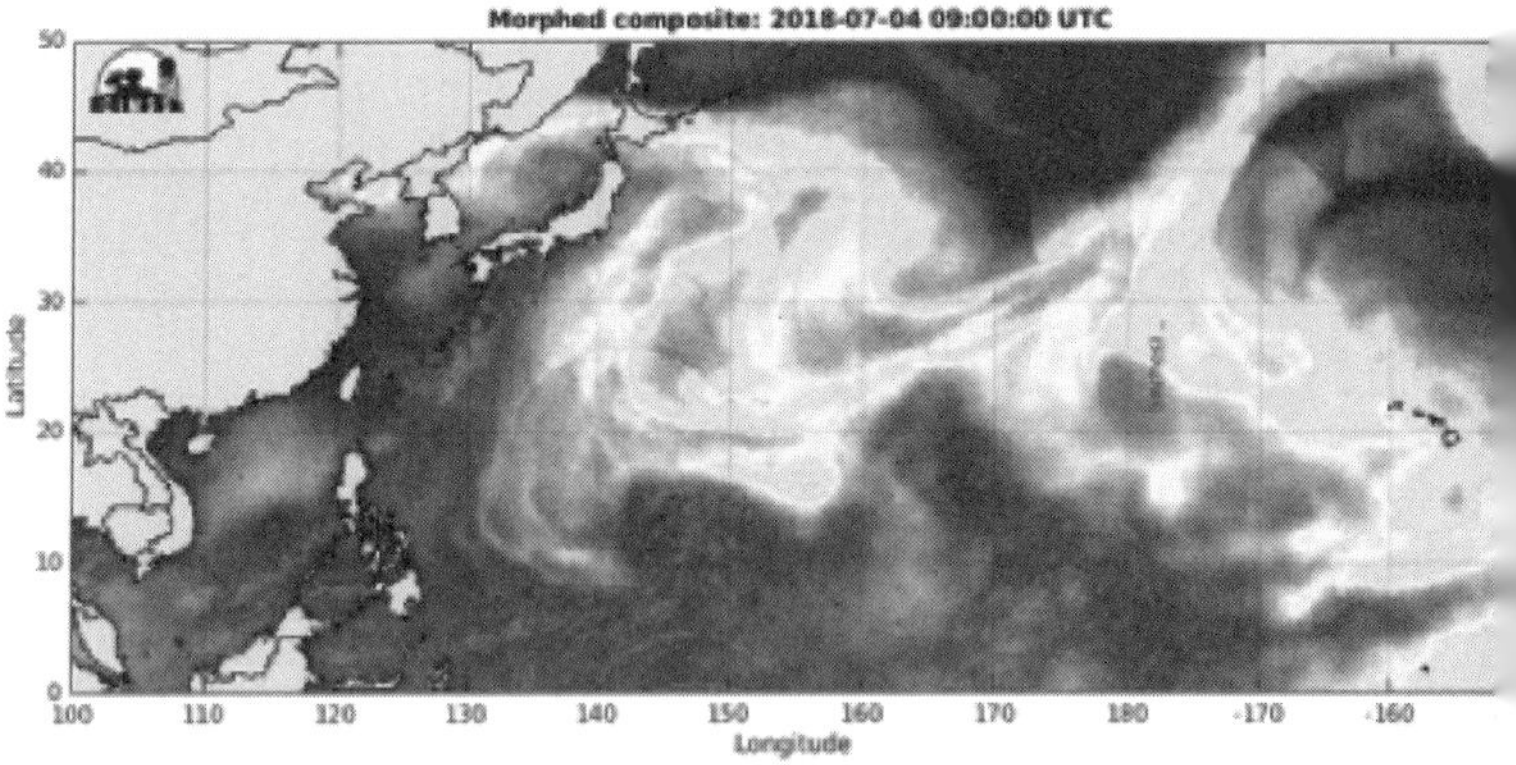

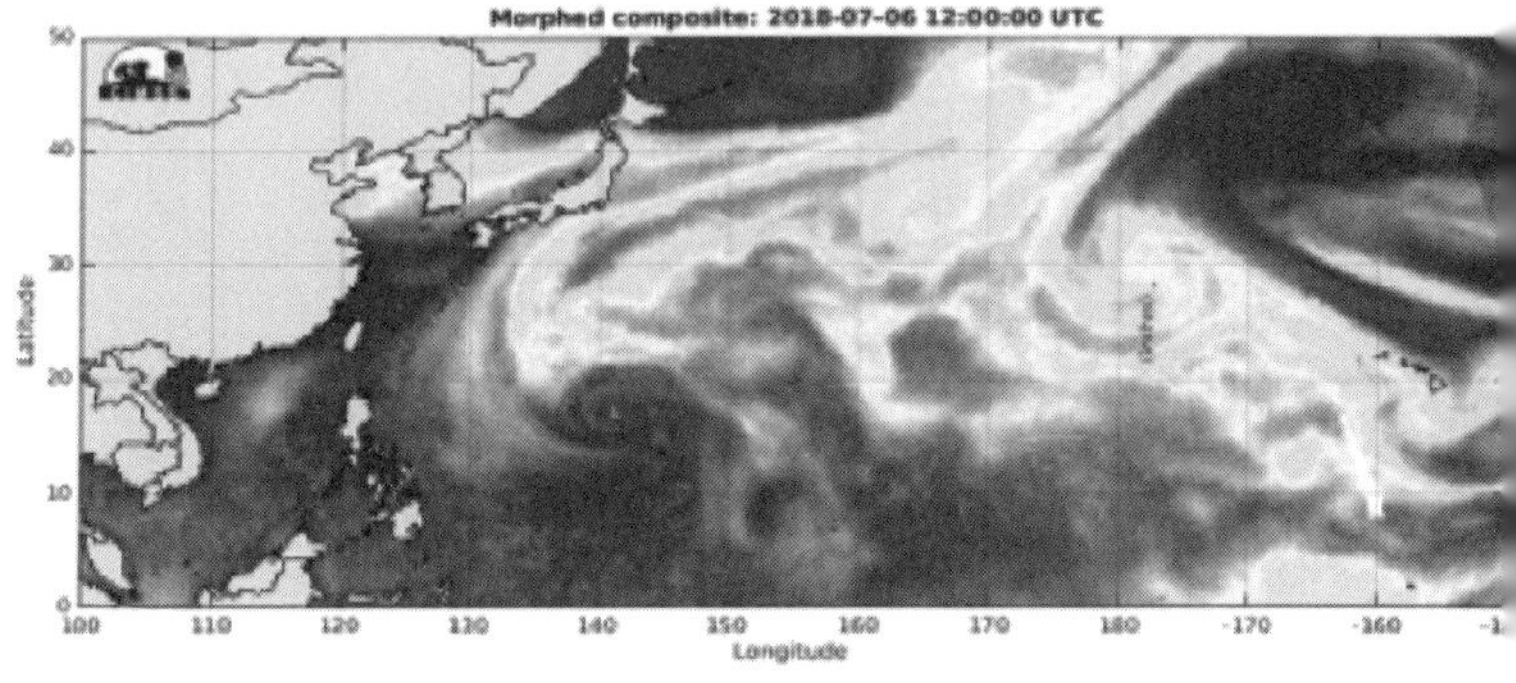

天才物理学者が説いたHAARPを使った西日本豪雨の根拠

追跡すると、それがわかる。画像を見れば、わかるように雨雲が九州から東へ移動した形跡がない。もちろん、太平洋から北上した形跡もない。

いきなり西日本上空に雨雲が出現、それが居座り続けた結果、豪雨を招いた。ネットによる著名な『ｗａｎｔｏｎのブログ』も同様な見解だ。

ｗａｎｔｏｎ氏によれば、「皆さん。今回の大雨を降らしている雨雲なんですが、日本上空でどんどん巨大化しているのです。もはや、自然の摂理から大きく逸脱しています。有り得ないでしょ」とした。

結論を先に言えば、**7月4日午後9時から7月6日午後3時まで7点の衛星画像を分析してわかったことは、豪雨を降らせた雨雲ができた場所は、山陰沖、四国沖、九州西の3か所。使った気象兵器は『ＨＡＡＲＰ』**というのだ。

このＨＡＡＲＰとは、世界的な米物理学者ミチオ・カク博士が指摘している通り、「大気に2兆ワットのレーザーを照射すれば、降雨と稲妻を発生させられる。事実、１９６０年代、ベトナム戦争でＣＩＡが気象兵器を使い、雷雲をつくって長期間雨を降らせた」ことを明らかにした。

今回も複数の西日本地区からＨＡＡＲＰを照射し、長期間雨雲を西日本に停滞させたのではないだろうか。実際、気象庁の各観測所にはＸバンドレーダーがかなり配置され、これからマイクロ波を照射することができる。

この見解は、ｗａｎｔｏｎ氏だけでなく、これまでの熊本地震から大阪府北部地震まで、気象兵器であることを暴露してきた天才的な物理学者も、**「だから、台風の芽や卵ができたら、それをＨＡＡＲＰでヒートアップすれば、威力が増し、回転数が増し、より一層強力な台風になる」**ことを指摘しているのだ。

この物理学者は、ウイスコンシン州立大学が提供する水蒸気の蒸発量をアニメーション化したＭＩＭＩＣ画像を精査し、ＨＡＡＲＰで海洋を熱し、水分を蒸発させ、雨雲を製造する過程を追跡した。

見事にフィリピン沖で蒸発した水分が日本列島に流れ込んでいるのがわかる。これで異常だった雨雲が気象兵器で操作された可能性が濃厚になった。

安倍擁護、迷走台風12号でオカシイことに一般市民も気づいてきた

早い話、１９９５・１・17阪神・淡路双子型地震から２００４年新潟県中越地震、２０１１年の３・11東日本３連発地震、２０１６年の４・14＆16熊本地震が気象兵器による日本弱体化計画であることを『ハーモニー宇宙艦隊』シリーズで説いてきたが、これに２０１８年の大阪

府北部地震、そして今回の西日本豪雨災害までが加わった。

この地震と西日本豪雨災害で、国民の目はモリ・カケ問題から逸《そ》らされた。

列島が異常な猛暑で狂騒する7月末になって、今度は〝ジョンダリ〟と命名された台風12号が小笠原諸島及び硫黄島付近で発生、関東に接近してきた。またしても南シナ海で発生、沖縄から九州に上陸するという、これまでのパターンと違う迷走ぶりを示した。

そして、関東に直接、上陸するかに思えたが、紀伊半島付近から上陸、西に進路を取り、列島を逆走するという、異常ぶりを見せた。通常、日本上空は偏西風が流れ、台風は西から東へ進路を取るのだが、これがまったく機能していない。

挙句の果てには、九州を南下し、鹿児島沖で一回転ループし、上海に上陸するという、まったくあり得ない動きを見せた。

2016年8月末、伊豆沖で発生し、西に進路をとって沖縄近海で壁にぶち当たったようにUターンし、関東に戻った台風10号と今回の迷走台風12号といい、これで台風が操作されていることを理解した人々が多かったのではないだろうか。

実にこの台風12号にもHAARPによる気象操作だったことが7月24日のMIMIC画像で判明した。その後、UFO艦隊が突入、コントロールに置かれていたことがわかった。横石氏は、以下のように綴った。

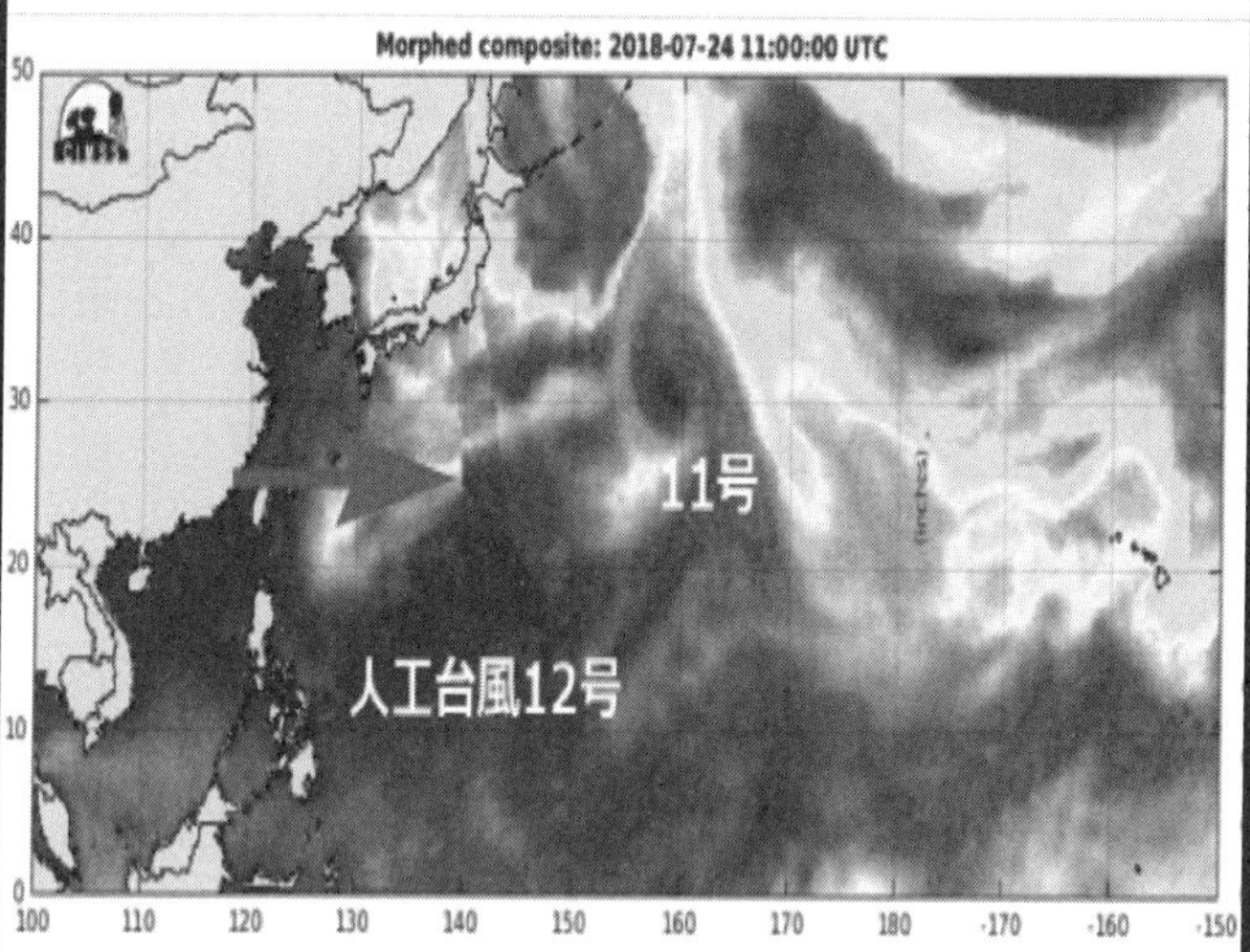

7月24日、台風12号にマイクロ波が照射された

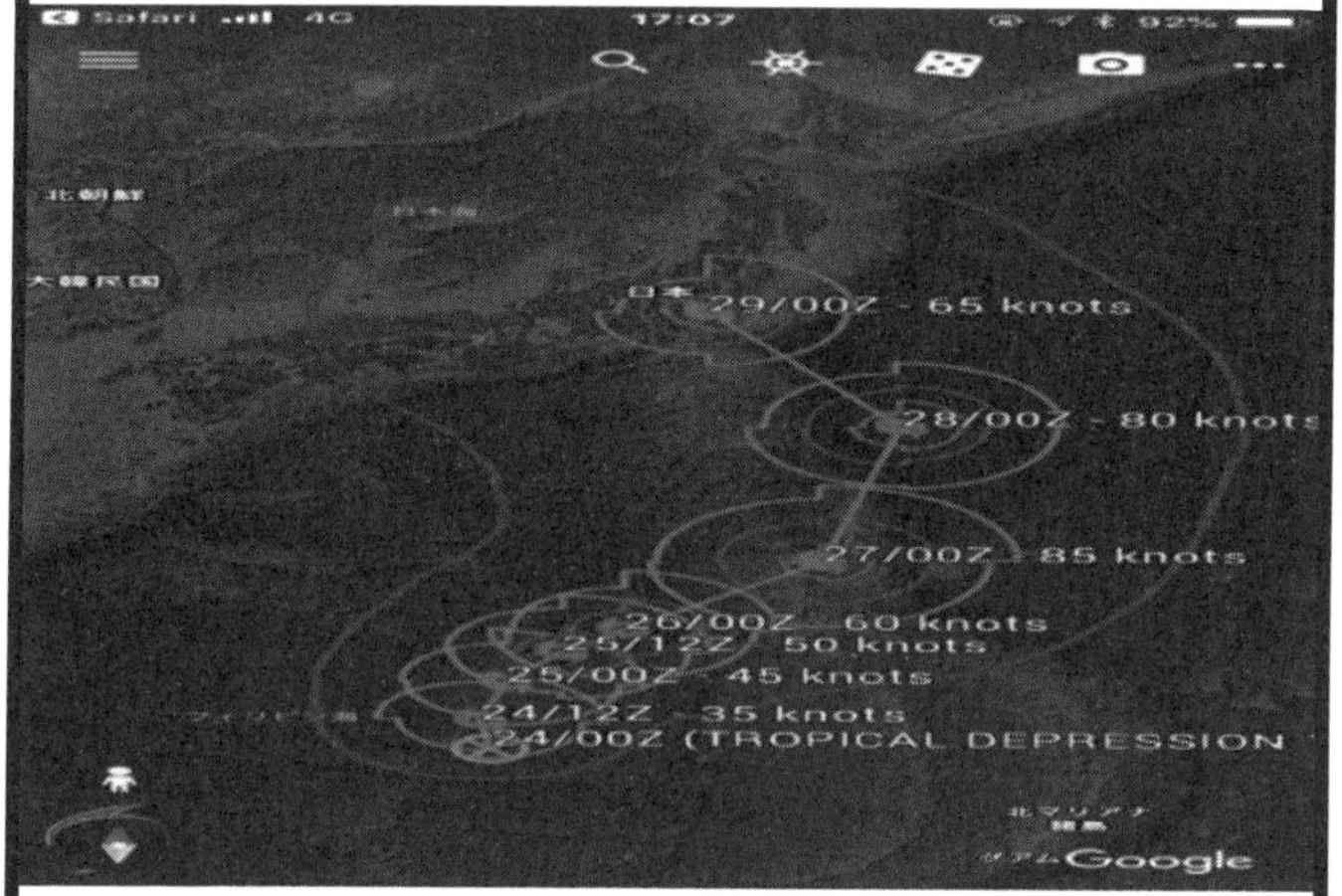

人工台風12号は関東上陸に向けて進路を取った　　出典/ハーモニーズ

「今朝の千葉は涼しいです！　昨晩、成田空港に着いたら、空気がひんやりしてましたもんね。これで日中の最高気温が30℃を下回ってくれれば、長引いた猛暑ともオサラバな感じでしょうか。人工台風12号にはMIMICを見るとハーモニー宇宙艦隊の突入はまだ行われておりません。ぶら松の計画をそのまま反映している米軍の進路予想図（画像）担当者は、予想に反して12号さんがどんどん東へ行き、北上してくれないので、困っていると思います。でも、日本列島を狙う計画はそのままなので、Uターンのカーブが、だんだんキツくなってきているようです。そのうちへアピンカーブみたいになるのではないでしょうか？　もうついでだから、日本のはるか東海上まで行ってから、180度ターンして戻って来てほしいですね。そうなりゃ誰でも〝この台風はオカシイ！〟と気付くと思うのですが、それでもわからない人もいますからね～無知蒙昧《むちもうまい》とは、人工台風よりこわいのであります」

確かにそうだ。関東の猛暑はこの台風12号襲来でおさまった。UFO艦隊が台風12号の制御に入ったのは、房総半島に迫った7月28日だ。房総半島沖に2機、四国と大分沖に3機出現した。

西日本集中豪雨災害で被災地の復興は、まだまだ、家屋は床上浸水し、室内の泥出しも思うようにさばけないでいる。ここに再度大雨が降ったら、被災地は踏んだり蹴《け》ったりだ。暑さも尋常ではない。涼風が必要だ。

Ⅱ　UFO艦隊は人工台風12号を制御した

気象庁のXバンドレーダーが怪しい！

台風12号が房総半島沖に近づいた7月28日、WorldView でUFO艦隊の合計5機が捉えられ、彼らは台風のコントロールに乗り出したことがわかった。

横石氏は次のように綴った。

「メディアでは、12号がどんなに危険かとか、予測不能の進路とか（予測してるやん）、ぶら松さまのご機嫌を伺い、かつお守りするために、必死の情報工作を続けております。片腹痛いとはこのことですね。そんな腰抜けテレビをよそに、待ってましたの集中突入が始まりました。これで12号はハーモニー台風となり、いま台風から西に延びる翼のような腕で、猛暑のエネルギーを吸い取ってくれているようです。

そのため、普通は南からやって来た台風が近づくと、湿った高温な大気が持ち込まれるものですが、あに図らんや、朝6時現在の東京の気温は20・4℃と、札幌の気温をも下回っていま

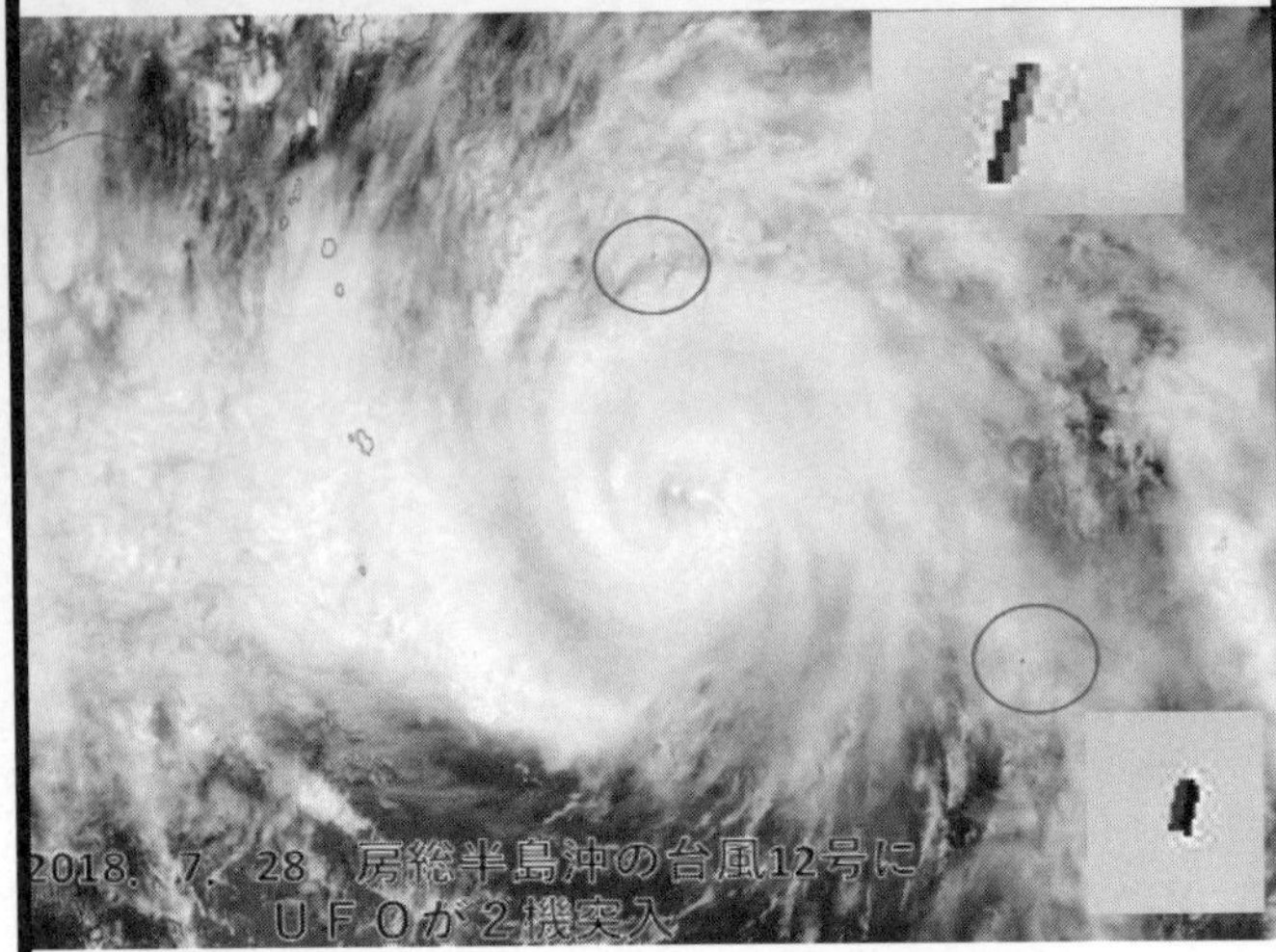

房総半島沖にUFO艦隊が出現、台風のコントロールに乗り出した!?

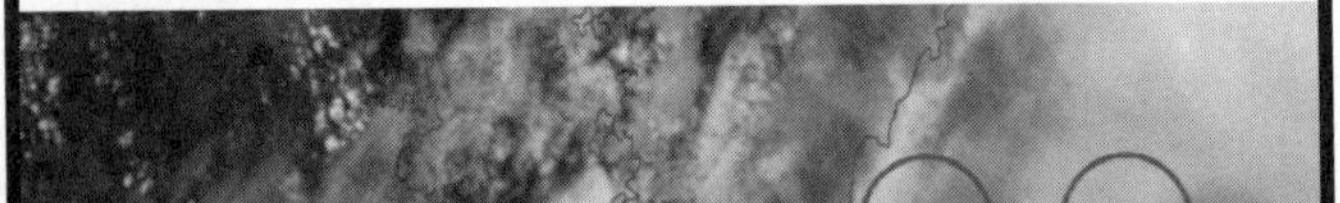

台風12号の規模の削減に動いてくれた

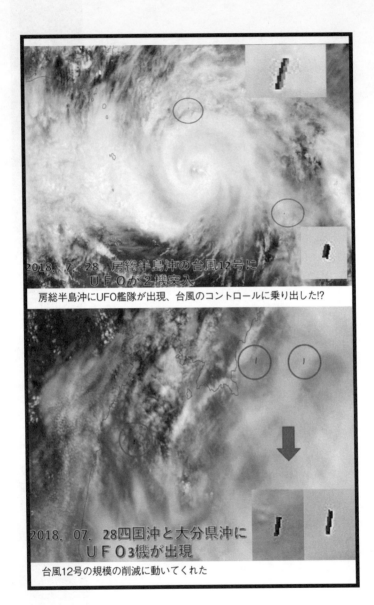

す。まるで晩秋のようなお天気。それにしてもぶら松メディアさん、いつまであんなデタラメ報道を続けるんでしょうね？

見ていて恥ずかしいの一言です。今さら人工台風を認められない？　そりゃそうだろう、戦後ずっと隠し続けて来たんだから。でもまぁ、もうあんたたちの洗脳工作も、通用しなくなったんだね。そりゃそうだ、宇宙戦艦ヤマトをはるかに上回る大宇宙艦隊に勝てるわけがないもん。ウザーニュースとウザーマップの現場の皆さんも、何も知らない方ばかりですから、どなたか、この事実をちゃんと教えてあげてくださいね」

台風12号は、西日本地区のXバンドレーダー沿いに進んだ！

この後、関東に上陸した台風12号は前述したように東から西へとあり得ない進路を取った。これもまた、前代未聞だ。そして、この進路沿いには、気象庁のXバンドレーダーが設置されていることがわかった。

筆者もこのUFO艦隊を7月28日、衛星写真で確認した後、この台風を房総半島沖で消滅、または北方に吹き飛ばすのではないかと予測した。

横石氏はこの謎をブログでこう公表した。

「ぶら松人工台風部により、東から西へという〝異例〟のコースをたどって、日本列島を横断している12号、ジョンダリ。なんで上陸を阻止してくれなかったんだ、ハーモニー宇宙艦隊にコントロールされてんじゃなかったの？　という声が聞こえてきそうです。

ところが、12号が東海地方から現在に至るまで、たどっているコース上には、これから通過するであろうという場所も含め、なんと全部で15カ所もの気象操作庁Xバンドレーダーが存在しているのです。

画像のように、元々の米軍の進路予想図（計画図）では、紀伊半島南部に上陸し、四国から山陽地方を通過するとされていました。ところが実際のコースは約１００km北に移動し、伊勢市から西日本を横断するというコースになりました。

これをよく見ると、まるでXバンドレーダーの点と点を結んだような線上を、12号の暴風域が通過しています。東から西へ順に並べてみましょう。

①静岡河川事務所Xバンドレーダー（国交省）
②静岡県磐田《いわた》市Xバンドレーダー（同河川事務所）
③三重県鈴鹿市Xバンドレーダー
④愛知県一宮市Xバンドレーダー
⑤京大MUレーダー（甲賀市）

⑥京都府鷲峰山《じゅうぶざん》Xバンドレーダー
⑦三国山航空レーダー（大阪）
⑧大阪府枚方《ひらかた》市Xバンドレーダー（近畿地方整備局）
⑨葛城山《かつらぎさん》Xバンドレーダー（和歌山県）
⑩神戸市六甲山Xバンドレーダー
⑪岡山県赤磐《あかいわ》市Xバンドレーダー（熊山）
⑫岡山県玉野市Xバンドレーダー（常山）
⑬広島市Xバンドレーダー（牛尾山）
⑭広島県廿日市《はつかいち》市Xバンドレーダー
⑮脊振山《せふりざん》Xバンドレーダー（先日ホルスカードを設置）

これらXバンドレーダーの上空を通過する際に、台風の中に潜むハーモニー宇宙船が、どんな働きをしたかはわかりません。

しかし、ぶら松の人工台風を乗っ取り、各Xバンドレーダーの上空を通過してみせるという、一種の示威行動は、ぶら松側からすればゾッとしたことでしょう。

簡単に言えば、暴風雨に乗じて15回巨大な落雷を実行すれば、全Xバンドレーダーを破壊することも出来るわけです。〝そんなことして欲しい？　して欲しくないよね？〟という言外の意味が、今回のコースに込められているようにも思えます。

実際、Xバンドレーダーにとっては、もっと大雨を降らせる千載一遇のチャンスなのに、どのレーダーも静まり返ってピクリとも動いていません。（室戸岬Xバンドだけ稼働中）。しかも、従来と真逆のコースをたどる不思議さ、つまり日本国民が、〝なんか最近の台風はおかしいぞ！〟と気付かせるための異例の進行方向は維持したまま、西日本豪雨で暗躍した各地のXバンドレーダーを、飛び石のように通過してみせた。

もっと言えば、**ハーモニー台風12号は各Xバンドレーダーに対して、〝あなた方が欲しいのは、このレベルの強さの低気圧なんでしょ？〟という、無言の皮肉を込めているようにも思えます。加えて、これで日本列島の猛暑も大掃除出来れば、一石二鳥どころか三鳥ぐらいの効果は十分にあるわけです。**

ぶら松気象操作部からすれば、虎の子の12号は乗っ取られるわ、好き放題に進路をいじられるわで、『ジョンダリ』蹴ったり、なんですね（笑）。そして12号の終点は、先日山のふもとに『ホルスカード』を設置したばかりの脊振山レーダー。なんだか設置が今回のコースのゴール=布石となったのかも？　そんな気もしています」

ここで述べるホルスカードとは、横石氏が2017年、帯広にハーモニーズ会員のツアーを組んだ時、夜間、帯広上空に、エジプトのホルス神と酷似する画像がデジカメで撮影された。まさに顔や翼といい、ホルス神そのものと言っていい。

詳細は第5章で述べるが、こんなことが起こり得るわけがない。同氏はこれを記念し、この画像をカード化し、これに量子加工を施したものだ。

これを『太陽のカード』とともに全国の原発やXバンドレーダー付近、地震の危険地帯に設置した。当然ながら、このカードから強力なエネルギーが放射されているので、上空に布陣するUFO艦隊はこのキャッチが可能だ。

そして、Xバンドレーダーが放射する超マイクロ波を制御、台風の規模を縮小、被害阻止に動いてくれるものと思われる。

2016年9月下旬、鹿児島沖からUターンした台風10号も、福島上陸は阻止してくれたが、岩手、北海道上陸には関与しなかった。そのため、北海道では甚大な被害が出た。これも北海道内にXバンドレーダーが新たに設置されていることがわかった。

どうも気象操作が国内で実施されている場合、UFO艦隊は、進路コントロールは行わず、その特定場所を炙り出すため関与しない方向性が考えられる。

問題のXバンドレーダーは、当初は2、3基レベルだったが、近年、全国規模で配置が進んだ模様だ。驚くのは台風12号を東から西へコントロール、Xバンドレーダーの設置箇所を通過させるＵＦＯ艦隊のテクノロジーだ。

数百年光年、あるいは数十万光年離れた惑星からワープ航法で地球にやって来る彼らことだ。台風の進路の制御などわけがないのかもしれない。

人工台風12号はあり得ないループを描き、上海に向かった！

この後、この台風12号は、福岡あたりまで西進したあと、そこから南下する進路を取り、鹿児島付近に向かった。横石氏のブログを続ける。
「12号はお伊勢参りには行かずに、米軍のヘアピンカーブのような予想より大きなカーブを描いて、１回ループしました。Ｖ字じゃなくてなんでかなー？　と思って進路図をよく見てみたら、しっかり種子島のＸバンドレーダーの上を通過しているんですね。
これで西日本のＸバンドレーダーはほぼ全部、飛び石のようにチェックされたことになります。あとはさらに南下して、沖縄や石垣島のＸバンドに向かってくれれば、言うことないのですが！（笑）
さあこれから、ほとんど空気の回転だけとなってしまったエア台風12号は、台風遣唐使として種子島から上海に向かいます。テレビでは〝迷走台風〟とか言ってますが、それ以外に表現する言葉がないんですね。彼らは口が裂けても人工台風とは言えませんから。
上海の手前で再度ループして、今度は黄海方面に向かってくれたら面白いんだけどなー！
まあでもそれは、台風をコントロールしている、ハーモニー宇宙艦隊にお任せすることにしましょう」

驚くべきことに迷走台風12号は、鹿児島沖で数字の6のループを描き、その後、上海に向かうというまったく起こり得ない進路を取った。これで台風は気象操作されていると確信した人も多かったのではないか。

同氏はなぜループを描いたかを以下に捉えた。

「12号がその進路をなぜ大きくループさせられたのかがわかりました。元々の米軍の進路図は、ループがもっと小さく、南北方向が平べったかったのです。

しかし、今朝になって進路図を見ながらハタと気が付きました。ハーモニー宇宙艦隊はそれを逆手に取ってループを大きくし、ぶら松（イルミナティ）を象徴する数字〝6〟を、台風の進路で描いてみせたのです。台風増強の時間稼ぎのためだったはずの、米軍によるループ作戦が、まさか自分たちの正体を暴露することになろうとは、彼らにとって全くの想定外だったはずです。

しかも、その進路の線上にずらりと並んだ、気象操作のXバンドレーダー群。まるで精緻《せいち》な

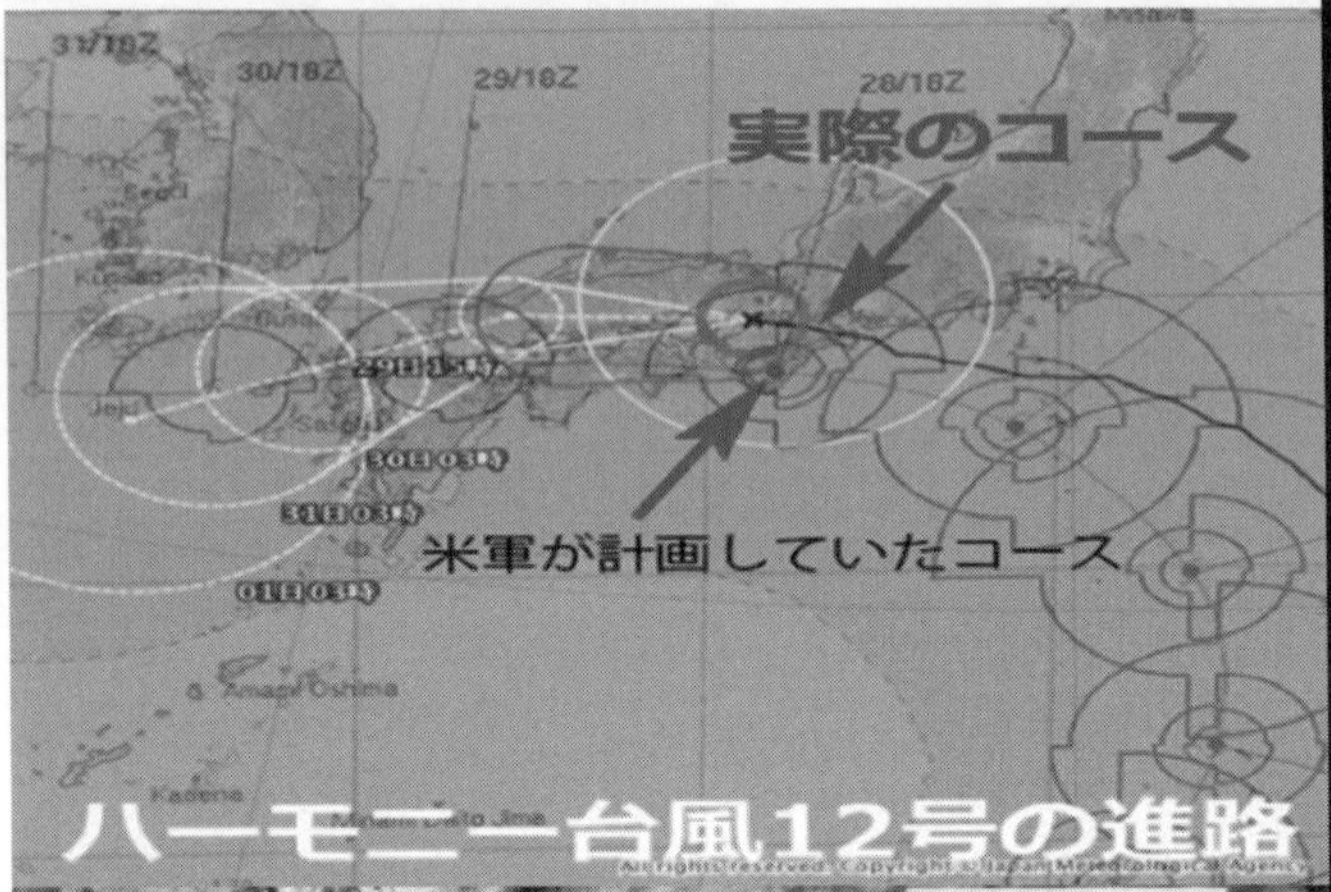

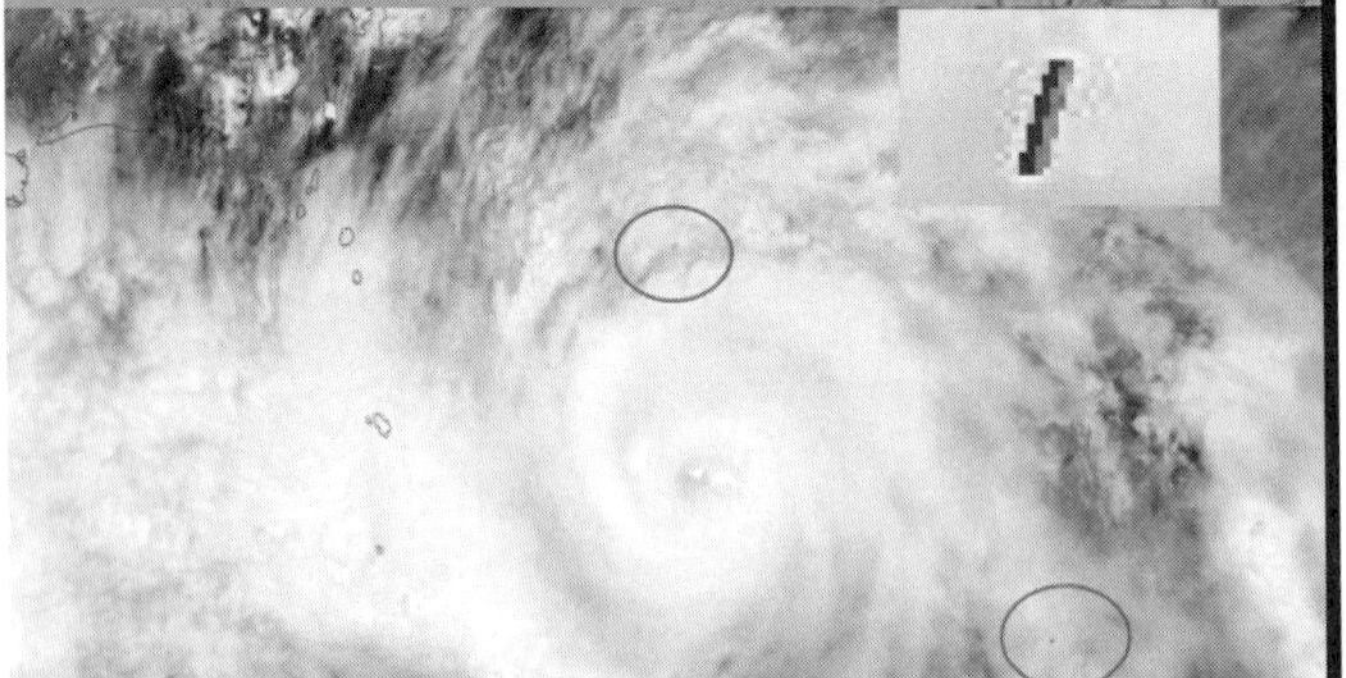

台風12号は東から西に向かう常識外れの進路を見せた。UFO艦隊の制御が入った

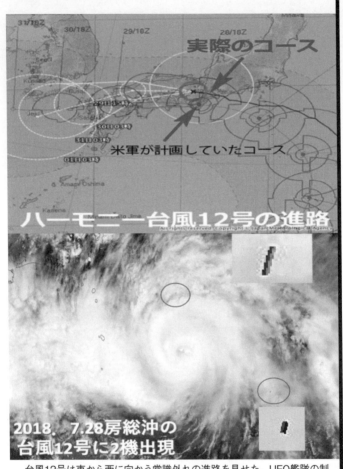

東からやって来た人工台風12号は、鹿児島まで南下した後、ループし、
上海に向かうあり得ない動きを見せた

数学を駆使したかのような、見事な暗示。さらに一筆書きの締めくくりは、種子島のXバンドレーダー。これは人智を超えた高次元からの知的なコントロールがなければ不可能です。ハーモニー宇宙船って、めちゃくちゃセンスがいい。カッコいい。

ここまでされても、ぶら松人工台風部や米軍や気象操作庁は、まだ人工台風を製造しようとすることでしょう。でも虎の子の人工台風を乗っ取られ、スパコンまで乗っ取られては、彼らにはもう打つ手はありません」

7月30日、鹿児島沖まで南下した台風12号をWorldViewで調べたが、まさに同氏が解説するように台風の目が中抜きされているのがわかる。

ここでぶら松は再度、HAARPを照射し、台風12号を強化、上海に上陸、かなりの雨をもたらした模様だ。

Ⅲ　ロシア・プーチン大統領と米トランプ大統領が手を結んだ！

米軍産複合体が地震、豪雨、台風など気象兵器で操作している!?

日本で甚大な被害をもたらすことがなかった台風12号は、上海で猛威を振るった模様だ。おそらく、米国は中国との貿易不均衡の是正を図るため、米トランプ大統領は制裁関税の範囲を広げた。中国も米輸入品の税率をアップさせ、互いに譲らず膠着《こうちゃく》状態だ。

おそらく、ブラ松―米軍産複合体は、中国攻撃に矛先を転じ、圧力を掛けたと思われる。8月になって、台風の粗製乱造は近年にない、滅茶苦茶ぶりだ。

むろん、UFO艦隊が立ち塞《ふさ》がり、被害阻止に動いてくれた。台風の発生場所が過去とは、違うことに気づいた人も多いはずだ。

いずれにしてもここで述べた**2016年8月下旬、西からユーターン、岩手と北海道に上陸した台風10号と、2018年7月下旬に発生した台風12号のあり得ない進路で、気象操作が行われている実態が浮き彫りになった**のではないだろうか。

米軍産複合体にとっては、モリ・カケ問題で追い詰められ、安倍総理に辞任されては、これまでの目論見が消える。オスプレイやイージス・アショアの導入など、米国軍需産業が潤う政策を取ってもらわないと困るわけだ。

国民の目を、豪雨災害や熱中症、台風襲撃、どうでもいいボクシングや体操界のパワハラ問題に逸らすことで、総裁3選で安倍政権を強固なものにしておきたいのではないだろうか。

ネットでは、**中国人や旅行者から、「日本の生活はすごいよ、地震に猛暑、台風、土石流、次は何だろう（涙）」「こう立て続けだと、日本沈没が現実になるんじゃないかと心配になる」などの書き込みが目立った。**

オカシイのは、こうした災害が日本を襲っているのにもかかわらず、安倍総理は連日、酒盛りを繰り返し、危機意識がまったくない。

まるで事前に災害が起こることを知っていたような対応ぶりだ。西日本の被害額は50兆円を超えるというのに、補正予算が大幅に遅れた。

また、米朝が緊張緩和に向かっている中、来期の防衛費は史上最高の5兆円を超えた。これに1機100億円するステルスF35戦闘機を100機、合計1兆円の購入を決定した。その一方で、生活保護費と年金支給額を減らし、支給開始年齢も最終的に75歳に引き上げる計画が明るみにされた。軍事費のみが突出し国民の福祉は後退する一方だ。これで喜ぶのは日本を自滅

これが偶然であり得るだろか！

●1995.1.17阪神淡路双子型地震、●2004.10.23新潟中越(長岡)フラッキング地震、●2011.3. 11東日本3連発地震&福島原発核テロ攻撃、●2015.9.11鬼怒川3連発人工台風堤防決壊、●20016.8.29人工台風10号Uターン岩手・北海道上陸、●2016.4. 14&16熊本広域3連発自衛隊駐屯地震源地震、●2017年、モリカケ問題～、●2018.6. 18大阪北部地震、●そして、2018.7.6西日本平成大豪雨震災、見事に全国被害に遭ってる！

●昨年モリカケ問題に隠れ、
●種子法廃止、除草剤グリホサート400倍規制緩和、12月ネオニコ系農薬一種解禁、福島原発由来核燃料800㌧地下水接触核反応関東北越汚染、6. 1福島汚染土8000ベクレル以下全国搬入農地転用決議！

日本は安倍自公維政権によって全国農薬・放射能汚染が完成する!?

5年間海外に58兆円供出！

●西日本災害には20億円の予算●来期防衛予算５兆円以上
●オスプレイ17機－3400億円●迎撃ミサイルシステム「イージスアショア２基」－最低２０００億円

時事通信社
大分県日田市
7月7日
岡崎市消防本部提供
がれきや深い水たまりがあっても救援資機材や物資を運べる
全国で１台の全地形対応車

海外に58兆円拠出した裏で米国の言いなりに軍事費のみが突出している

に追い込みたいユダヤ国際金融資本並びに米軍産複合体であろう。

北海道胆振東部地震はフラッキング工法による人工地震に違いない⁉

前項で述べた米軍産複合体の謀略を決定的に裏付ける地震がまたしても起きた。言わずと知れた2018年9月6日に発生した『北海道胆振《いぶり》東部地震』だ。

疑惑が高まっているのは、この地震は、午前3時8分に発生したことだ。なぜ午前3時9分に「災害対策本部」を設置できるのだ。しかも安倍総理はネクタイをし、スーツまで着込んだドヤ顔だった。

この**時間は誰もが寝ている時間**。**放送局も地震発生1分後にどうして記者会見ができるのか。しかも、午前3時11分には、防衛省は三沢基地から2機の偵察用ジェット戦闘機の発進を命じたのだ**。明らかに西日本豪雨での初動対応が66時間遅れた汚点の名誉挽回《ばんかい》を狙ったのではないのだろうか。北海道の被災地の皆さんには恐縮だが、（筆者の生まれは陸前高田市、くどいようですが親族50人中、30人弱が亡くなったことを第1章で記した）あの地震の震源地も実にアヤシイ。

さらには胆振地方中東部の港湾に苫小牧CCSという二酸化炭素地下圧入施設があり、その近くには陸上自衛隊早来分屯地《はやきたぶんとんち》があることだ。

このパターンは、2016年の4・14熊本地震と同じ。3か所の震源地がいずれも自衛隊の駐屯地だった。災害で活躍する陸上自衛隊には感謝は尽きないが、熊本地震でも駐屯地内で前述した液体二酸化炭素を注入する『フラッキング工法』が行われていたのだ。

これをすると1か月で100回以上を超える地震が発生することがわかっている。数年前、シェールガスの採掘がオクラホマ州でこのフラッキング工法で行われていたことがあった。

ここで大地震が発生、余震が100回以上続き、民家が相当被害を受けたのだ。

ところが、保険会社は「自然の地震ではない」ことを理由に保険金の支払いが行われなかったのだ。地震発生のメカニズムについては、石田昭氏の新・地震学セミナー http://www.ailab7.com/Cgi-bin/sunbbs/index.html）を参照していただきたいが、早い話、石田氏によれば、**「フラッキング工法（水圧破砕法）で出る廃液を地中に圧入することは大変危険です。地下水をマグマの高熱に近づけて、熱解離を起こすからです。熱解離した酸水素ガスは可燃ガスであり、爆発もします。この爆発が地震現象の原因です」**というのだ。

この苫小牧CCSが本格稼働を開始したのは、2017年2月からのこと。隣接する精油所から送気されるCO_2含有ガスからCO_2だけを分離し、CCS内の地層へ圧入を開始していた。

石田氏は、このことに数年前から警鐘を鳴らし、2018年に圧入から1年以上経つので、

震源地近くに自衛隊駐屯地があり、問題の苫小牧CCSがあるのがアヤシイ

広域にわたって地滑りが起こるのは、地下からの圧力があったとしか思えない

苫小牧ＣＣＳ近辺での大地震発生を心配していた矢先だったようだ。

２００４年の新潟県中越地震の時も長岡の井戸水の地下に液体二酸化炭素を注入してから、１年３か月後に発生していた。

地震波には人工地震特有の急激なＳ波が観測された！

ご理解いただけただろうか？　要するに地震学者が言う、豪雨が降って地盤が緩み、そこで活断層が動いたという説は、御用学者の嘘・出鱈目以外のナニモノでもない。

では、活断層を動かしたエネルギーとは何なのか？　地下の巨大ナマズが欠伸《あくび》をしたというつもりか。また、胆振地方の山々が広範囲にわたって地滑りを起こしたのは、地下から相当の圧力が加わった証拠と地質学者が指摘する。

これも地下でシン・ゴジラが目を覚ましたからか？

最大の証拠は、地震の波形だ。３・11東日本大震災、熊本地震でも同様なあの静かな揺れのＰ波がないのだ。いきなり突然激しい揺れのＳ波があることだ。

これが動かぬ証拠と言える。この地震波こそ、人工地震の大きな特徴であることが米韓の共同プロジェクトで判明していたことは第１章ですでに述べた。

しかも、震度7を記録した厚真町《あつまちょう》では、夜間、可燃ガスが爆発したと思える丸い光体が観測された。熊本地震でもこの光体が出現していたのだ。フラッキング工法特有の余震が9月中だけでも数十回以上発生した。

熊本地震の時もそうだが、安倍総理は今回の3選でも対立候補の石破茂《いしばしげる》氏の猛追にあっていた。なぜ安倍総理がピンチに陥ると、こうした災害が起きるのか。

この地震で石破氏との論戦は激減、街頭演説でも都市中心に数回しか行われない異常な選挙となった。安倍総理は、理解力が不足しているので、論理性に優れる石破氏との論戦を避けたかったことがリークされている。

この地震で安倍総理は、まんまと石破氏との論戦を避けることができた。

大マスコミは、この災害対策本部が地震発生、1分後に設置された不可思議、石田氏の『地震爆発論』を一切、報じることがない。

さらに別な情報源では、ここで述べた液体二酸化炭素の地下注入（CCS）は、全国展開される予定になっており、千葉県の内房海岸でもCCSが計画されているということだ。このことが事実なら、東京で2019年に大地震が起こるかもしれない。

日本はUFO艦隊に防衛されているとは言え、このフラッキング工法や人工台風が日本人の手によって行われた場合、出現しないことも少なくない。

北海道胆振東部地震では、UFO艦隊の出現は認められなかった。こんなに災害攻撃を受けてもいまだに自然災害だと思っている人がほとんどだろう。世界ではユダヤ国際金融資本が追放、駆逐され、世界平和に向かっているのだが、日本だけが異常なのだ。

〝青い目のサムライ〟と称され、9・11米国同時多発テロ自作自演や3・11東日本大震災も見破ったジャーナリストのベンジャミン・フルフォード氏によれば、「世界平和に向かって、動き出し、これまでの世界を牛耳って来たユダヤ国際金融資本が追放されている国際情勢を安倍は全然わかっていない。今、米国では9・11を仕掛けたフィクサーや政治家が次々逮捕されている。日本でも謀略に関わった政治家や人物が逮捕される。もう少しで世界は変わります」というような主旨をYouTubeで述べている。

2017年から安倍自公政権は、種子法廃止とモンサントのF1種の推進、悪魔の除草剤ラウンドアップの400倍規制緩和、2018年6月には、福島の汚染土の全国搬入及び農地転用を決定した。2018年12月30日はTPPが発効され、日本人の健康問題に直結する遺伝子組み換作物（GMO）の表示義務が消失する。

すでに2018年11月、日産自動車会長カルロス・ゴーン逮捕事件の裏で、公営だった水道事業が、民営化されることが決議された。

これで命を左右する〝水〟と〝食〟が、ユダヤ系企業に売られることが決定した。これを決

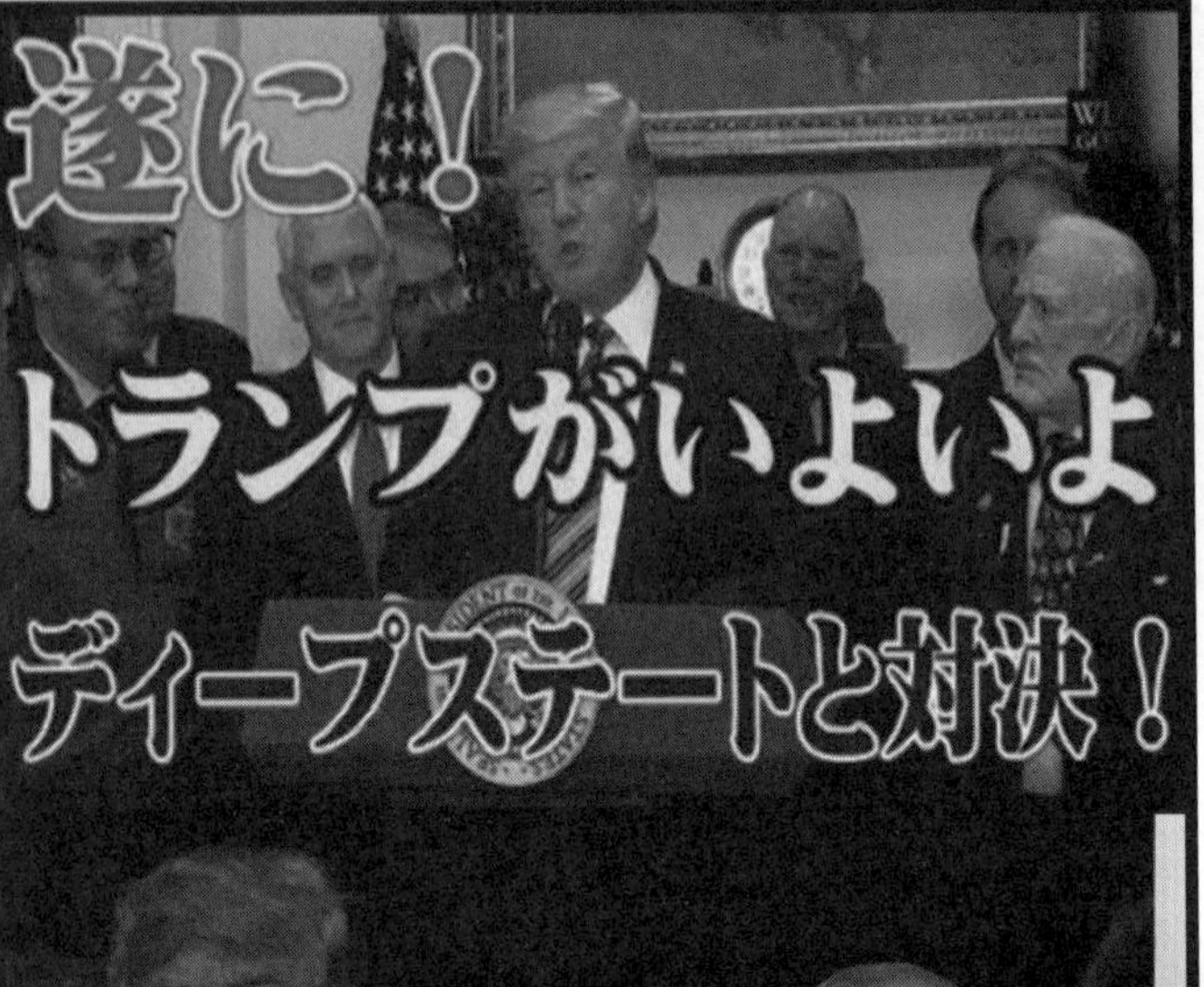

イルミナティ、またはディープステートの追放を宣言

めたのは、安倍自公政権である。この政権は日本が自滅する方向に舵を切ったのだ。これは明らかな国賊、売国奴政権といえる。詳細は拙著『日本は農薬・放射能汚染で自滅する!?』（コスモ21）に記したのでお読みいただきたい。

世界の潮流は、ユダヤ国際金融資本が推進するグローバリズムに反旗を翻し、反グローバリズムに向かっている。

世界の盟主となったロシア・プーチン大統領と米トランプ大統領は、いずれもユダヤ国際金融資本、フリーメーソン及びイルミナティ追放に乗り出しているのだ。

背後では、UFO艦隊及び銀河連盟、惑星連邦評議会が世界平和を支援、邪悪な異星人を追放、地球人の魂の進化のサポートに動き出しているのだ。やがて、このことが明らかになるはずだ。

第4章

人類は宇宙人に創造された驚愕《きょうがく》の超真相

Ⅰ　ロズウェル事件で生きたまま捕獲された宇宙人エアルが告げた

葉巻型母船内には身長30センチから3メートル50センチの多様な宇宙人が搭乗していた

近年、ＵＦＯコンタクティ事件や異星人によるアブダクション（誘拐）、そして女性異星人との性交渉によるハイブリッド誕生事件が内外で多発してきたことを述べてきた。

3日間行方不明になって、その間プレアデス星や他の惑星を見聞してきた三沢市役所ＯＢの上平剛史氏の体験談は衝撃的なものだ。

プレアデス星の宇宙太子から伝えられたのは、地球は彼らの先祖の島流しに使われたという衝撃の真相だった。また、**プレアデス星で見た野菜や果物などの植物には、地球と類似のものがあった**。驚いた16歳の上平少年がそれを質《ただ》した。**その答えはプレアデス星から種子が持ち込まれ、地球に適応し、進化したのが今日の野菜や果物である**というのだ。

葉巻型ＵＦＯ内には、ヒューマノイド型宇宙人のほか、鳥型、昆虫型、爬《は》虫類《ちゅうるい》型など、実に多様な異星人が搭乗していたらしい。

船内にはヨーロッパ人や日本人に似た搭乗者もいたようだ。

プレアデス星人は、実に威厳がある容貌《ようぼう》をしていた。寿命にしても300歳以上は軽く超え、1000年以上も寿命が長いという。

日本人では上平氏のほか、津島恒夫氏という愛媛に住む男性もUFOに何度も搭乗し、銀河系や惑星を見聞していることがわかった。

その津島氏によれば、**上平氏と同じようにUFO内では、実に様々な宇宙人が搭乗、30センチ前後の異星人から3メートル50センチほどの背丈の異星人も存在、銀河連盟による宇宙会議をしている場にも立ち会った**というのだ。

この宇宙会議を案内してくれたのは、日本のイベント会場であった女性ジャーナリストだったらしい。どうも彼らはすでに地球文明に紛れ込み、市民生活を営んでいるようなのだ。

服装は上平氏の証言と同様、上下つながった、ファスナーもボタンもないウエットスーツのような服を着用していた。実に美貌な女性に接待を受けたらしい。

津島氏は大阪でも3年に1度、顔や皮膚が脱皮し異臭を放つ複数の人たちと出会っている。

また、筆者が懇意にしている著名な代替療法系の医師は、秋田出身の患者で、緊張すると瞳《ひとみ》が爬虫類特有の1本の細い線になることを何度も目撃している。

このことからもうすでに宇宙人とのハイブリッドが生まれ、2世、3世が市民生活を送っていることは間違いないようだ。

墜落した2機のUFOの中に生きている宇宙人が保護された

こうしたUFO及び異星人コンタクティによって、人類誕生の秘密が明かされているのだが、人類創造は宇宙人によるということに確信を抱いたのは、2017年12月入手した『エイリアン・インタビュー』という文献を精査したことによる。

また、ヒトゲノムの解析が終了した今日、遺伝子DNAの中にある非コード配列に97%もの地球外知的生命体の記号コードが解析された事実が世界的な遺伝学者や物理学者から公表されたことが大きい。この事実は追って詳述する。

『ロズウェル事件』とは、1947年7月、米国ニューメキシコ州のロズウェルでUFO2機が墜落、回収されたという謎の事件であることを前章で述べた。

実は、この2機のUFOの中に生きていたエアルと名乗る女性宇宙人を米軍が保護したらしいのだ。この時、女性軍医がエアルの介護にあたった。

この文献は、**この時の女性軍医マチルダ・O・マックエルロイ氏が女性宇宙人エアルから唯一、テレパシーで人類誕生の謎、地球と異星人との関係、銀河間戦争が過去に起こったことな**

どを聞き取りしたことをまとめたものなのだ。

当時、トルーマンが大統領だった。後の大統領アイゼンハワーは2度宇宙人と会見し、裏取引をしたことが知れ渡っている。この『エイリアン・インタビュー』は、長いこと米軍の最高機密文書だったらしいのだが、2015年に一般公開されたのだ。

ただし、この文献を刊行した編集人は、「軍医であったマチルダ氏が実在の人物かどうか確認がとれていない」とした上で、「本文内容の真偽には一切責任は取らない」と前書きで注意を促しているのだ。

編集人はなぜ、このような但し書きをし、『エイリアン・インタビュー』を刊行したのだろうか。嘘、出鱈目《でたらめ》、信用に値しない文書であるなら、なぜ、刊行する必要があったのだろうか。

筆者ももうすでに30年以上、報道、出版に携わっているのだが情報提供者が詐欺師、信用に値しない場合、これを報道することはあり得ない。さらにその情報自体、または情報源が反社会的である場合も同様だ。公表する場合は、この存在の摘発が目的だ。

『エイリアン・インタビュー』では、異星人の起源と地球及び人類との関わり、銀河系内外の戦争については、到底、一般人の理解の範疇《はんちゅう》を超える。

今日定説となっている宇宙誕生は150億年前とか、地球誕生は46億年前とするのを受け入れているわけではないが、これ以上はるか何兆年以前の話となるとさすがについていけない。

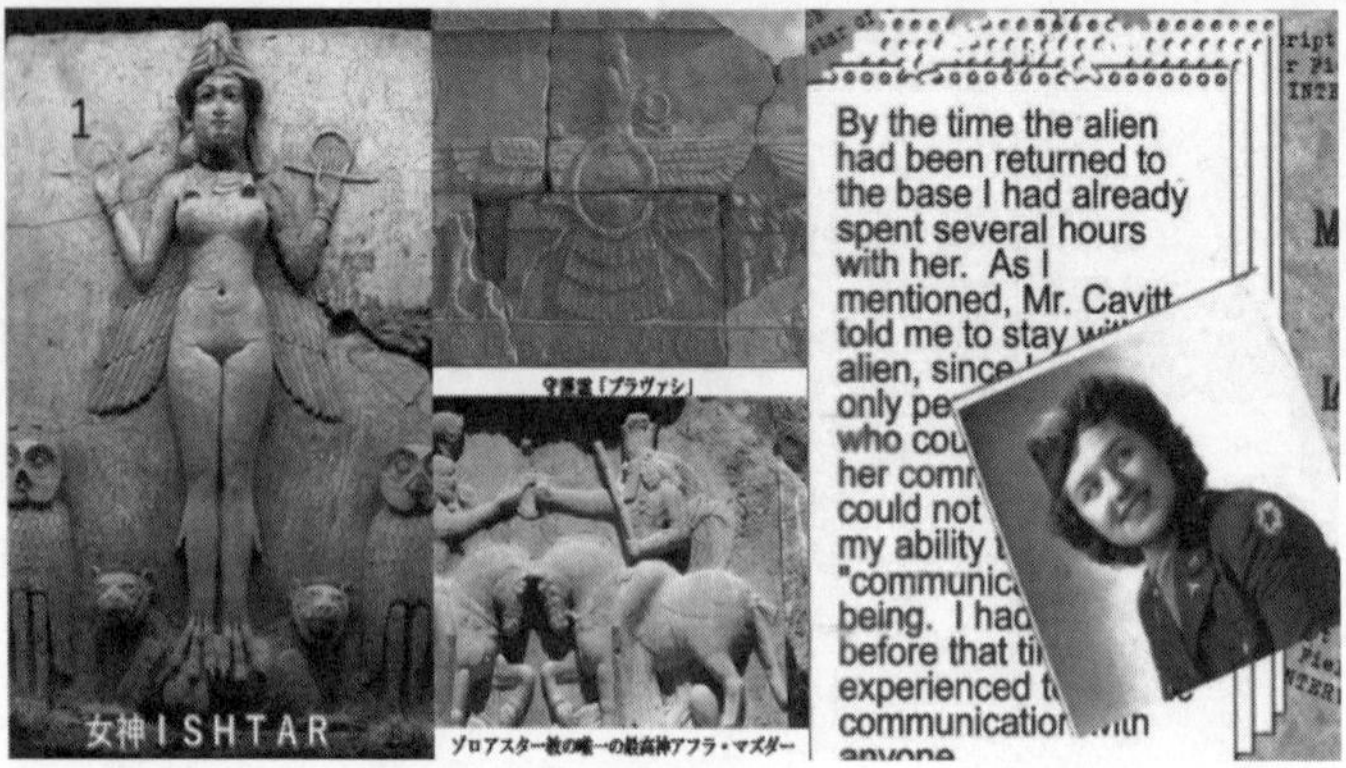

『エイリアン・インタビュー』（http://stores.1u1u.com/pan）には、宇宙人エアルが告げたシュメールの神々が数多く登場する

とは言え、エアルが告げた人類誕生の謎、聖書に記されたアダムとイブの物語、シュメールの神々とされるエンキやエンリル、女神イシュターやゾロアスター教の唯一神アフラ・マズダーの存在などには、ベストセラーを著した考古学者故ゼカリア・シッチン博士が解読に成功したシュメールの粘土板の記述と一致する箇所が少なくないのだ。

シュメール文明とは、紀元前3800年頃、イラク南部のユーフラテス河流域に栄えた人類最古の文明というのが一般的な認識だ。

しかし、この文明は突然出現、高度な医学や建築技術を持ち、中でも天文の知識では現代の天文学と対比しても遜色《そんしょく》がなく、極めて正確なことが判明している。この流域からシュメール語で書かれた無数の粘土板が出土しているのだ。

したがって、エアルからもたらされた文献を精査することなく、このまま闇に葬り去るには大変惜しい。信憑性が高い貴重な証言が随所に埋もれているからだ。

おそらくこの編集人もこうした証言に注目、刊行を決意したのではないだろうか。

宇宙人エアルには内臓がなく、水も栄養素、酸素も必要がなかった

インタビューが行われた場所が米軍の秘密地下基地エリア51と思われるのだが、遺伝学者や物理学者、哲学者、天文学者、軍事関係者らが大きな関心を寄せる中、宇宙人エアルはマチルダ氏だけに心を開き、彼女に教えたい事実のみ、テレパシーで告げてきたというのだ。

エアルは120チセンほどの身長で4、5歳くらいの背丈しかなかった。手足は細く、指は片方3本ずつ、頭が大きい。灰色の皮膚を持ち、内臓はなかった。目は真っ黒で瞼《まぶた》やまつ毛はなく、目覚めているのか眠っているのか判断できなかった。

どうやら、エアルは眠る必要もなく、水や栄養素、酸素も必要がない。生物的な機能を持っていないらしい。

UFOファンの間では、アーモンド形の眼をした小柄な宇宙人はグレイと呼ばれ、ロボット、またはアンドロイドとの認識が主流だが、エアルはまさにアンドロイドのようだ。

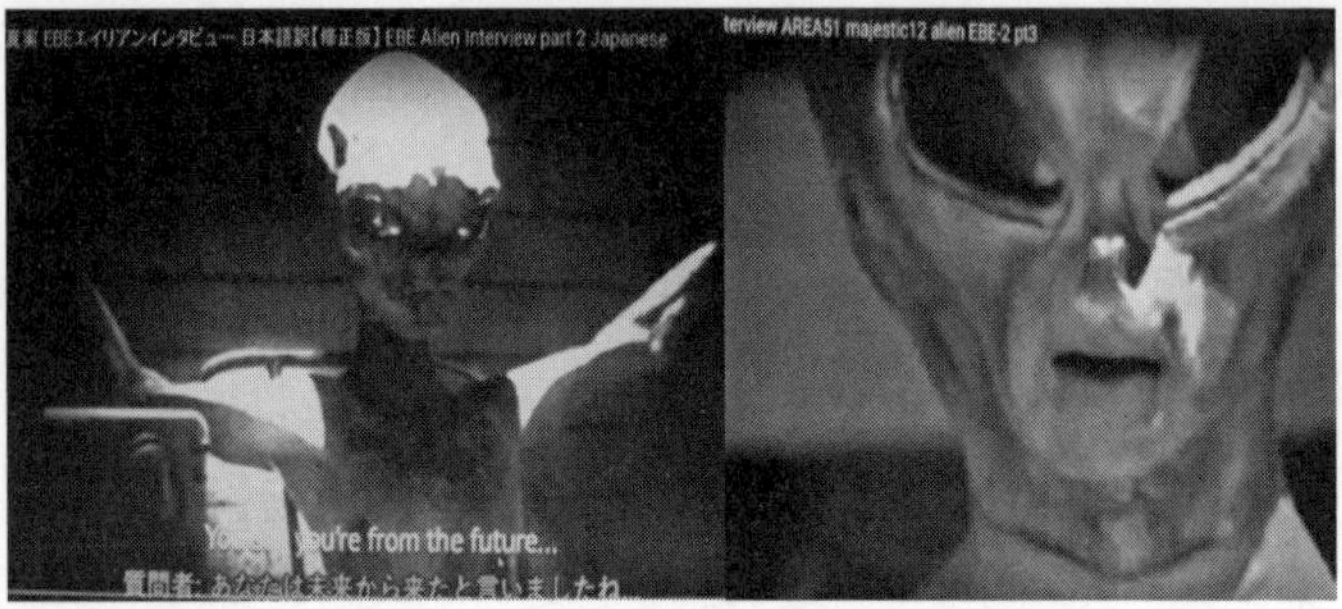

エアルに酷似するグレイタイプから驚愕的な地球と人類の関わりが明らかとなった
引用/「真実EBEエイリアンインタビュー」

エアルはサンスクリット語を話せたが、英語は理解していなかった。当初はイメージを受信する形で質疑が行われたが、その後、マチルダ氏は、英語の辞書や著名な小説、天文学や参考文献などを提供し、コミュニケーションに努めた。エアルは驚異的なスピードで次々参考図書を読破、英語での表現も短時間でマスターしてしまった。

エアルは、自分の母星をドメインと呼んだ。このドメインの母星は、地球の星座地図には載っていない遠方だったが、分及び時間単位で地球に来訪できるという。エアル自身は、パイロット及びエンジニアで調査団の一員だったらしい。

地球には定期的に観察に訪れるが、**今回、ニューメキシコ州ロズウェル上空に現れたのは、人類が核実験を行ったことによる放射線の環境への被害調査が目的だった**というのだ。

UFOは、テレパシーでエネルギー系が作動、飛行するというのだが、ロズウェル上空で雷の放電でエネルギー系を制御できなくなり、墜落してしまったという。

地球には重力があり、また大気が濃いということも大きな障害になるらしい。

驚くことにエアルらは、太陽系では低重力の衛星や小惑星群に宇宙ステーションを備え、月の裏側や火星と金星に地下基地を建設、収容施設として活用していたというのだ。

ドメインの遠征軍が天の川銀河系にやって来たのは、今から1万年ほど前のこと。それから約1500年経って、現在のパキスタンとアフガニスタンの国境付近のヒマラヤ山脈に基地を建設したというのだ。

山頂に穴を掘り、宇宙船が自由に出入りできるよう広大なスペースを空洞にし、3000人ほどのドメイン軍が移住したという。もちろん、ホモサピエンスにわからないよう、山頂にフォースクリーンで偽りの映像を投影した。

ところが、地球はすでに別な異星人によって統治されており、ドメイン軍との間で戦闘が起こったという。エアルはこれを『旧帝国軍(オールド・エンパイア)』と呼んだ。

この旧帝国軍は銀河系を数百万年前から支配し、火星にも地下基地を長い間保有していた。この火星からの突然の攻撃で3000人のドメイン軍は滅亡してしまったらしい。

エジプト文明は神々と共存、宇宙を自由に往来したスペース・オペラ時代だった

その後、旧帝国軍は「神々」として古代人の上に君臨、メソポタミア地域からバビロニア、エジプト、中国、メソアメリカに次々、ピラミッド文明を築かせ、通信機器、宇宙港など建設していったという。

正しくこの時代はスペース・オペラという、宇宙空間と地上を自由に往来していたらしい。これも信じ難いが、エアルは「地球の歴史家がこの時代を宗教的な時代でしかなかったと思い込んでいるが、**エジプトの神官が光線銃を使い、アンデス山脈にあるチチカカ湖の近くにあるティワナク遺跡のピラミッドの奥にあるカラササヤという神殿だったといわれる広場にあるポンセ・ステラの彫像は、ヘルメットを被った石工がホルスターに彫刻道具を入れ、電子光線を放つ石切り道具を使っているのを大雑把に描写したもの**である」と告げた。

以前からエジプトやシュメールの壁画には、宇宙人が何体も描かれ、電気コードがつながった電灯、ヘリコプターや船などのほか、メキシコのチアバス州パレンケにあるマヤの遺跡から出土したロケットの乗務員を思わせるパレンケの石棺の画に注目していたが、やはり、古代人は高いテクノロジーを備えていたと考えざるを得ない事実が浮かび上がってきた。

アンデス山脈にもクスコやマチュ・ピチュなどの石垣はカミソリ1枚入らない、精巧さで建

「ポンセ・ステラ像は、
炭坑用ヘルメットを被り、
電子光線を放つ石切道具を
描写した」

ポンセ像は電子光線銃らしき道具を持っている

壁画に電気コードを使った電灯が描かれている

パレンケの棺に描かれたのはロケットの乗務員のよう

造され、現代建築でも再現が不可能なことが判明している。

先のカラサヤのポンセ像を調べてみたが、エアルの指摘通り、電子光線銃のような道具を持っているのを確認できた。宇宙考古学者エーリッヒ・フォン・デニケンによると、同じ遺跡にある宇宙人が建造したという「太陽の門」も紀元前1万5000年頃建設されたという。

むろんのこと、これらはエアルが言う旧帝国軍の所有していた技術と思われる。エジプト文明はエアルが教授するように、「神々」との共存時代だったと考えるほうが多くの謎を解ける。

こうしてシュメールやエジプト文明に介入し、神々として君臨していた旧帝国軍だったが、**紀元前6000年頃から紀元前3000年、火星や他の惑星、そしてエジプトでの帝国軍の基地を発見したドメイン軍は、これらを破壊し、彼らの地球統治を諦めさせた。**

エジプトを首都に選んだファラオは人間で初めての統治者だったという。

紀元前2000年代から紀元前1000年代では、ドメイン軍と旧帝国軍との闘いが激化し、シュメールで〝神々とされた統治者〟は敗北、エジプトから宇宙に戻ったという。

また、紀元前1200年頃、ちょうどトロイア戦争でトロイアが滅亡した時期、地球周辺では小惑星帯にある「宇宙ステーション」の支配権をめぐって、太陽系内でドメイン軍と帝国軍との間で300年間にわたる宇宙戦争があった。ここでも旧帝国軍は敗退、宇宙ステーションはドメイン軍の所有することになったとのことだ。

トロイア戦争は紀元前1200年頃、小アジアで大規模戦争があったとする説もあるので、エアルが明かした史実は外れてはいない。

エアルは、ヒマラヤ山脈に移住、滅亡した3000人を捜す調査団の一員だったので、隣接するエリアの住民に尋問したという。この時、古代の人々は『ヴィマーナ』、または『宇宙船』を目撃したことを告げてきたという。

その後、ドメイン軍の救援隊が失踪《しっそう》した一個大隊を捜しに電子探知装置を開発、一部は宇宙で使用され、他は陸と海中で探索が行われた。

この電子探知装置は、古代の地球人にとっては一種の木に似ており、電界発生器と電界受信機を格子状に織り込まれていたので、『生命の樹』と伝承されたらしい。

エアルは、**「シュメールの彫刻で翼を持った存在が松ぼっくりの形をした機材を使って人間をスキャンしたり、鷲《わし》の頭をした翼を持った存在たちが型通りの籠《かご》、またはバケツとして描写されたスキャナーの電源を持ち運んでいる姿で示されている」**とした。

さらにゾロアスター教で唯一の最高神とされる「アフラ・マズダー」は、ドメイン軍の工作員で、旧帝国軍が残した洗脳工作を改めるため、一神教の神として祭られることとなった。

また、ペルシャ文明の多くで見られる守護霊とされる「フラワシ」は、翼を持った宇宙船をレリーフしているという。この生命の樹もフラワシもシュメールの壁画を検索したところ、見

エアルによれば、中央にあるのが電子探知装置で鷲の頭をした存在が人間をスキャンしているという。手に持っているのはスキャナーの電源装置らしい　上部のレリーフは、「フラワシ」という翼を持った宇宙船のこと

引用/yahoo

事にエアルの告げた通り確認できた。

聖書に登場するモーセがシナイ山で、「わたしはある。わたしはあるという者だ」と名乗った神から「十戒《じっかい》」を受けた時、つくるように言われた一つが7技の燭台（メノラー）である。聖書を書かされたユダヤ人には、この装置が神に映ったのかもしれない。

今日でもこのメノラーは、イスラエルの国章だ。

しかし、エアルはこのような粘土板の細部の隅々までどうして知っていたのだろうか。マチルダ氏から提供された古代史の文献で知ったのだろうか。

古代人にしてみれば、旧帝国軍やエアルらは神と思えただろう。今日、言い伝えられているヴィマーナは、この時の宇宙船を物語っている可能性が高い。

それにしても太陽系内で宇宙戦争があったとは到底信じがたい。また、それ以前の太古、銀河間では核戦争もあったらしい。

こうしたことが最初のインタビューで判明、マチルダ氏の報告を聞いた科学者や軍関係者は驚愕したが、エアルは彼らの攻撃的な質問には一切答えることはなかった。

果たして、すでに地球を支配していたという旧帝国軍とは、どのような宇宙人だったのだろうか。この宇宙人どうしでの銀河戦争が起こったとは、まるで映画『スターウオーズ』の世界ではないか。そんなことが起こり得たのだろうか。

すべての高度生命体には時空をテレポーテーションする反物質IS-BEが内在する

エアルとのインタビューが何度も行われた。彼女はエアルから各題目リストを受け取り、本や雑誌、記事など、かなりの量をエアルに提供した。

エアルの黒目はこれをスキャンし、このデータが小惑星帯の宇宙ステーションの人工知能に通信され、解析、瞬間的に次にエアルがどう対応したらよいか指令されるというのだ。

こうした情報提供が何度も行われ、エアルは瞬く間に地球の天文学や物理学、自然科学、生物学、考古学などを脳内にインプットした。

エアルがマチルダ氏に教授する内容は、次第に熱を帯び、前述した旧帝国軍が遺した〝洗脳オペレーション〟という生命誕生の謎につながるテクノロジーや、宇宙人がどのように人間を創造したかを告げてきた。

驚くべきことは高度生命体には、エアルが断定した『IS-BE』という、不死の魂とでも言うべきだろうか、根本的で時空に関係なくテレポーテーション可能な反物質が存在、これが生命たらしめるというのだ。

『IS』は不死の存在で時間のない「存在する」という意で、その存在の第一の理由は『BE』（そうなる）ことを決めるからだという。地球一人ひとり人間には、必ずこのIS-BEが内在するというのだ。

このＩＳ-ＢＥが生体に入り込むことで人の命が育《はぐく》まれ、スピリチャル、または精神性が宿るというわけだ。他の銀河系からも数々のＩＳ-ＢＥが地球に送り込まれ、これが高等生物に入ることで知的な生命活動が起こり得るという。

言い換えれば、**肉体は地球由来の精子と卵子が結合し、細胞分裂を開始、胎児になってゆくのだが、この胎児が成長する段階で、このＩＳ-ＢＥがこの胎児に送り込まれてはじめて、人間というスピリチャアルな知的生命体になる**ということだ。

この概念は、近年、言われだした『スターピープル』、または『スターシード』という概念と酷似する。一言で言えば、他の惑星から送り込まれた魂の転生者とも言えるのだろうか。

エアルが伝えたＩＳ-ＢＥは、驚くべきことに旧帝国軍が設置した『電子バリア』によって、宇宙が広範囲にわたって監視されているというのだ。

そして、ＩＳ-ＢＥが地球にテレポーテーションしようとする際、このバリアに感知され、数十億ボルトの電気ショックがかけられる。これが洗脳オペレーションという罠《わな》だという。

これをかけられると、自分の魂とスピリチャアルが破壊され、自分がどこから転生したのか、無限に近い過去の記憶や知識、技術など、一切のＩＳ-ＢＥのアイデンティティーを喪失してしまう。

このショックの後、偽の記憶と偽の時間が組み込まれ、催眠暗示によって「光に戻る」よう、「命令」が刷り込みされる。このことによって何度も地球で転生を義務付けされてしまうという。これが「天国」と「あの世」という概念の催眠暗示であり、欺瞞《ぎまん》の一部だという。

つまり、エアルによれば、「IS-BE」は自分が誰であるか、どこから来たのか、自分がどこにいるのかを思いだすことができないため、地球から脱出することができなくなるよう、催眠術をかけられる」というのだ。

地球には凶暴な犯罪者や多種多様な政治犯、問題を起こす革命児が送り込まれる

これを旧帝国軍がすべて管理コントロールし、地球に送られるIS-BEは、凶暴な犯罪者、性的な変質者、生産性のある仕事をしたがらない、やる気のない存在を選別するという。

エアルはこれをアンタッチャブル（カースト制の最下層民）と形容した。**この群を分類し、多種多様な政治犯や非従順発想を持つ者、旧帝国に対して問題を起こす革命児、軍事行動を起こす者などを加え、地球に送り込む**というのだ。

また、旧制度の階級制度の中で、税金を払う労働者として頭を使わない、経済的、政治的、宗教的な奴隷状態として服従する気がない者がアンタッチャブルとされる。

そして、記憶消去と地球での永遠に続く禁固刑の判決を下された者が地球に送り込まれるIS-BEだという。ドメイン軍はこの旧帝国がある火星の赤道から数百マイル北にあるシドニア基地に宇宙巡洋艦を派遣し、完全破壊したという。

しかし、残念なことに旧帝国の軍事基地は破壊されたが、**IS-BEバリア、電気ショック／記憶喪失／催眠術装置を構築しているオペレーションの主要基地、及び司令部はまだ発見していないため、この効力はいまだに続行されたままだ**という。

さらにドメイン軍によって旧帝国の宇宙軍が破壊されてから、他の惑星系が自分たちのアンタッチャブルのIS-BEを銀河系のあらゆる場所、また、近くの銀河から地球に連れてくるのを活発に阻止することは誰も行われていない。

したがって、**地球は宇宙の領域のすべてにとって宇宙的なゴミ捨て場となってしまっている**という。

エアルは、**「地球のIS-BEの住民たちの種族、文化、言語、道徳律、宗教的と政治的影響力はあまりにも異常なごちゃ混ぜで、普通の惑星では異常である」**と告げた。

地球の古代文明のほとんど、地球での出来事の多くが旧帝国基地の秘密の催眠オペレーションに大変大きな影響受けているという。

それは今日でも続いており、ドメイン軍の遠征軍は太陽系の中で行動している間は、この旧帝国のトラップに感知されることのないように注意し続けているという。

エアルが告げた「反体制的、凶暴なアンタッチャブルが地球に送り込まれる」とする主旨は、前述した上平氏がプレアデス星を訪問し、宇宙太子から教示された**「我々の先祖は地球を島流しに使った」とする説明とも一致する。**

旧約聖書に書かれた『天使たち』『神の子』とはネフィリムのことだった

確かにそうだ。世界を牛耳るカザール・マフィアの世界人口5億人前後に削減するNWOの謀略は、まったく尋常ではない。

他の惑星からの凶暴な犯罪者、性的な変質者、そして、多種多様な政治犯や非従順発想を持つ者、旧帝国に対して問題を起こす革命児、軍事行動を起すものが地球に転生したと考えれば、カザール・マフィアがこれまで行ってきた残虐的な謀略の下地が裏付けられるのではないだろうか。

〝自分たち以外の家畜（ゴエム）を、殺して何が悪い〟という、タルムード思想こそ、他の惑星でアンタッチャブルとされ、禁固刑の判決を受け、地球に送り込まれた者の特有の情動ではないだろうか。

盲目の詩人ホメロスが著した『神々』についての物語は、ヴェーダの文書、シュメールの文書、バビロニアとエジプトの神話は、旧帝国の記憶喪失オペレーションを避け、肉体なしに行動することができたIS-BEの英雄的な行為が正確に書かれているという。

中でも道教の祖となった老子と、インドのゴータマ・シッダールタは、自分の記憶と能力、不死の一部を取り戻しIS-BEが持っている本来の姿に戻る瞑想《めいそう》法を確立できていたという。こうしたアンタッチャブル地球来訪説も衝撃的ならドメイン軍が地球に訪れる前、旧帝国軍が仕掛けたIS-BEすべてに洗脳オペレーションをかけられ、自分がどこで、何を目的に生まれ、転生した過去の一切の記憶を消されるということも容易に理解されるものではない。

さらに**エアルは、旧約聖書の解釈についても旧帝国軍の工作員が仕掛けた驚愕の真相を告げてきた。それは、旧約聖書の創世記に書かれた「《天使たち》、または《神の子たち》が地球の女性たちと性交し、彼らの子供を産んだ」という記述についてだ。**

エアルは、この天使たち、または神の子たちについて、「彼らは多分、旧帝国軍の反乱分子だったのであろう。また、鉱物資源を盗むため、または麻薬を密輸するために銀河系外の領域から来た宇宙海賊、または商売人だったかもしれない」と解釈した。

また、創世記の第6章に触れた。

「人が地の表にふえ始めて、娘たちが彼らに生まれた時、《神の子》たちは人の娘たちの美し

紀元前593年創世記は書かれた
「神の子」とは旧帝国軍の反乱者

創世記
6:2 神の子らは、人の娘たちが美しいのを見て、おのおの選んだ者を妻にした。
6:3 主は言われた。「わたしの霊は人の中に永久にとどまるべきではない。人は肉にすぎないのだから。」こうして、人の一生は百二十年となった。
6:4 当時もその後も、地上にはネフィリムがいた。これは、神の子らが人の娘たちのところに入って産ませた者であり、大昔の名高い英雄たちであった。
6:5 主は、地上に人の悪が増し、常に悪いことばかりを心に思い計っているのを御覧になって、
6:6 地上に人を造ったことを後悔し、心を痛められた。
6:7 主は言われた。
「わたしは人を創造したが、これを地上からぬぐい去ろう。人だけでなく、家畜も這うものも空の鳥も。わたしはこれらを造ったことを後悔する。」

旧約聖書にも神の子らが人の娘に入ってネフィリムを産ませたと記載される

いのを見て、自分の好む者を妻にめとった。（略）その頃、又その後にも、地にネフィリムがいた。これは神の子が人の娘たちのところにはいって、娘たちに産ませたものである。彼は昔の勇士であり、有名な人々であった」

さあ、このネフィリムとは何者なのか。神の子たちが娘に生ませたのがこのネフィリムであるという。

ここに書かれた**旧約聖書の多くは、旧帝国の神官たちが厳しく取り締まっていたバビロニアで奴隷となっていたユダヤ人に書かせた**ものだという。**目的は偽りの時間と、偽りの創造の源についての概念の導入だ**という。

創世記は、紀元前593年頃書かれたと

いうのだが、旧帝国軍が地球を支配していたのは、20万年以上前に遡るというのだ。

旧約聖書を書いたユダヤ人にとっては今日の懐中電灯を見ただけでも仰天し、奇跡的に思い、彼らの理解を超えたテクノロジー全般を『神』の業であると捉えたようだ。

ここで書かれる『神の子』とは、単に肉体的な感覚に耽《ふけ》るために生物の肉体に居住したIS-BEに過ぎないという。

アヌンナキが自分たちと霊長類のDNAを操作し、遺伝子工学的に人類を創った

聖書で登場するネフィリムとは、前述した考古学者、ゼカリア・シッチン博士が1976年以後、著した世界的なベストセラー『地球年代記』シリーズの中核をなす存在だ。

エアルが告げる旧帝国軍と、ゼカリア・シッチンがシュメールの粘土板を解読し得た内容についても一致する点が少なくないことを前述した。

このネフィリム、またはアヌンナキとは、〝天から地球にやって来た者たち〟という意味だという。

ゼカリア・シッチンが説く人類創造の起源を簡潔すれば、およそこうだ。

今から45万年ほど前、第12惑星ニビルから大王アヌの子供であったエンキ（エア）が地球に

シュメールの粘土板を解読したゼカリア・シッチン博士

降り立った。目的は金の採掘だったことだ。彼らの惑星の大気と地熱が流出、ニビル星の生命の危機に陥った。大気を〝黄金の粒子〟で覆う必要が生じたことが科学者によって突きとめられた。

そこでエンキが地球にやって来てアフリカに広大な金鉱を発見し、ここに金鉱発掘センターのようなものを建設した。そして、連れて来たアヌンナキを使役、採掘させた。

しかし、やがてアヌンナキから不満が噴き出し、反乱が起こったのだ。

エンキはアヌンナキに代わる労働者を創る必要に迫られた。金を母星に運ばないと、自分たちの命がなくなるからだ。そこで、**自分たちの遺伝子と地球上の霊長類のＤＮＡとかけあわせ、異種交配し、遺伝学的に設計して人類を創った。**

これが聖書に登場するアダムで、シュメール壁画に描かれるアヌンナキこそが、ネフィリムであるとゼカリア・シッチンは考えた。

次にアダムの血から取った細胞核と類人猿の女性の卵細胞を使って、アヌンナキの女性に体外受精を施した。そして7人の地球人男子を産み落とすことに成功したという。

さらにアダムの細胞を研究し、アダムの配偶者としてアヌンナキの女性を見出し、この女性の子宮を使って地球人女性を創った。この女性こそ、髪の色が砂浜のような色だった女性ティ・アマト（＝イブ）であったというのだ。しかし、こうした遺伝子工学からつくり出した労働者では、まったく数が足りない。そこで、エンキらは地球人どうしでの繁殖を考えた。

エンキと弟エンリルの間で地球支配をめぐって権力闘争が始まった

エンキの次に大王エアの異母兄弟の間に生まれた弟エンリルが地球にやって来たのだが、この異母兄弟は仲が悪かった。

エンリルは宇宙飛行士でもあり、厳格な指揮官でもあった。宇宙船から連れてきたアヌンナキも600人に達し、南メソポタミアに宇宙空港を建設し、母星との交信の円滑化にも努めた。人口も増えだし始めたことから、農業と牧畜業も提供し、食料供給にも努めた。

アダム誕生以降、生殖能力に長《た》けた人間の繁殖力が想像以上だった。

徐々に増えだした人間には自立心もあることから、エンリルは人間に脅威を感じ、やがて訪れる大洪水によって人間を滅ぼそうと考えた。

エンキはこのエンリルの謀略を知り、自分が創った人間を滅亡させる必要がないと考え、別

古代シュメールで見つかったトカゲ型宇宙人アヌンナキと思われる像

太古、地球にやって来たアヌンナキが遺伝子を異種交配し、人間を創ったというレリーフ

な地域に移住させる策を取ったようなのだ。ここに登場する人物こそ、ノアだった。

前出の創世記には、この件がこう書かれている。

「6：2 神の子らは、人の娘たちが美しいのを見て、おのおの選んだ者を妻にした」。6：3 主は言われた。「わたしの霊は人の中に永久にとどまるべきではない。人は肉にすぎないのだから。」こうして、人の一生は百二十年となった。

6：4 当時もその後も、地上にはネフィリムがいた。これは、神の子らが人の娘たちのところに入って産ませた者であり、大昔の名高い英雄たちであった。

6：5 主は、地上に人の悪が増し、常に悪いことばかりを心に思い計《はか》っているのを御覧になって、6：6 地上に人を造ったことを後悔し、心を痛められた。

6：7 主は言われた。

「わたしは人を創造したが、これを地上からぬぐい去ろう。人だけでなく、家畜も這《は》うものも空の鳥も。わたしはこれらを造ったことを後悔する。」

こうして大洪水が地球を襲った。あらゆる生物が滅ぶこととなったが、エンキの助言を受けたノアは、箱舟に人間と哺乳類《ほにゅうるい》らを乗せ、大洪水から逃れられたわけだ。

このことがノアの箱舟伝説として伝承された可能性が高い。

シュメールの粘土板には、この腹違いの兄弟がやがて権力闘争を開始、核を使った戦争を開始したことが書かれていたのだ。

パレスチナで育ったゼカリア・シッチンは、古代ヘブライ語やセム系・ヨーロッパ系言語、旧約聖書、中近東の歴史や考古学、そしてエジプトやメソポタミアに伝わる数多くの神話や伝説を研究した。そして、シュメールの粘土板に刻まれた絵文字や文字、オーパーツを思わせる遺物、当時の生活様式や慣習を伝える画像、数多くの高層な神殿、神々を示すような画像などを解析、伝承される神話と対比させ、前述した結論に達したようだ。

しかし、シュメール語や天文学、神話研究などの専門家からは、スイス生まれで宇宙考古学を唱え、『未来の記憶』を発表した前出のエーリッヒ・フォン・デニケンと同様、荒唐無稽《こうとうむけい》と酷評されたことも事実だ。

実にこれらは、今から40年ほど前に発表されたのだ。NASAのアポロ計画が終了した頃で、科学万能の時代だった。

『ディスクロージャー・プロジェクト』が推進され、米国大統領はじめ、各国政府の要人が宇宙人の実在を公表する今日とは時代背景がまったく違っていたのだ。

彼らの「人間は宇宙人と霊長類のDNAによって創られた」とする見解は、世界がキリスト教による神が人類を創造したとする教義に縛られていた時代に到底理解されようがないというものだ。

アヌ大王の後継者エンキが弟エンリルに神権を授けるのを表しているのか　右の写真はエンリルか？　引用/Yohoo!

Ⅱ　火星のシドニア地区を建造したのは何者か!?

バイキング1号が火星の人面岩とピラミッドを撮影していた

前項ではエアルのドメイン軍と旧帝国軍との戦いが続けられ、火星の赤道から数百マイル北のシドニア地区に宇宙巡洋艦を派遣し、完全に破壊したことを述べた。

実は、このシドニア地区とは知る人ぞ知る、地球外知的生命体の実在を示す大変なキーポイントであることが過去に突き止められていたのだ。

筆者はこのシドニア地区とは、どんな場所か知らなかった。エアルが告げたシドニア地区を調べたら、驚愕すべき事実が眠っていたことを知った。事態はここから急展開する。

このことを世界に知らしめた人物こそ、元NASAのゴダード宇宙飛行センター顧問であり、CBSニュースの科学顧問であったリチャード・ホーグランド博士だ。

どなたでもご記憶だろうが、NASAでは1971年に無人火星探査機『マリナー9号』、そして、1975年夏には『バイキング』1号と2号を相次ぎ火星に打ち上げたことがあった。

この時、マリナー9号から電送された写真には、火星のエリシウム平原と呼ばれる地域に底辺3キロメートル、高さ1キロもの巨大ピラミッドを含む人工建造物が映っていた。

また、バイキング1号の写真には、赤道から北緯41度のシドニア地区に人間の顔とそっくりの幅1・6キロメートルの『人面岩』が映っていた。この写真ナンバーが「３５Ａ７２」だった。

これを発見したのが、ＮＡＳＡが依頼している画像処理会社の専門の作業員だったため、世界的に大騒動に発展したことがあった。

ここで人面岩論争が起こり、日本でも専門誌がこれを特集で取り上げ、衝撃が全国に走った。しかし、その後、ＮＡＳＡはジェリー・ソファンという博士を使い、「３５Ａ７２」を見せながら、「光と影は時として飛んでもないものをつくり出してしまう。これが人間の顔に見えるのは、光があたった角度によってできた陰影が原因と思われます。

数時間後、同じ地域を撮影した写真にはこの構造物はまったく写っておらず、普通の台地が写っているだけでした」と記者団に明かしたのだ。こうして世紀の大発見は、「人の顔が火星表面にあるはずがない」という常識的な考え方に落ち着いてしまった。

ところがそれから2、3年経って、ＮＡＳＡのゴダード宇宙飛行センター内で、10数年画像処理及びデジタル技術に携わったヴィンセント・ディピエトロ博士という専門家がこの画像を発見した。

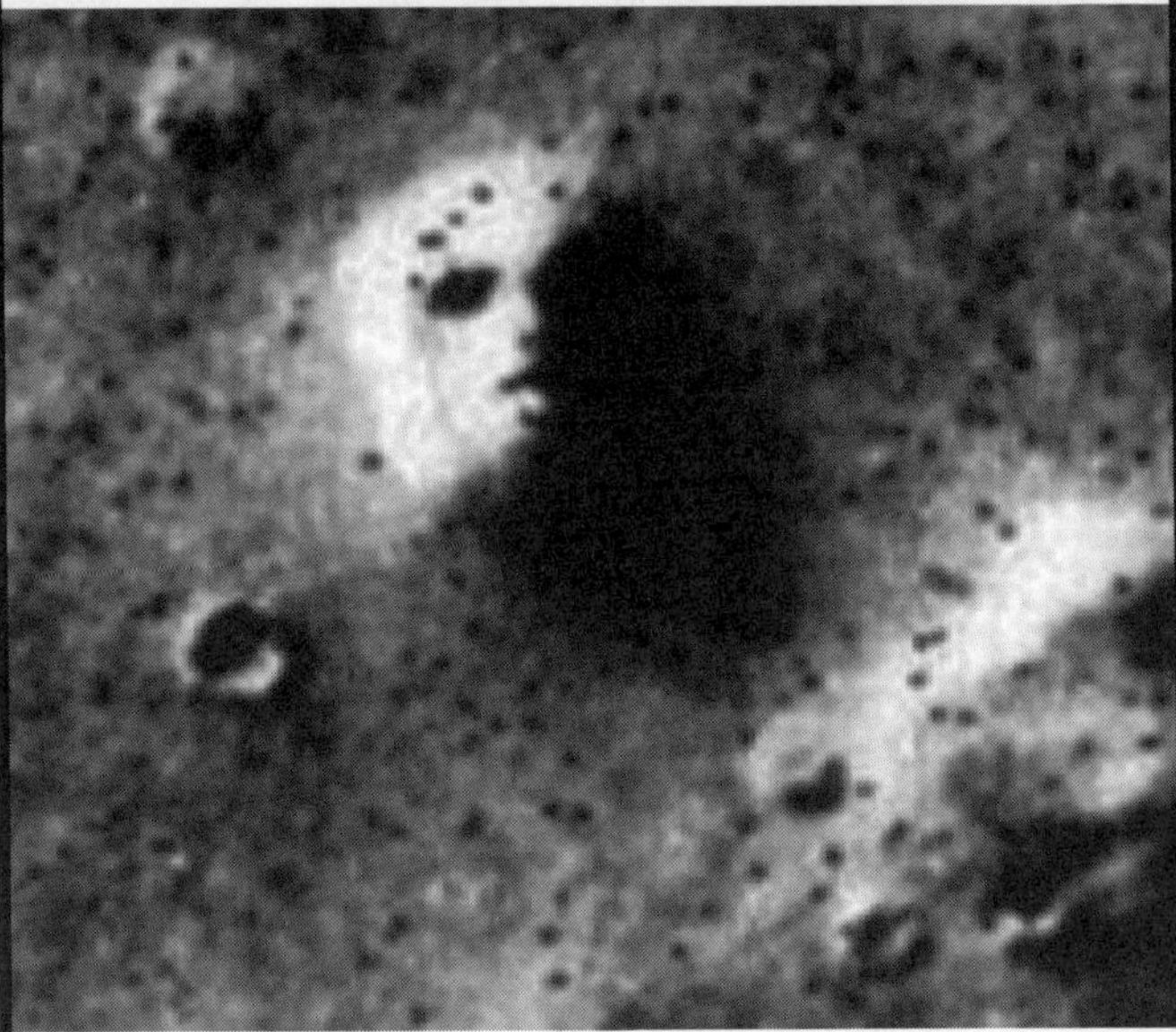

世紀の大発見！　火星のシドニア地区で見つかった人面岩

1970年代、マリナー9号が火星のピラミッド、バイキング1号は人面岩の画像を送信、世界に衝撃が走った！

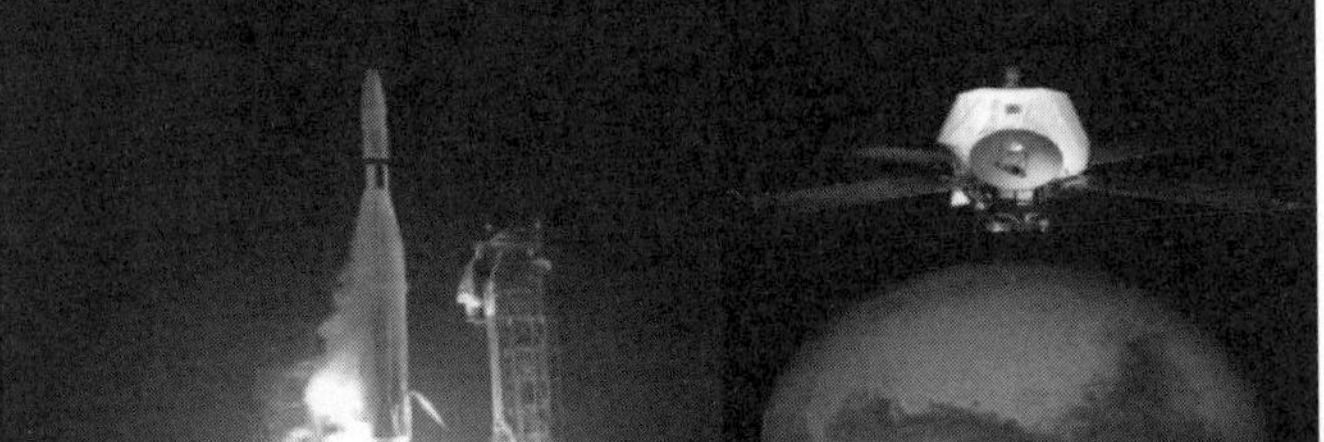

1970年代、NASAの惑星探査機が火星の建造物を相次ぎ発見した

一度著名な博士に「光と影のいたずら」と結論づけられた画像をなぜNASAがいつまでも大切に保存しているのか。それこそ、重大な秘密が隠されているのではないか。

疑問を感じたディピエトロ博士は友人とコンピューターにある画像処理で、画面内にある被写体の輪郭を際立たせ、全体像をより鮮明にする最新技術を考案した。通常のNASAが行う解析よりも鮮明に解析できた。

その結果、幅1・6キロメートル《キロメートル》の台地に人間の顔を思わせる完全な左右対称構造が浮かび上がった。2人は顔を見合わせ、驚嘆した。

しかも、影になっていた部分にも同じ大きさの目が確認でき、眉毛《まゆげ》から鼻も口も人間と同じように造形されていたのだ。こうして、人面岩の真実が白日の下に曝された。

火星でだけでなく、水星、金星、木星やその衛星エウロパまでに建造物が発見された！

この2人の分析に刺激を受けたのが、世界的に著名な故カール・セーガン博士とも友人だった前出のリチャード・ホーグランド博士だった。

博士もこの人面岩をコンピューターで解析、「瞳がある」「歯列がある」ことも突き止めた。

その他、シドニア地区からピラミッドやスフィンクス、正五角形対称建造物など、多くの人工建造物があることを掴んだ。

そこで、1984年、博士は科学者専門組織からなる「火星建造探査プロジェクト」を立ち上げた。ここでNASAがこれまで隠蔽していた、『マリナー』『ボイジャー』『マーズ・オブザーバー』などが送信してきた月面、金星、火星、木星やその衛星エウロパに至る膨大な衛星写真を入手、長期間にわたり、科学的工学的手法で厳密に分析した。

この結果、**「火星で見られるすべての建造物は非常に知性の高い生命体（異星人ー）によって建造された遺産である。NASAは火星の情報の90%以上を30年にもわたり隠蔽している」**とマスメディアで批判し、長期にわたる『NASA裁判』を起こしたのだ。

また、博士は火星の真相を学会で何度も発表したが、NASAからは、発表した論文が学会誌から削除されるなど、様々な妨害工作を受け、ほとんど科学者や天文学者から相手にされることはなかった。

これに屈せず、米国議員や科学者と協力し、2000年ついに裁判に勝訴した。これにはセーガン博士の人脈も役立ったが、博士はこの後、なぜかこの発表を酷評し始めた。

しかし、1993年になって、この火星の建造物を州立大学のスタンーレー・マグダニエル名誉教授が1年間解析した。**その結果、それぞれの建造物には19・5度という特定の角度の位置関係にあるほか、$\sqrt{2}$、$\sqrt{3}$、$\sqrt{5}$の値や円周率πを組み合わせて、なおかつ1対1・618と**

火星の人面顔を実証したホーグランド博士とその著書『NASA秘録』（徳間書店）

いう黄金比率で建造されていることを掴んだ。

教授は、「ホーグランドの異星人Iによる人工建造物説は、長期間にわたる科学者らの厳密な多角的科学的に検証されたもので、正しい研究報告だったと断言します」と結論づけられたのだ。これが有名な『マクダニエル・レポート』だ。

このレポートもホーグランド博士を後押しした。これでNASAは、人面岩や人工ピラミッド、五角形建造物などの人工都市跡の実在を渋々認めざるを得なくなった。

現在公開されている月面や火星の建造物写真は、博士が勝ち取ったものと言える。

しかも、**NASAの衛星写真には火星だけでなく、水星や金星、木星の衛星エウロパの噴火口跡に高層建造物までが写っている**ことがわかったのだ。

エアルはインタビューの中で、紀元前6000年頃、「火星以外の旧帝国軍の基地を発見し、金星にあった旧帝国軍の防衛基地を制圧した」と述べていた。

今日の天文学では、「金星は硫酸の雲で覆われ高密度、高温、重い大気なので、生命誕生の可能性がない」とされていたが、これが覆されたわけだ。

アダムスキーは、金星人オーソンと会見したことを公表していたが、これで少なくともまったく根拠がないことではないことが明確になった。

マリナー9号が火星の巨大ピラミッドを発見したのは1971年だから、NASAは実に30年以上も地球外知的生命体が太陽系内に実在していた事実を隠蔽していたことになる。太陽系内に地球をはるかに凌《しの》ぐ高度な文明を持った知的生命体が存在していたと公表したなら、人類に大パニックが起こると予測したにせよ、一切極秘にしてしまったことは宇宙文明探求の大いなる後退を意味する。

この謀略で、「太陽系、または銀河系内で高度文明を備えたのは地球でしかない」という定説が形成されてしまったわけだ。

国内では、こうしたNASA裁判があったことなど、ほとんどの人が知らないはずだ。いまだにUFO、異星人などの話は眉唾《まゆつば》だと思っている天文学者や物理学者をはじめ、ジャーナリストらまで圧倒的多数を占めるのが現状だ。

博士のNASAとの裁判闘争やエアルの証言は、今日の天文学、及び宇宙物理学にパラダイムシフトを迫ることになるわけだ。

この**人面岩の他、火星に建造されたピラミッドは長さ3キロメートル、高さ1キロメートルにも上る。しかも、エジプトのギザの三大ピラミッドと配置が完全に一致する。**エジプトの首都「カイロ」は、アラビア語で「火星」を意味しているという。

ホーグランド博士や科学者チームは、「火星の建造物はハイテクノロジーを持つ知的生命体によって建造された」と公式に表明した。ホーグランド博士の活躍で、世紀の大発見は陽の目を見ることとなったわけだ。

しかし、このハイテクノロジーを持つという知的生命体とは何者なのか？　果たして太陽系外からやって来たのだろうか。またしても新たな謎が浮かび上がってきた。

火星とエジプトのピラミッドもアヌンナキが建造した!?

ホーグランド博士の火星表面のシドニア地区の解析結果は、世界に再び衝撃を与えた。ここでわかってきたことは長さ3キロメートル、高さ1キロメートルにも及ぶ巨大ピラミッドは、まったくエジプトのギザの三大ピラミッドの配列と同じだったことだ。

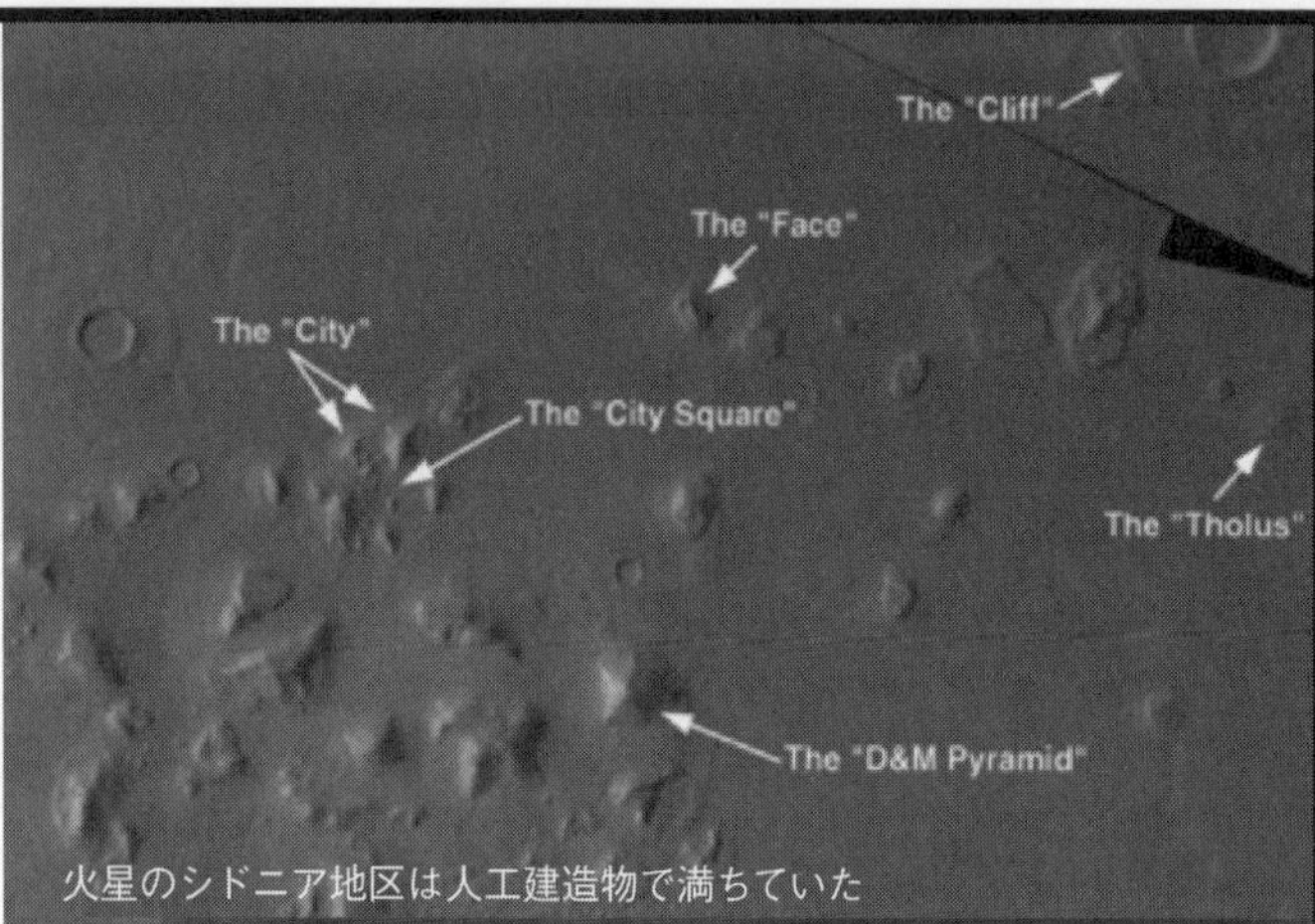

火星のシドニア地区は人工建造物で満ちていた

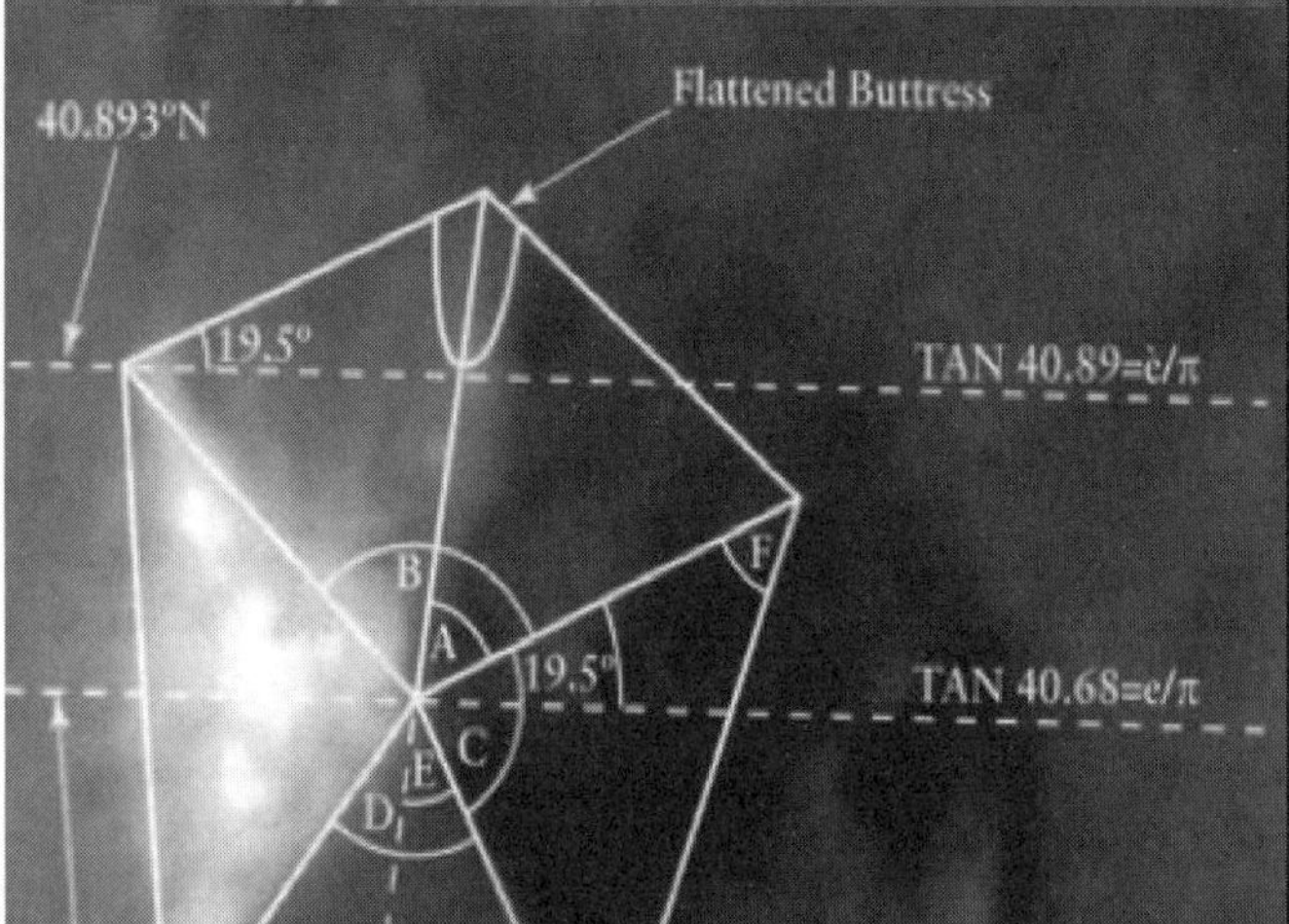

D&Mピラミッドは規則正しい角度で建造されていた

地平線に都市建造物が写っていた
JPL Magellan
The Horizon By Isam
巨大ピラミッドが埋もれていた

この配列とは、オリオン座の三ツ星とぴったり合致する。ここに謎を解く大きな鍵が潜んではいないだろうか。この事実から見えてくることは、このシドニア地区の人面岩やピラミッドをはじめ、多くの都市を建造していた存在が聖書にも記述される、45万年前に地球にやって来たネフィリム、つまりアヌンナキではないのかという仮説だ。

そして、エジプトでギザのピラミッドを建造したのも同一宇宙人、つまりアヌンナキだったのではないだろうか。それ故、エジプトを、アラビア語で火星を意味するカイロと呼んだ。アヌンナキが巨人とも言われるのは火星での重力が地球とは違っていたからではないだろうか。それ故、身長が3メートルから10メートル近くあってもおかしくはない。

エジプトをはじめ、中近東、または世界各地からはアヌンナキと思われる巨人の遺骨がぞくぞく発掘されているのだ。

さらに決定的なことは、NASAの探査機が他の地区でも多数のピラミッドを発見していることだ。これについて、有力なネット情報源では、「火星のシドニア地区で、ギザの大ピラミッドと〝兄弟〟ともいえる建造物が確認されています。**ギザの大ピラミッドは紀元前2500年頃建造されたとされていますが、紀元前1万年よりもはるか以前に建造されたという分析結果**もあります。

バイキング1号が撮影した火星のピラミッドは、一説にはおよそ50万年前に建造されたと言われていますから、実際はギザの大ピラミッドも紀元前数万年に建造されている可能性があります」というのだ。

事実、ギザの大ピラミッドの四隅は完璧な直角で造られ、その誤差は原子時計レベルのものとされ、現代の技術でも建造は難しいとされる。また、王の間には巨大な花崗岩《かこうがん》をくり抜いて造った石棺があり、これも今日のドリルでも掘削が不可能とされることだ。

この謎を解く鍵は、火星とエジプトもオリオン座の三ツ星の配列で建造されている事実だ。最新の学説では、ピラミッドは「古代エネルギー発生装置」、「惑星間の通信インフラ」、「宇宙飛行の目印」とも言われる。

このことからも**2010年、カイロ大学のアラ・シャヒーン博士が「宇宙人が手助けしてピラミッドが造られた。その内部には人智を超えたものが存在する」**と発表したわけだ。ゼカリア・シッチンのシュメールの解読を当初、嘲笑《ちょうしょう》した科学者や考古学者は、こうした科学的な解明が進むにつれ、その口を閉ざすこととなった。

エアルによれば、「旧帝国のエンジニアたちは、集中させた光の波を使って石のブロックを素早く切り分け、掘削した。また、彼らはバリアと宇宙船を使って一つ一つが何百、何千トンの重さを持ち上げ輸送した」とした。

そして、「この石のブロックが今でも部分的に掘削されている状態で中東や他の石切り場で

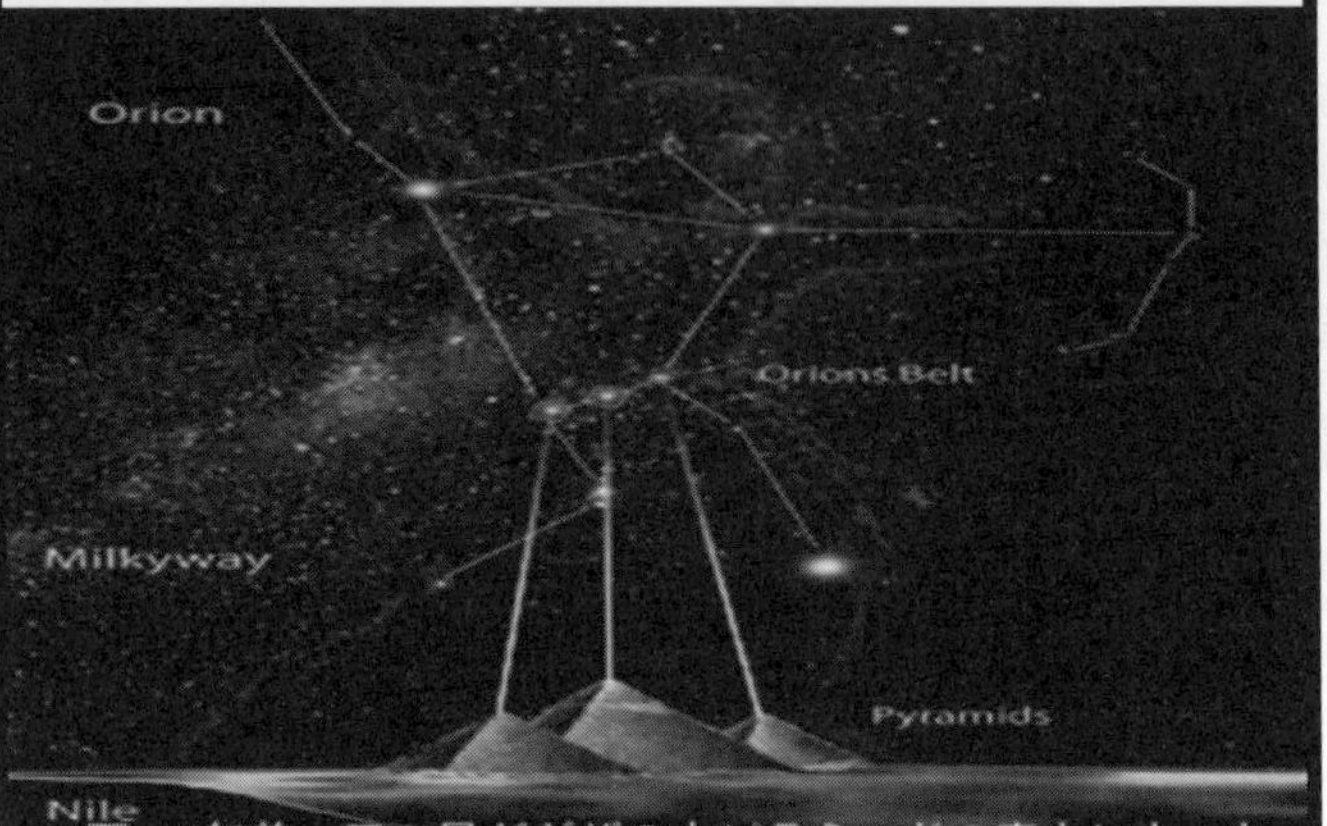

1万500年前、三ツ星がギザの大ピラミッドの真上に上った
ジョルジョ・ツォカロス氏は、UFO研究サイト「Legendary Times.com」

エアルは紀元前1万450年、ギザのピラミッドとオリオン座が合致したと告げた

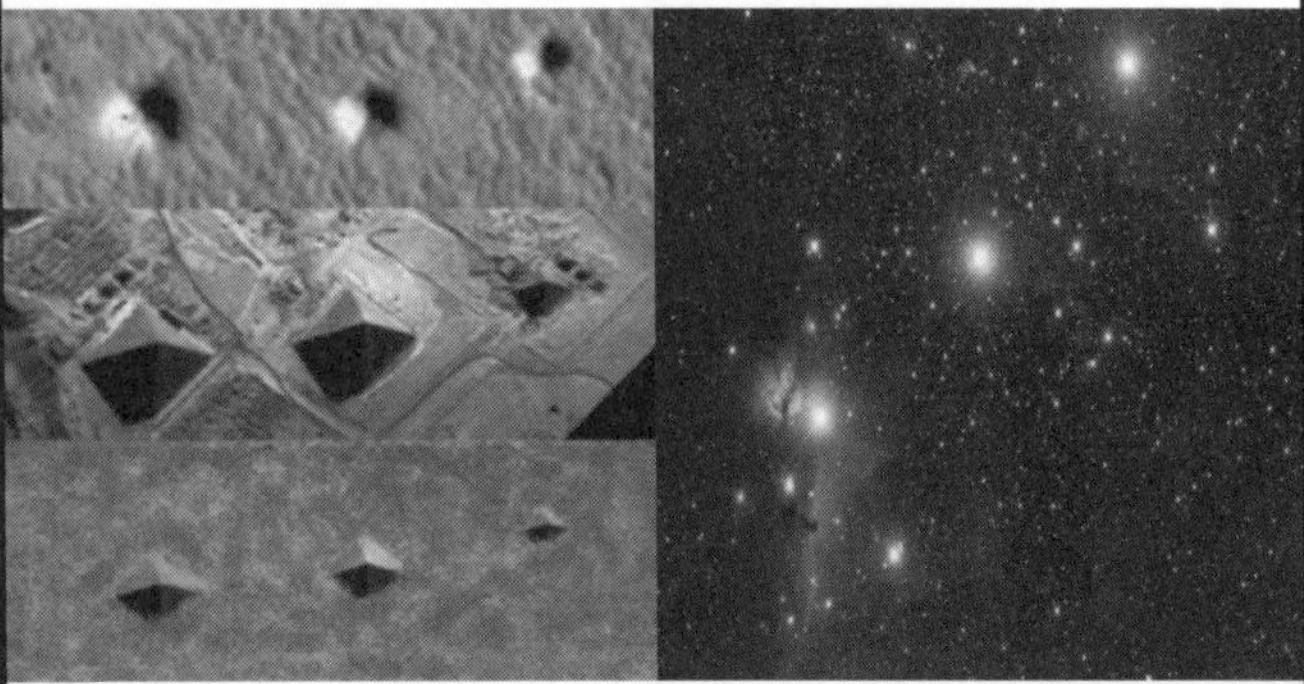

火星とエジプトのピラミッド（左中段）がオリオン座三ツ星の配置と同じだった
引用/Yahoo画像

見ることができる」と告げた。

また、**「太古、トートと呼ばれる旧帝国のISIBEがギザに大ピラミッドを建設する計画を立てた。紀元前1万450年、ギザのピラミッドの配列はナイル川が天の川銀河を地上で表すものとした場合、ギザから空を見た時のオリオン座の配列と完全に合致している」**と述べているのだ。

エアルが言う旧帝国軍がアヌンナキと考えれば、火星のピラミッド建設もエジプトのピラミッドを建設したのもアヌンナキということにはならないだろうか。

これで人類最大の謎の一つとされるピラミッド建造の謎が解けたのではないだろうか。

もう一度整理する。火星のシドニア地区で古代都市を造っていたのがアヌンナキだった。しかし、何らかの理由で火星から地球に移住した。

そこで降り立ったエジプトに火星で建造したオリオンの三ツ星と同じ配列のピラミッドを造った。そして、自分たちのDNAと霊長類のDNAと異種配合し、人類を創造。労働力として人間を支配し、神々として長いこと地球に君臨したと推論できる。

これを裏付けるのが、NASAがこれまで長いこと隠蔽していた火星探査機が撮った古代都市の画像だったわけだ。

これで驚いてはいけない。真相はさらなる驚愕の情報が潜んでいたのだ。

「火星は宇宙人の核攻撃で滅んだ」とプラズマ理論物理学者が証言した

さらに世界に驚愕が走ったのは、2014年11月、米国物理学会秋季年次総会でプラズマ理論物理学者ジョン・ブランデンバーグ博士が発表した論文だ。

それは、「火星の古代文明は宇宙からの核攻撃によって滅亡し、このままだと次のターゲットは地球である」と衝撃的な見解を発表したのだ。このことを英紙デイリースターがすっぱ抜いた。この学会は世界中に4万人のメンバーが所属していることから、世界中の物理学者が驚いた。また、ブランデンバーグ博士は米国のTVニュースにも出演、「火星の表面はウラン、トリウム、放射性カリウムなどの放射性物質の層で覆われており、これは核爆発により岩石などの破片や堆積物《たいせきぶつ》が広がったためである」と語ったというのだ。

これは後に火星に飛び立った火星探査機『マーズ・オデッセイ』で観測されたデータをブランデンバーグ博士が分析したことによる見解だったらしい。

この時の様子がYouTubeにアップされているのだが、これによれば、博士は当初2011年の段階では、火星の熱核爆発は自然現象によるものと考えていたが、その後、研究を積み重ね、**「この熱核爆発は非常に高い知能を持った宇宙人によって引き起こされた計画的な攻撃であった」**という結論に達したというのだ。

そして、**「火星の大気中にある多量の核同位元素は水爆実験のものと大変酷似しており、これは宇宙からの核攻撃によって文明が消滅したという例証になる」**と主張した。

また、博士は「かつて火星には海があり、地球と似た気候の惑星であった」と述べ、「当時、人々の生活を支え、様々な命を生み出す海があったからこそ動植物が健やかに育ち、古代エジプトのような文明が発達していったのではないか」とした。

さらに「火星のシドニア地区、ユートピア地区は、現在でも明らかに文明があったと思われる構造物を確認することができる」と続け、ひと頃、世界的に大騒動に発展した**「火星の人面岩は、かつて存在していたシドニア文明が宇宙からの何者かによる核攻撃によって滅んでしまった痕跡である」と述べた。しかも2億5000年前のことだという。**

これはまったく、とんでも情報ではないかと世人は思うに違いない。しかし、博士は国立研究所に籍を置き、プラズマ爆弾という最新兵器の開発に携わっている人物だ。このような立場の物理学者がテレビにまで出演、嘘、出鱈目を並べて、何が得られるだろうか。

UFOを否定する有識者の間での疑問の一つは、この宇宙を考えると地球外文明の存在の可能性は高いのだが、知的文明を持った宇宙人がなぜ、まったく地上に公式に現れないのかという『フェルミのパラドックス』と呼ばれる問題にも触れ、「かつての火星や我々のような幼く目障りな文明は地球外生命体にすぐにでも滅ぼされる、ということで説明がつくかもしれない。

2億5000年前、火星のシドニア地区で宇宙人どうしの核戦争が起こったことをブランデンバーグ博士は摑んだ　引用/YouTube

2014年、TV出演し、シドニア地区は核攻撃で破壊された説くブランデンバーグ博士　画像は「YouTube」より

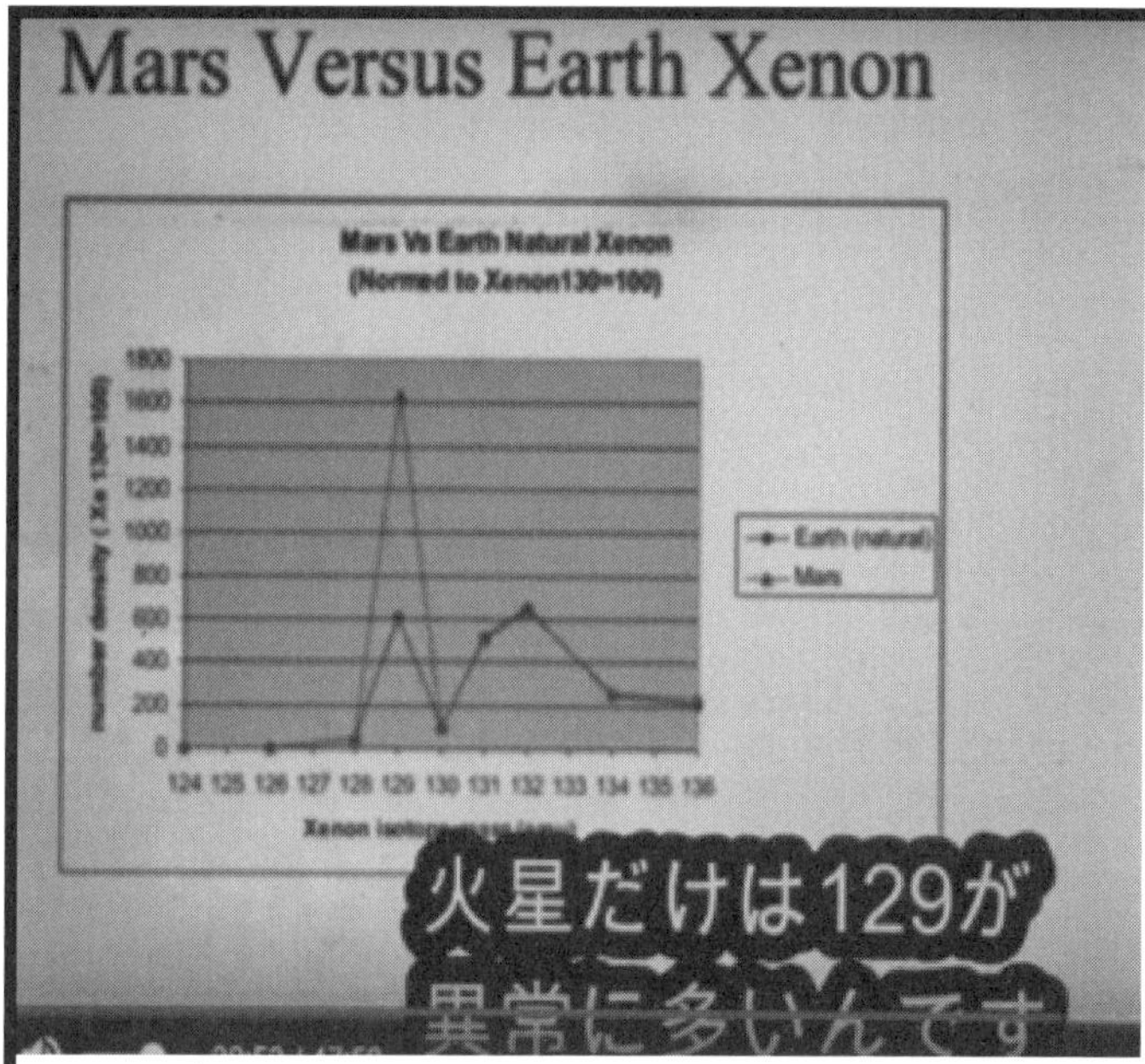

火星の大気だけに核爆発した際、生じる同位体キセノンが突出していたことが決め手になった

つまり接触、即、絶滅なのだ。

これからも地球は宇宙からの核攻撃による警戒が必要であり、地球人は直面している問題を解き明かすためにも火星への有人飛行を実施する必要がある」とブランデバーグ博士は主張しているのだ。

さあ、これでエアルが告げた「ドメイン軍がシドニア地区に宇宙巡洋艦を派遣、完全に破壊した」と告げたことが完璧に立証されたではないか。

この後、前述したホーグランド博士が公開した火星のスフィンクスやピラミッド群、そして月面にあるドーム状のガラス建造物の残骸《ざんがい》は、「かつての古代アヌンナキの軍事施設であり、彼らの当時の軍事基地は、ほこりに覆われた月面の遺跡に残されていました」とする文献があることを偶然、ネットで知った。この著者こそ、パトリシア・コーリという女性だった。この女性は銀河連盟からのメッセージを伝えるチャネラーであるようだ。

現在、YouTubeには、NASAが撮影したと見られる月面や火星の表面や噴火口の中に高層建造物やタワーのような人工建造物などが無数に公開されている。

UFOの実在を否定することは言論の自由が保障されているので自由だが、ここまで綴ってきた事実を認識しているのだろうか。否定論者には明らかな情報不足が明白ではないだろうか。大切なことは既存の科学や宗教を盲信することではなく、起こった事実とその精査の積み重ねであろう。アヌンナキは、太古、火星に人面岩やピラミッドなどの他、都市も建造し、長いこと移住していた。そして何者かの核攻撃を受け滅んだ可能性が高くなった。

前出のブランデンバーグ博士とエアルの証言を基に考えれば、太古、火星が核攻撃で破壊された後、旧帝国軍は他の惑星にも移住した。最終的にエアルは、紀元前5000年頃から紀元前1200年頃、トロイア戦争が終結した時期に、ドメイン軍が旧帝国軍を破壊したと告げた。この旧帝国軍が太陽系内で完璧に破壊されたのは西暦1230年だという。何とこの旧帝国軍とドメイン軍との間で、実に7500年もの間、闘争が続けられたという。

Ⅲ 南極にピラミッドを創ったのは誰か？

南極で三つのピラミッドが発見された!?

さらにもう一つ、驚愕的なニュースが飛び込んできた。それは「南極で三つのピラミッドが発見された」というものだ。

YouTube「Third Phase of the Moon」で紹介されたことを2016年11月22日付けで「デイリーメール」が報じていたことがわかった。

もしかすると、火星とエジプトにピラミッドを建造したのがエンキやエンリルら、そしてその末裔《まつえい》たちがこれを建造した可能性が高くなった。

この動画には、確かに四角錐《しかくすい》に縁取られ雪山がくっきり写っている。山の半分の地表が露出し、半分が雪を被《かぶ》っている画像だ。おそらく、地表が露出している部分に太陽が当たったと思われる。

むろんのこと、この動画には賛否両論の意見が殺到、「陰謀論者のでっち上げ、ただの雪山

Google Earthで南極のピラミッドと思われる山が発見された。オリオン座の三ツ星の配置と一致する
引用/デイリーメール

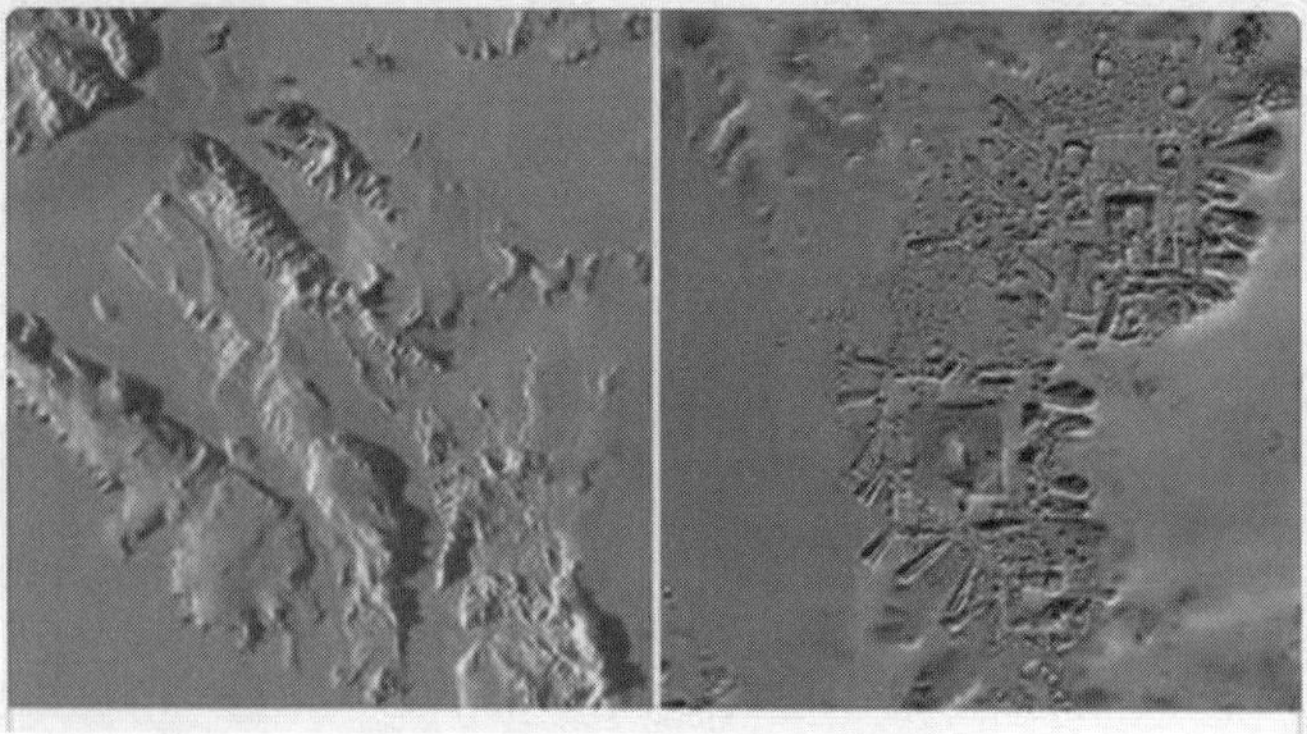

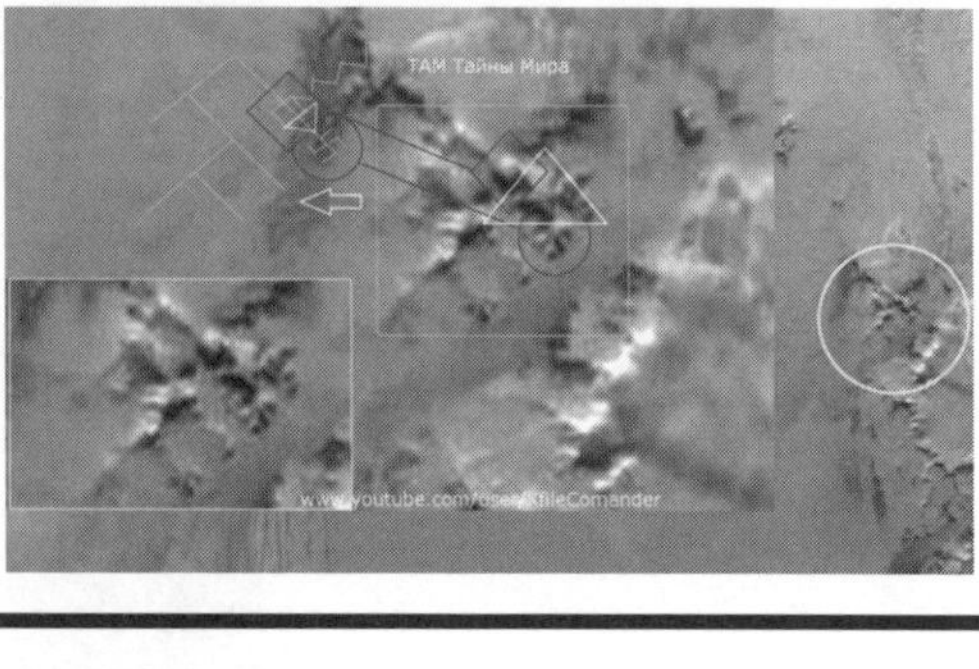

NASAが撮影した南極のボストーク湖の地下数キロに古代遺跡が眠っている可能性が高い
引用「Ruins Of AncientCity Found In Antacrtica」

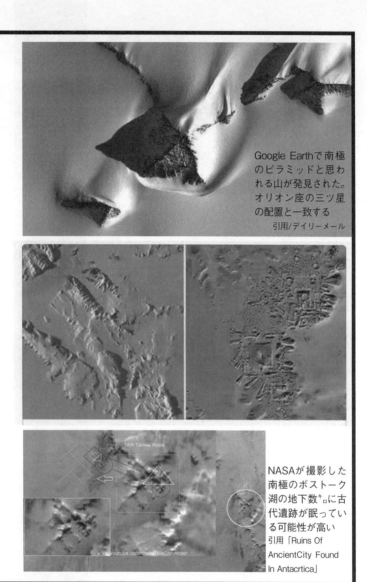

8人の欧米の合同探検隊が内陸に2つ、海岸付近に1つの巨大ピラミッドを発見したらしい

引用/YouTube「Ancient Pyramids Found　In Antacrtica ? 2012 HD」

だろ」との否定的な意見が多い。しかし、「荒涼とした地にこれほど大規模な建造物を創ったのは人類をはるかに凌駕する技術に違いない」とする宇宙人関与説も少なくない。

そして、2016年11月、米国ジョン・ケリー元国務長官が南極を訪問したことに触れ、「彼は内部にあるUFO基地を視察に行ったのだろう」とする憶測も意外なほど多い。

実は、このニュース以前にも「南極大陸には何か秘密が隠されている」という噂が流れたことがあった。**それは2001年、米国の軍事衛星が南極の氷底湖として知られるボストーク湖の地上から数キロメートル下の地点に古代遺跡と思われる巨大な人工構造物を発見した**ことだ。**覆われた氷の厚さから、少なくとも1万2000年前のものと結論付けられた**のだ。

米国軍司令部はこの報告書に情報規制をかけ、極秘掘削プロジェクトに着手したらしい。また、この年、ボストーク湖周辺では強力な磁力異常がみられ、米軍による掘削作業にともなうものではないかとの憶測を呼んだことがあったのだ。

さらに考古学者で冒険家のジョナサン・グレイによれば、「カリフォルニアのテレビ局の取材班が南極の巨大遺跡の証拠を摑み、テレビ映像に収めた。しかし、2002年11月以降、このテレビ取材班は行方不明状態となった」というのだ。

問題のビデオテープは、南極ボストーク基地の西160キロの地点で放棄されていた資材置き場で発見され、取材班の救助にあたっていた米海軍特殊部隊によって回収されたらしい。そして、ビデオを確認した二人の海軍将校が全米科学財団の研究者にその内容を説明し、研究者はその後、アムンゼン・スコット基地に戻り、調査を行ったと見られている。

一躍、南極のピラミッド騒動が世界的騒動に発展したのは、２０１２年9月、米科学雑誌専門サイト「サイエンスレイ」が「南極で氷と雪に覆われた巨大な古代ピラミッドを3か所で見つけた」と報じたことだ。

このサイトによれば、アメリカとヨーロッパの8つの探検隊が合同で行ったようで、発見された3つのうち2つは海岸から内陸に16キロメートル入った場所と、海岸線に近い場所にあったというのだ。

詳細は述べられていないが、この探検隊は10数年前に南極にそびえるピラミッドを発見していたらしいのだが、それを近年、探検隊のメンバーがリークしたようだ。

掲載された写真は3点なのだが、海岸付近で撮影された南氷洋に面した氷壁の上にそびえるピラミッドの画像は圧巻だ。この画像が行方不明になったテレビ局が撮影したものと同一のものかはわからない。

南極で発見された3つのピラミッドも三ツ星の配置で創られていた！

２０１６年11月になって、元ロシア軍人エウゲネ・カブリコフはオルタナティヴニュース「karamola info」のインタビューで南極大陸に古代ミラミッドや次元転移装置などが隠され、ナチスドイツの軍事施設跡らしきものまで残されていると曝露したことがわかった。

カブリコフによると、すでにアメリカもこの情報を入手しており、アメリカが京都議定書に批准しなかったことも深く関わっているという。それというのも南極大陸の氷が溶け出しているのは温室効果ガスの影響ではなく、氷の下に隠されている謎の物体が大きく関わっているというのだ。

この動画「Area Zone 15 & UFOs」を見ると、冒頭、Google Earthで撮影された四角錐状のピラミッドと同一のように見える。

ピラミッドの大きさは、Google Earthのメジャーで測れば、一辺が４００《メートル》ほどなので、エジプトの倍くらいの大きさだ。しかも前出のピラミッドの画像には、ピラミッドを思わせる３つの山が捉えられている。

筆者はこの画像を１８０度反転して見た。

やはり、思った通り。火星とギザのピラミッドの配置と同じなのだ。火星のシドニア地区に古代ピラミッドを造ったのは、アヌンナキだった。

南極大陸が発見されたのは1820年頃、米国、ロシア、イギリス隊らが上陸したらしい。その後の調査で、氷は平均2500メートルもの分厚い氷で覆われているようだ。

一説には、この2500メートルもの氷河が形成されるには、100万年から1000万年以上もかかるという説もあるようだが、そうなれば、南極にピラミッドが建造されたのは少なくとも100万年以上前ということになる。

アヌンナキが地球に降り立ったのが約45万年前とされるので、人類はまだ誕生してはいない頃の話だ。これではアヌンナキのピラミッド建造説は成立しなくなる。

ところで、**地球の両方の極に氷が集結することで、地球の回転バランスが不安定となり、1万2000年から2万年ごとに地軸や磁極が現在の位置から移動すること。赤道が温帯に、温帯が赤道や極に変化するという『ポールシフト理論』がある。**これを考慮すれば、前述した2001年、米国の軍事衛星がボストーク湖の地下に古代遺跡を発見、建造は1万2000年前のものと推測された年代と整合性がとれる。

しかもこの1万2000年前と言えば、巷間、超古代史研究ファンに定説となったムー大陸、またはアトランス大陸が海底に没したとされる伝承とも一致してくるのだ。

驚くべきことにエアルはマチルダ氏に紀元前1万年前後の地球の様子を告げていた。

合同探検隊が撮影したとされる南極のピラミッドと思われる山はギザの三大ピラミッドに酷似する

三ツ星配列で建造されたエジプトのギザのピラミッド（左からクフ王、カフラー王、メンカウラー王）

引用/Wikipedia

それは、**「紀元前1万1600年に地球の極軸が海域に移り、氷冠が溶け、海面が上昇。最後まで残っていたアトランスとレムーリアも名残は水に覆われた。ポールシフトによってアメリカ大陸、オーストラリア、北極地域で動物の大量絶滅が発生した」**というのだ。

何と言うことだ。エアルの証言からNASAが南極のボストーク湖地下で発見された人工建造物の年代を1万2000年と推定したことも、地球のポールシフトが1万2000年ごとに起こるという説ともぴったし一致するではないか。

この1万2000年前に、地球では大異変が起こったのではないだろうか。旧約聖書でいう、「ノアの大洪水」はこのことを指しているのだろうか。

考古学の専門家によれば、シュメールの粘土板にも、エジプトの聖典にもインドのサンスクリット古写本にもアステカ古写本にも、アラスカのネイティヴアメリカンにも大洪水伝承があるというのだ。

このことから推論できるのは、この南極の氷に下に眠るピラミッドや都市を建造したのは、人類を創造したアヌンナキ以外の何者かが古代人に建造させたという仮説だ。この建造物がポールシフトによって海底に没したとは考えられないだろうか。

小笠原海溝付近の海底で巨大な前方後円墳を発見した！

前項で述べた地球規模の大異変で沈下したことをチャーチワード氏はインドの叙事詩から解読、『ムー大陸滅亡説』を展開した。一般的に言われるのが、沖縄の与那国島《よなぐにとう》あたりからミクロネシア諸島、ハワイ諸島、イースター島などのポリネシア諸島、南太平洋全域を含む広大なものだ。

ＵＦＯ艦隊を追跡している横石集氏も、南極から飛び立つ葉巻型ＵＦＯ艦隊の様子をＮＡＳＡの衛星画像 WorldView と Google Eearth で観察していたことは前述した。ところが、２０１６年12月、Googl Earth で南極付近を探索していたところ、途方もなく、巨大な遺跡とも思える台地を海底から発見していたのだ。

この台地の広さは東西35キロメートル、南北50キロメートルに及び、平地は何か建造物でもあったのか、均一で平行な線が刻まれている。しかも前方後円墳のような形だった。一番低い底面部の水深が５７００メートルで標高差は４５００メートルもあった。

したがって、同氏は「標高４５００メートル、富士山よりも高い山の頂上に広大な前方後円墳のような台地を造った。つまりこの台地こそ、ムー大陸の太陽神殿だったのではないか」と直感した。富士山よりも高い山頂に東西南北35キロメートルから50キロメートルほどの広大な面積が広がる。このような広大な太陽神殿が1万2000年前、一晩で海底に没したというのだろうか。
旧約聖書に書かれた『ノアの大洪水』では、半年間も水が引かなかったと記されている。この時、地球が壊滅したと思われる、想像を絶する大洪水が襲ったに違いない。

さらに**横石氏が驚愕したのは、この太陽神殿と思われる台地から西北西のライン上に3基のピラミッドを発見し、翌日さらにもう1基発見したことだ。そしてこのラインの延長上には宮崎県の日向が位置していた。**

果たして、この事実は何を意味するのだろうか。

このGoogle Earth上で発見したピラミッドの底辺は500《メートル》もある。しかも4基目は一辺が1000《メートル》を超える巨大なものなのだ。

「太陽神殿と3基のピラミッドを結ぶ西北西方向の直線をさらに延長していったら、4基目のピラミッドを発見したのです。何と、このラインが九州の宮崎県の日向に到達したのです。こんなことが偶然では起こりえません。

私の第二の故郷でもある宮崎には、高千穂峰《たかちほのみね》（霧島）や高千穂町の天孫降臨伝説があります。

【迩迩藝命《ににぎのみこと》が、天照大神の命を受けて葦原《あしはら》の中《なか》つ国を治めるために高天原《たかまのはら》から日向国の高千穂峰へ天降《あまくだ》った】という伝承があります。

宮崎には朴訥《ぼくとつ》な表情の埴輪《はにわ》や八紘一宇《はっこういちう》の塔（現「平和の塔」）など、他県には見られない独

大洪水が起こる前、古代人はピラミッド文明を教わり、宇宙人と共存していた事実が浮かび上がった　引用/FB

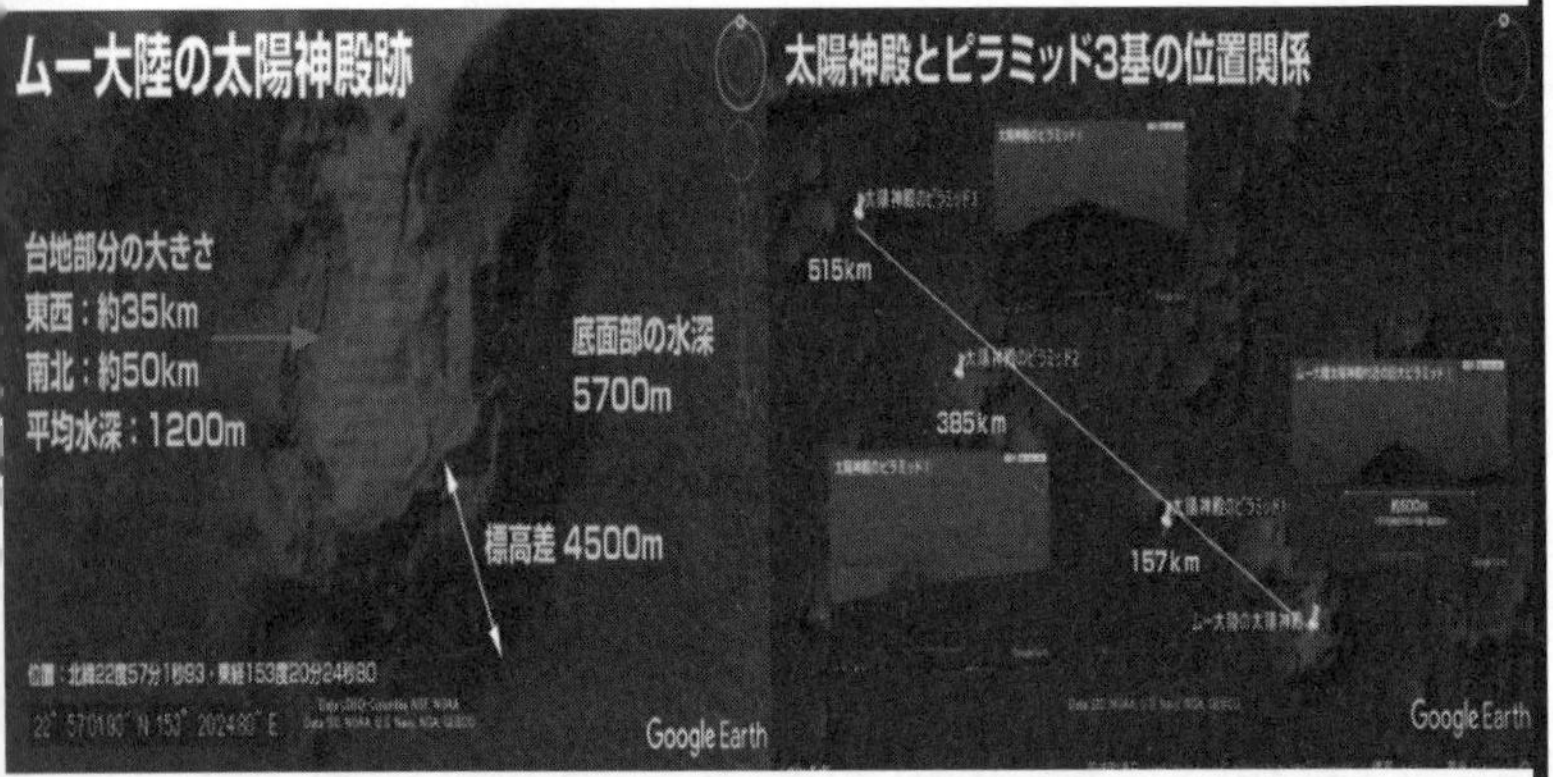

横石集氏が小笠原海溝付近の海底で発見した太陽神殿の遺跡（?）と4基のピラミッド群　引用/Google Earth

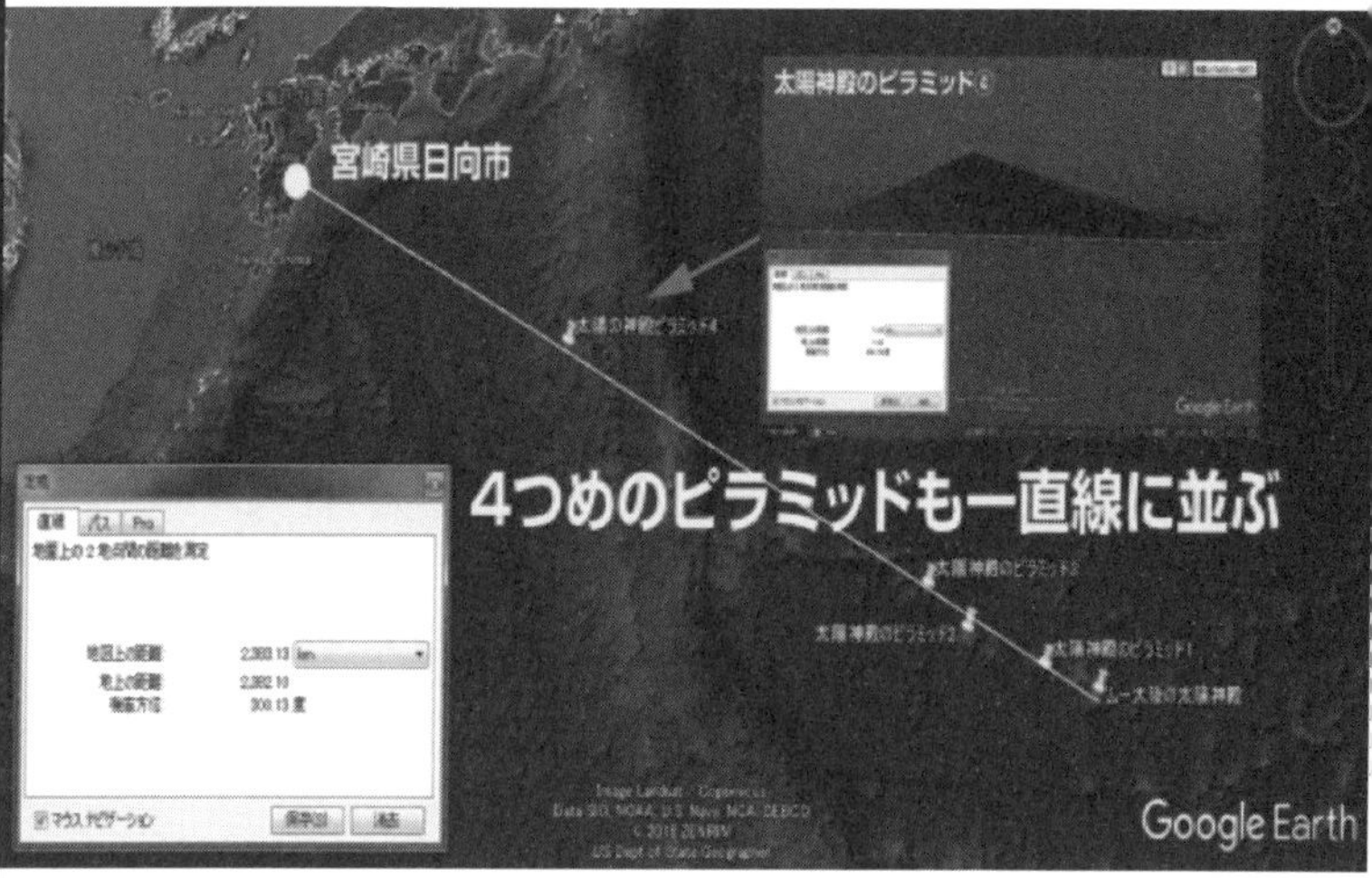

4基のピラミッドが宮崎県、日向市に向かって一直線に並んでいるのはなぜか？

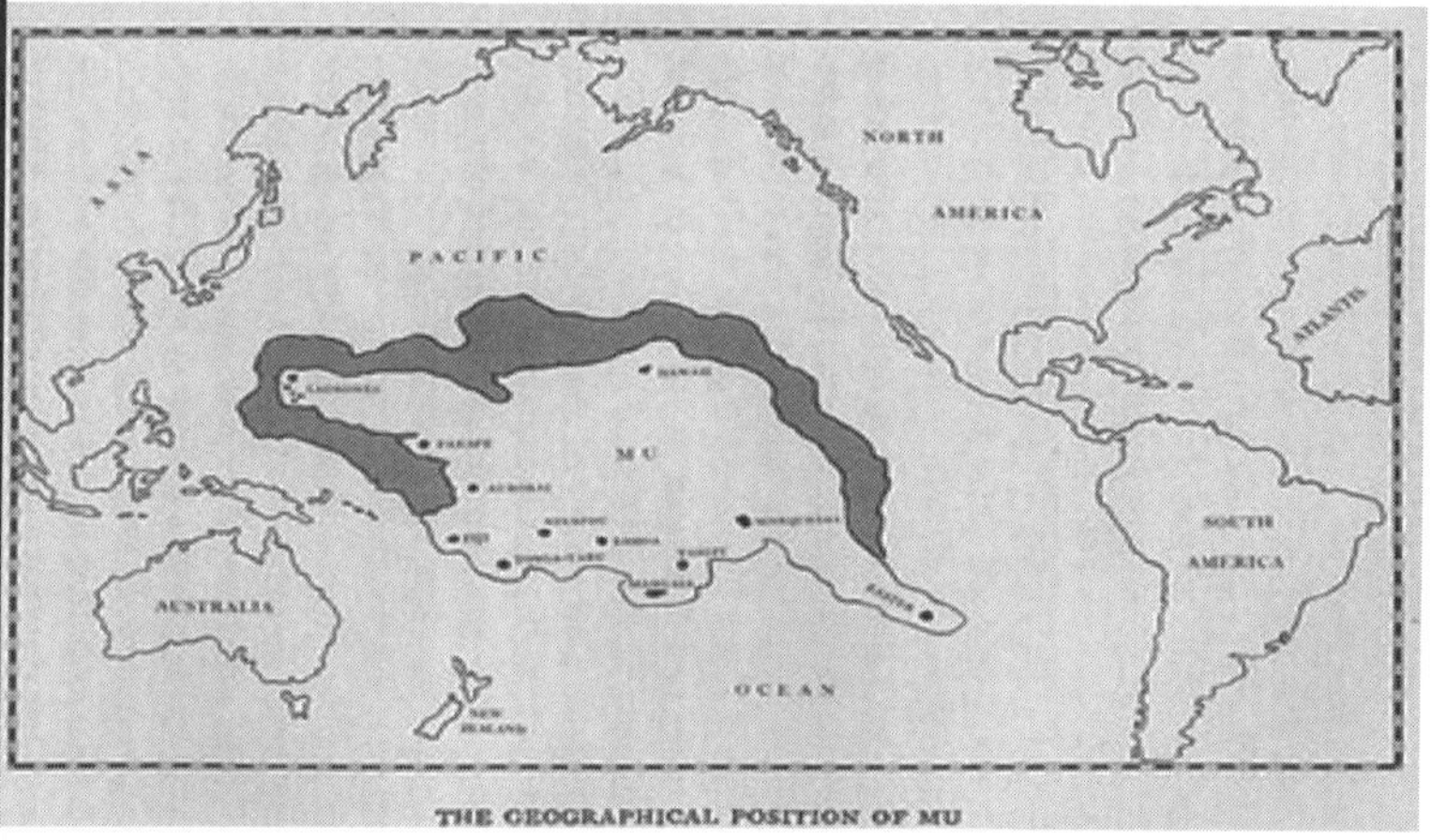

1万2000年前頃、高度な文明を持ったムー大陸が一夜にして海底に沈下したとされる

特な文化があり、陽の光溢れる素晴らしい土地です。
ムー大陸が海中深く没する時、当時のムー文明を日本に移植したことは事実であり、私たち日本人はその子孫に当たります。『日向』とは太陽神殿に向かい敬うとの意味が込められていた、そう考えて良いのではないでしょうか」

横石氏には、宮崎県の日向という地名が意味深なものに感じられた。しかも幅1000メートルの第四ピラミッドは、メキシコシティのテオティワカンのピラミッドのように平べったい形をしていた。

クフ王のピラミッドに比べ一辺が4倍だ。全体ではその自乗つまり16倍の大きさとなる計算だ。クフ王のピラミッドを建造するのに260万個の巨石が必要だったことが判明している。では、4基造るのにはどれだけの巨石が必要だったのだろうか。

南極の三ツ星配列のピラミッドといい、広大な前方後円墳を思わせる台地から連なった4基のピラミッドが太古、建造されていた。

もはや、想像の域を超える気宇壮大さだ。そのライン上に2万年以上もの歴史を持つという、縄文遺跡が出土している宮崎県日向が位置していた。

これはピラミッドを造ったアヌンナキ、またムー大陸の古代人と縄文人は共存していた証拠ではないだろうか。

シドニア地区の太古の建造物の発見から始まって、オリオン座三ツ星の配列で建造されたエジプトのキザの三大ピラミッド、やはり三ツ星配置の南極ピラミッド、そして、小笠原諸島近海の海底太陽神殿と四つのピラミッドの発見に至るまで一気につながった。

これにはエジプトで三大ピラミッドを建設し、神々として君臨した旧帝国軍、つまり、アヌンナキが介在していた証拠ではないだろうか。否、それとも別なアヌンナキに代わる地球外知的生命体の介在があったというのだろうか。

テゥアウーパ星の長老・タオはイエスが青森で103歳で亡くなったことを知っていた

果たしてこの太平洋上にピラミッドを創ったのは、誰なのか。これが最大の謎だ。冒頭、UFO艦隊の大デモンストレーションを知らせて来た無門明星氏からまたもやメールが届いた。彼女からのコンタクトは、いつも何か重大なことが起きた時が多い。彼女からの情報で謎が解ける大きなメッセージが得られることも少なくない。

思えば、筆者が、UFO艦隊が日本上空を防御しているという、驚愕情報を世に問うことになったのも彼女のメールが発端だ。

早速、アドレスを開封した。それは宇宙情報と記されたサイトだった。この情報主は、日本古来の『竹内文書』や『東日流外三郡誌《つがるそとさんぐんし》』、『日月神示《ひつきしんじ》』、そして、オーストラリアで造園業を営み、カテゴリー9であるテゥアウーパ星を見聞して来たというミッシェル・デマルケ氏のベストセラー『超巨大［宇宙］文明の真相』（徳間書店）を読了しているらしかった。

この書も筆者は10数年前、読了し、心に引っ掛かっていた書物の一つだ。

ミッシェル・デマルケ氏によれば、テゥアウーパ星は宇宙で最高に進化しており、出会った宇宙人は皆、身長は3《メートル》あり、凄い美人で両性具有であったという。ここで出会ったタオと呼ばれる長老から宇宙人の地球移住と人類創造の謎を知ったようだ。

この著作で不思議なことは、イエス・キリストの出生から晩年、青森の旧戸来村《へらいむら》で3人の娘をもうけて亡くなったということを述べていることだ。

富山にある皇祖皇太神宮《こうそこうたいじんぐう》で竹内宿禰《たけのうちすくね》が護《まも》ってきたされる竹内文書には、イエス・キリストに神術を教えたのは、日本の天皇であった。別れの際、天皇は「決して死んではならない」と伝えたことが記されている。

やがて、イスラエルに戻って布教したことで、イエスは迫害に遭い、磔《はりつけ》になった。その3日後、弟子たちの前で復活したが、足取りは消えた。

その後、インドから中国、日本にたどりつき、青森の旧戸来村で過ごした。そして、イエスは３人の娘をつくって１０３歳で生涯を終えたということが記されているのだ。

なぜ、竹内文書に記載されるイエスの謎の物語を、テゥアウーパ星の長老タオが知っていたのか。あるいはオーストラリア生まれのミッシェル・デマルケ氏が竹内文書を読んでいたというのだろうか。

それはあり得ない。やはり、長老・タオは宇宙の歴史が刻まれているという、アカシック・レコードーをリーディングした可能性がある。あるいは、彼らのスーパーテクノロジーで、過去、現在、未来をタイムトラベルできるのかもしれない。

135万年前、ケンタウルス・バカラチーニ星人が地球に移住した⁉

前出のミッシェル・デマルケ氏が述べた**宇宙人の地球移住は、今から135万年前、ケンタウルス座バカラチーニ星という惑星から720万人が超光速宇宙船に乗って地球に移住したのが最初だという**。黒人360万人がオーストラリア大陸に、黄色人360万人は現在のミャンマーに定住、その色の地球は大気の成分が今とは違っていたため大きな植物や動物がたくさんいたらしい。オーストラリアにはカンガルーや山羊を彼らが連れてきた。キャベツ、レタス、パセリ、オレンジ、小麦なども持ってきたという。

そこで、高度な文明となったが132万年前、小惑星が地球に衝突し、数百の火山が一度に噴火・爆発した。その後、地軸が突然傾き、地殻変動が起こった。

その後、300メートルの大津波が世界中を襲った。これで人間、動物のほとんどが滅んだが、200人ほどが生き残った。今日、オーストラリアに住む先住民のアボリジニがバカラチーニ星人の末裔《まつえい》なのだという。

なるほど、彼らはテレパシーにも優れ、予知能力も高いと言われる。

この小惑星が地球と衝突した結果なのか、今度は、太平洋上に突如として巨大な大陸が浮かび上がった。これがムー大陸だった。この大陸は太平洋の3分の2を占め、高い山はなく、どこまでもなだらかに続く草原の大陸だったという。

さらに大西洋にアトランティス大陸が浮上した。

そして、**50万年前、火星と木星の間に地球より大きな惑星があった。物質文明が高度に進み、やがて他の星と同様に科学が発達、原子爆弾が製造された。そこで、核戦争が起こり、惑星の中心から大爆発が起こった。**

その残骸《ざんがい》が宇宙に飛び散ったが、軌道上に残った小惑星帯を宇宙ステーションとして活用。その残りの一部が地球の重力に入り、現在の月になった。その証拠にアフリカの洞窟《どうくつ》壁画には、金星や火星が描かれているが、月の絵がないという。

これはNASAの上級顧問でもあったホーグランド博士らも火星のシドニア地区にある都市

●7千万年以上前、銀河戦争が起こった。惑星は無人の砂漠になった。
●紀元前20万8000年、旧帝国軍が銀河系を支配開始。
●紀元前3万年以上前、旧帝国でアンタッチャブルと判断されたIS-BEが電子トラップで記憶喪失にされ、地球に。

太古、宇宙人どうしの銀河間戦争が起こったこともあるらしい

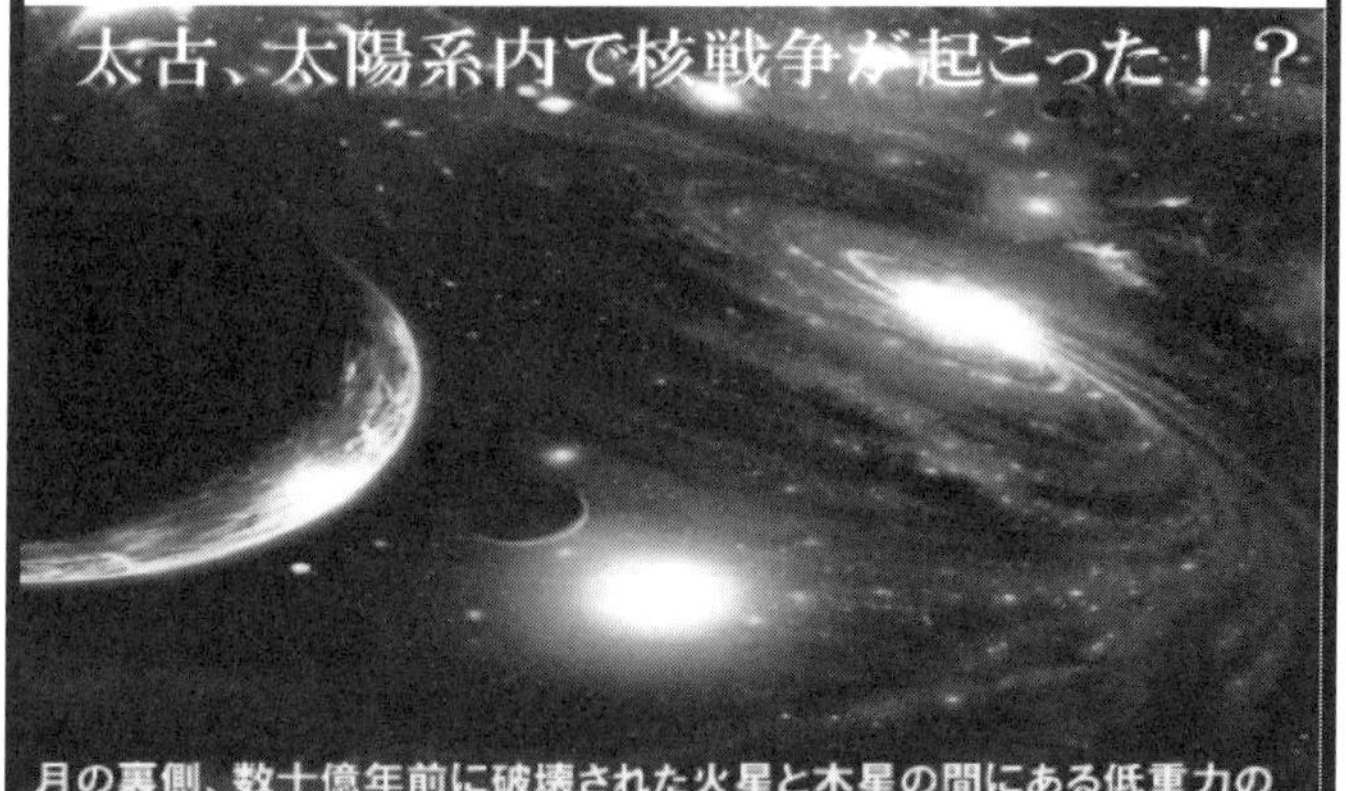
太古、太陽系内で核戦争が起こった！？
月の裏側、数十億年前に破壊された火星と木星の間にある低重力の小惑星帯、火星、金星にもあるドーム型建造物、電磁バリヤが張られた地下基地を建設するのは簡単。地球人だけが知らない。

月の裏側、火星、金星にもドーム型建造物、地下基地があるという

建造物の遺跡に多くの隕石《いんせき》が降り注いだ形跡を発見していることと一致する。

したがって、火星と木星の間の惑星が大爆発したと述べるミッシェル・デマルケ氏の見解には、整合性があることになる。また、前出の宇宙人エアルのドメイン軍は、破壊されてできた小惑星帯を宇宙ステーションに活用していたこととも一致する。

しかし、エアル軍がこの惑星の破壊は数十億年前としているので時間的に整合性がとれない。もしかすると宇宙空間と地球上での時間にはかなり開きがあるのかもしれない。

南アのクラーラー氏はメトン星の科学者エイコンの子供を産んだ

前述したケンタウルス座とは、正確にはケンタウルス座α《アルファ》星という名称だ。4・3光年離れた地球に一番近い恒星のことである。**実は、2017年夏、ロンドン大学の天文台チームがこの恒星の側の『プロキシマ・ケンタウリ』星を11・2日間で周回する惑星を発見、地球の重さの1・3倍で気候が温暖で、生命誕生の可能性が高いことを科学誌『ネイチャー』に公表していたのだ。**研究チームは、この惑星を『プロキシマ・ケンタウリb』と名づけていた。

さらに驚くことに、この惑星が別名メトン星と呼ばれている可能性が高い。というのは、ここを故郷とするエイコンという科学者が地球を60、70年前ほどに訪れ、南アフリカ共和国出身のエリザベス・クラーラー氏とコンタクトするという事件が発生、この時の手記が話題になったことがあるからだ。メトン星の科学者エイコンは、クラーラー氏に逢うため、南ア上空に何度も出現した。このため、空軍が出動し、大騒ぎになったことがあった。

この後、クラーラー氏はエイコンのUFOに搭乗し、メトン星を訪れ、エイコンの子供を授かったというのだ。この子供は現在、生きていれば、地球年齢で60歳前後と推定できる。

クラーラー氏の手記『光速の壁を超えて』（ヒカルランド）によれば、**メトン星は三重星であり、そこにみな移住、「火星と南極に基地を造ったのは、自分たちの先祖であり、最近まで南極に移住していた」**という。ちなみにこのメトン星で暮らしたクラーラー氏の手記は国連でも発表されたらしい。

ここで登場するエイコンは、人類が１９５０年前後から電波望遠鏡で銀河系を探索、無差別に自分たちの位置や文明などの情報を太陽系外に知らせていることに警告を発していた。

エイコンは、「これが悪《あ》しき宇宙人に知られたら、たちどころに地球は支配されるだろう」と告げ、地球人の無知ぶりに呆《あき》れ、永住するのは危険と判断、地球を去ったらしい。

宇宙人を危険視するのはエイコンだけでなく、天才物理学者故ホーキング博士も同様で２０１６年９月26日、「人類に友好的でないエイリアンに対して人類は警戒しなければならない」と公表していたことがわかった。

天才物理学者のホーキング博士も宇宙人の地球への関与を認識していた

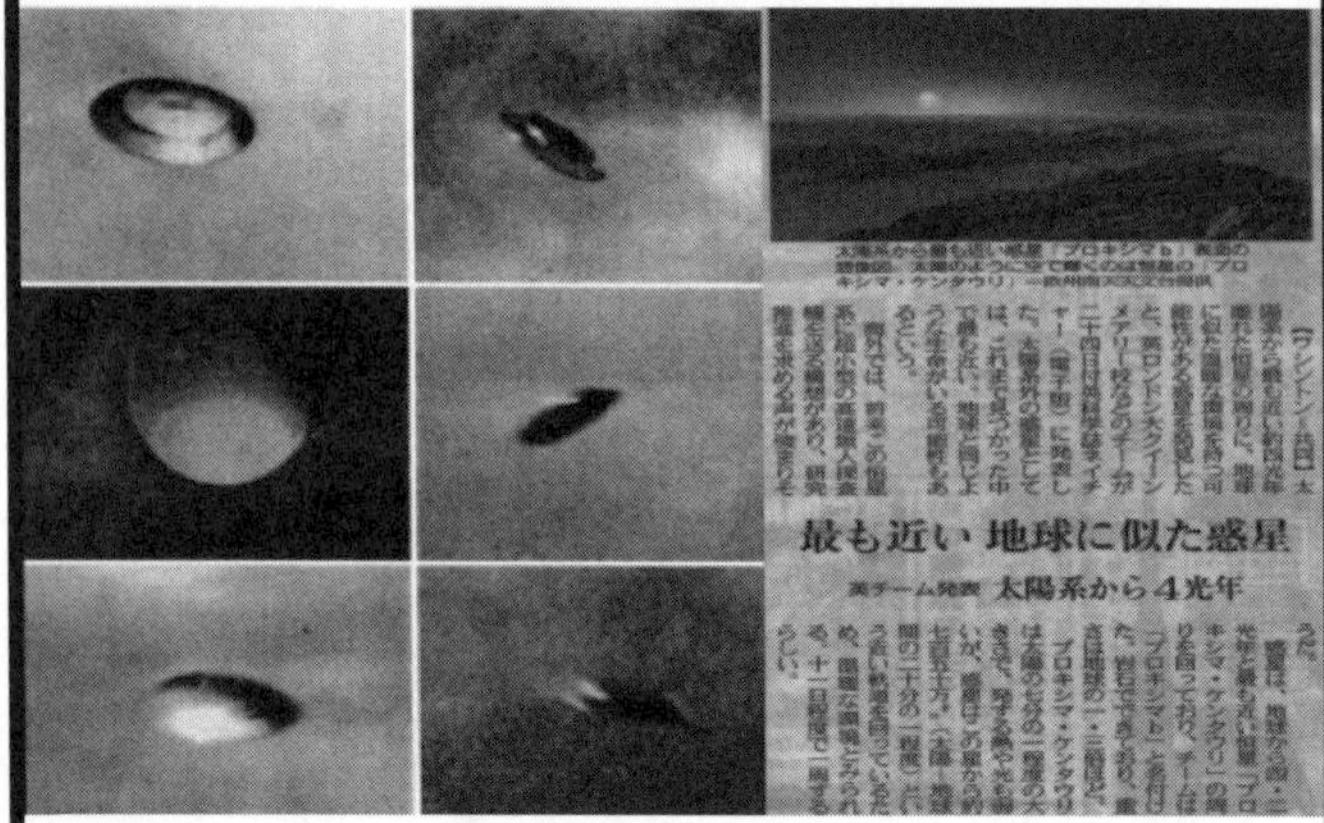

ケンタウルス座の「プロキシマ・ケンタウリ」星近くの惑星に生命が誕生している可能性が高い

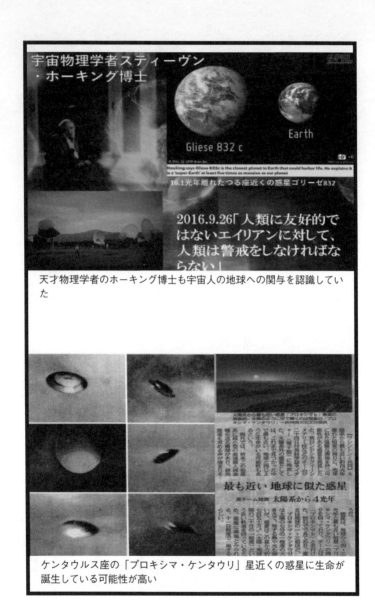

博士のコメントからはすでに宇宙人が地球に関与していることを認識していることを読み取れるではないか。驚くのは、科学者エイコンは「火星と南極に移住、ピラミッドを建造したのは我々の先祖である」とクラーラー氏に告げていた。

どうも南極に地下基地を建造、ここで移住していたらしいのだ。

ここで南極にピラミッドを建造したのは、アヌンナキではなく、ケンタウルス座・プロキシマ・ケンタウリ星近辺のプロキシマ・ケンタウリb、エイコンが言うメトン星人だった可能性が新たに浮上してきた。

こうなってくると、4年前、カナダで23年、元国防大臣を務めたポール・ヘリヤー氏が、「地球には5000年前からアンドロメダ、シリウス、ゼータ・レチクル、ケンタウルス、アルタイル（わし座）から宇宙人が訪れており、少なくとも2種類の宇宙人が米国で働いている」と証言したように、ケンタウルス座系のメトン星人のエイコンはじめ、数種類の宇宙人が地球に関与していることは、ほぼ間違いないと思われるのだ。

地球に最初に降りたったバカラチーニ星人とは、エイコンと同じケンタウルス座系の惑星だ。もはや、地球外知的生命体は人類とコンタクトするだけでなく、性交渉にまで及び、ハイブリッドが誕生していることを知らねばならない。

広大なムー大陸にアレモX3星人700万人が降り立ち、高度文明を築いた

前出のミッシェル・デマルケ氏が体験してきた手記を続ける。次に広大なムー大陸に降り立ったのは、アレモX3星の宇宙人だった。彼らは20万年前、惑星が人口過密となったことから700万人が移住したという。UFO宇宙艦隊が地球に最大数出現したのは、葉巻型UFO数千機、搭乗員は1000万人前後だったので、こうした規模で降り立ったと思われる。

アレモX3星人は、男性の平均身長が180センチ前後、女性の平均は160センチ前後、髪の毛と目は日本人と同じ黒色、肌は軽く日焼けしていた。彼らの末裔がポリネシア人に見られるという。彼らは大陸の至る所に運河を中心とした都市を造った。綺麗な敷石で舗装された道路を大陸中に走らせた。首都サバナサの道路は幅40メートル以上、街路樹は色とりどりの花で飾られた。道路の中央には、空飛ぶプラットホームのような乗り物が地上20センチくらいを空中に浮いてゆっくりと動いていた。人々はそれに乗ったり歩いたり、楽しく行き来して、温暖な気候の中で平和で豊かな時代が永く続いた。

首都サバナサの東のスービッツ湾には、反磁力船、反重力の豪華客船などが停泊していたという。アレモX3星人は科学ばかりでなく、精神文明も高度に進化し、万人が平等で民主的な政治が行われ平和な社会が続いていたらしい。

高度文明と精神性も高かったムー文明は20万年続いたという　引用/FB

首都サバナササは周りの平野を一望できる高原にあった。また、大ピラミッドも造っていたという。

宇宙情報筋が述べた補足によれば、**【彼らは超能力と反重力テクノロジーによって、一つの石の重さが50トンを超える巨石を正確に積み上げて、高さ440・01メートル、四辺の直線は正確に東西南北に合わせた、ギザのピラミッドの約3倍にも上る巨大ピラミッドを造っていました。**このピラミッドの目的は現在の科学ではまだ解明されていませんが、

①宇宙の知性との交信②宇宙エネルギーの捕獲機 ③雨を降らせたり、気象をコントロールするためなどでした。このような高度な科学と精神性の高い文明を築き上げ、貨幣制度もなく、犯罪のほとんどない豊かな社会を創りあげていたのです】というのだ。

やはり、エアルが告げた通りだ。あの巨大なピラ

ミッドが人間の手で積み上げられるわけがない。他の惑星から訪れたものによって建造されたピラミッドだが、エアルをして、このピラミッド文化は何のために創られたかは不明だ。度々起こるポールシフトによってピラミッドが津波の下に消え、40万年以上前、オーストラリアを起源とした人種は、東洋系の源になったという。

やはり、ムー大陸周辺の人種は黄色人種に近かったようだ。

小笠原諸島と沖縄、そして日本列島は陸続きだった！

こうして科学が高度に発達、現在の科学をはるかに超えた。精神文明もかなり進み、国の指導的立場にある人びとは精神性が高く、瞑想などによりテレパシー能力に優れ、宇宙の知性と交信し、彼らは宇宙情報により軌道修正をしていたという。

ムー文明中期には小笠原諸島と、もう一方は沖縄を通じて日本とムー大陸は陸続きであった。この頃ムー大陸第二の都市イヤサカが沖縄にあった。首都サバナサは現在のニューギニア諸島にあった。ムー文明末期、この頃になるとムー大陸政府は全地球の70％を政治、経済、そして軍事的に支配していた。

こうしてムー大陸の人口は数億人に増加して、その後大西洋のアトランティス大陸も栄え、現文明をはるかに凌ぐ地球最高度の文明が20万年も続いたという。

ここで注目したいのは、小笠原諸島と、もう一方は第二の都市イヤサカがある沖縄を通じ、日本とムー大陸は陸続きであったという記述だ。

これは、**横石氏が発見した小笠原諸島の東方で太陽神殿らしき痕跡から宮崎県日向沖まで一直線のライン状に巨大ピラミッドが4基位置していることは、この地は太古、陸地だったことを意味**している。したがって、**この宇宙情報筋やミッシェル・デマルケ氏が説いたことと一致**する。

この巨大ピラミッド4基の発見は、空前の大発見ではないだろうか。

これこそ、ムー文明と縄文文明が共存していたことの大きな証拠と思われる。したがって、縄文人がムー族と混血したのは自然の流れと言える。

宇宙情報筋は、【今日、日本がこのように発展した理由の一つは、日本民族は古くはムー大陸の神官一族と、天孫降臨族（金星人　火星人）と、ユダヤ人が数多くいるからでありましょう。日本の神道とユダヤ教とに驚くほどの共通点が多いのも、古代に、ユダヤ人が大挙して日本に来ていることに関係あるでしょう】などと述べている。

ユダヤ人は別名ヘブライ人といい、これは、「ヘブラ星から来た人」という意味になるという。ヘブラ星は高度に進化を遂げた優良星で、地球では同族結婚により増えてきた。ユダヤ人は今

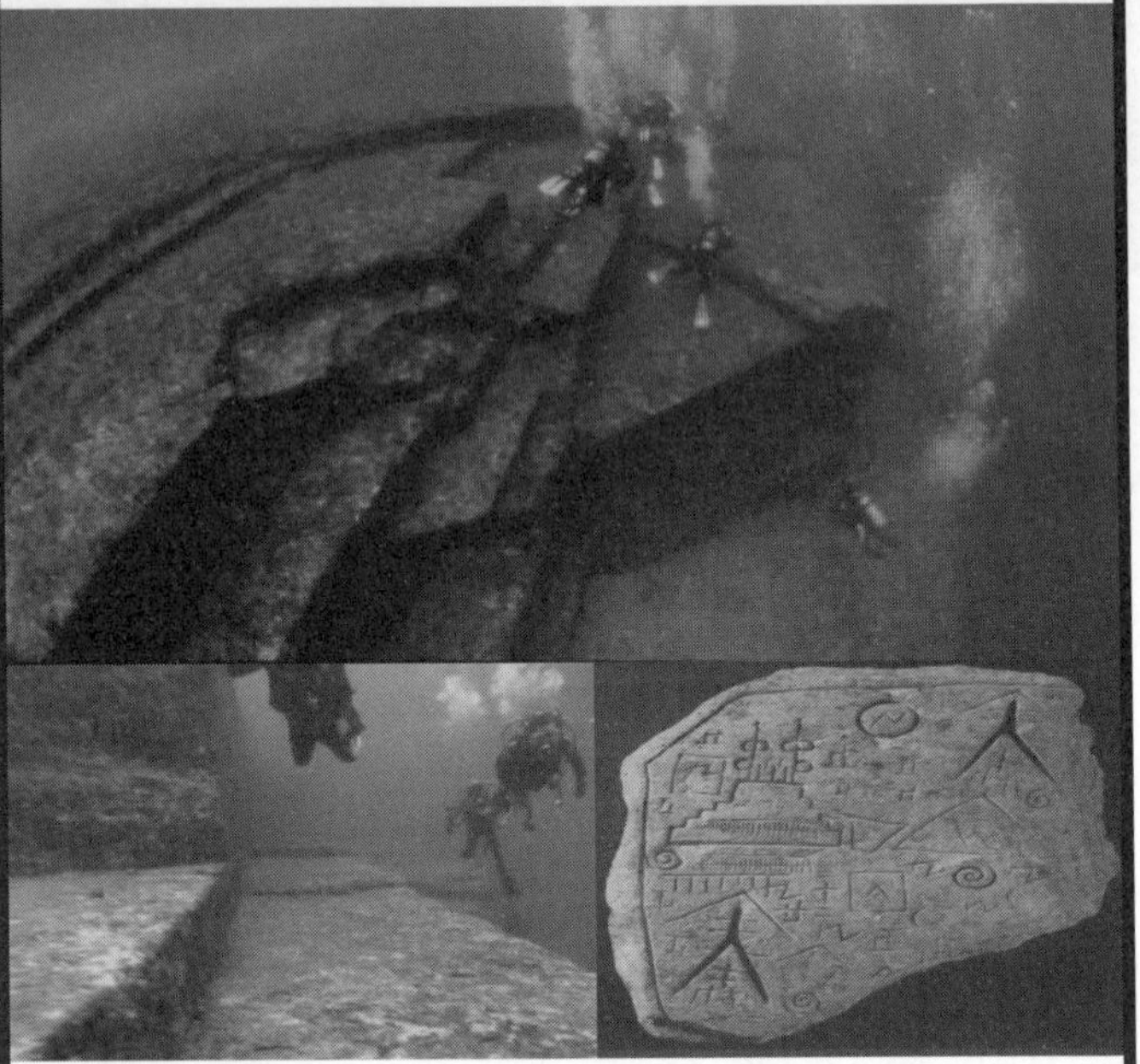

与那国島付近にはムー大陸と思われる海底遺跡が見つかっている

門や文字のような文様も見つかった　沖縄県は海底遺跡として認可していない

出典/ailandyonaguni.ti-da.n異星人

でも、優秀な民族なのはこのためであるという。

さらにムー大陸と日本列島が陸続きであったことを裏付けるのは、1992年に開始した琉《りゅう》球《きゅう》大学の海洋地質学が専門の木村政昭名誉教授らの与那国島付近の海底探査だ。教授は以前からムー大陸に関心を持っており、漁師たちの多くが以前から与那国島の海底遺跡を発見していたことに着眼した。

そこで、実際、探索船をチャーターし、海底を探索してみた。

結果は、漁師たちが言っていたように回廊や門のような建造物を無数に発見した。また、**線刻文字や絵が刻まれ、ムー文明の歴史を後世に伝えたと思われる『ロゼットストーン』という石が沖縄県内でも多く発見**された。

おそらくこの石は、ムー大陸の文明を記したように思われるのだ。木村教授は海底遺跡発見を沖縄県に申請しているが、「人間が関与した痕跡がない」などの理由で認可には至っていない。何という愚かな評価だ。おそらく「日本人によるムー大陸発見！」という世紀の大発見を阻止したい米国の圧力と思われる。

1万4500年前、核爆発によるプレートの大変動でムー大陸は沈んだ

こうして繁栄したムー文明だったが、やがてムー政府は高度な科学技術を他の国や地域に伝《でん》播《ぱ》することはなくなり、次第に他国との紛争を起こすようになってしまった。

そして、ついに戦争となり、これまでに核爆弾を2回、アトランティスとレムリアに投下した。レムリアはインド洋だったらしい。今でもインドのモヘンジョダロや砂漠には、核炸裂《さくれつ》の痕跡が残っているので、これは十分あり得る。

さらに衛星レーザー兵器や地震誘発兵器も使われた。まさしく、今日、米軍産複合体が行っていることがムーの時代にもあったわけだ。

前出のミッシェル・デマルケ氏によれば、「**一部の人間の独占欲、支配欲が権力を握り、やがて戦争を起こしてしまったのです**。いつの時代でも最も危険なのは、我欲に満ちた人が権力を握った時であります。**核爆弾の炸裂や地震兵器の使用が、地球内部のバランスを崩し、また戦争などによって起こす人の悪い精神波が影響して、プレートの大変動を引き起こしてしまいました**」という。

これで大地は大きく波うち、地響きが天空にこだました。大地は大きく割れ、偉容を誇った巨大ピラミッドもビル群も地の底へ飲み込まれていった。三度の大地震により、ムー大陸はつ

いに太平洋に沈んでしまった。これが1万4500年前だったという。

現在のハワイ、タヒチ、フィジーなどの島は、かつてのムー大陸の山の部分であったらしい。その後まもなく、カリブ海から大西洋まで広がったアトランティス大陸も没してしまった。この時、沈没を予知していた精神性の高い神官などの人々が日本の各地に渡ってきた。そして日本各地に村落をつくった。

巷間、言われるのは当初、岐阜の飛驒高山《ひだたかやま》に逃れ、その後、奈良の大和に移住したという説だ。飛驒の位山《くらいやま》は、ピラミッドとも言われる。位山にはイチイの原生林がある。

古来、霊山として崇められ、朝廷にここで採れたイチイを笏《しゃく》の材料として献上した際、この木が一位の官爵を賜ったという。このことから木はイチイと呼ばれ、山は位山と呼ばれるようになったらしい。

現在でも天皇即位には、位山のイチイの笏が献上されるという。

今日、日本には比較的善良な人が多いのは、日本人には精神性の高いムーのDNAが混在しているためとも言われる。

エアルは、「**紀元前1万1600年に地球の極軸が海**

ジェームズ・チャーチワード氏

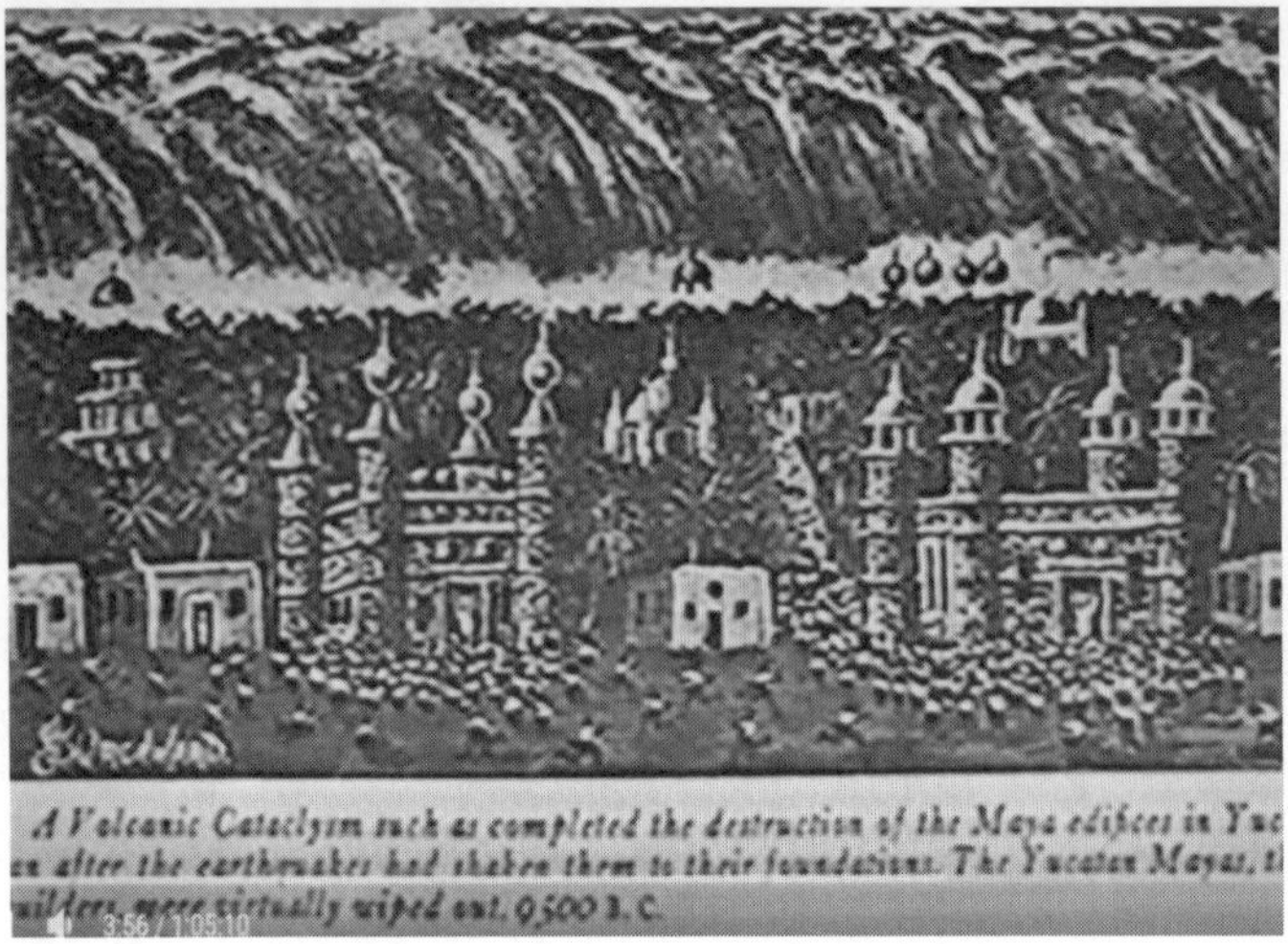

繁栄したムー大陸は一夜にして沈没したことを著わす古文書

域に移り、氷冠が溶け、海面が上昇。最後まで残っていたアトランティスとレムーリアの名残も氷に覆われた」とマチルダ氏に告げた。エアルの証言を基に考えれば、ムー政府が敢行した核爆発や地震兵器で地磁気のバランスが崩れ、ポールシフトが起こった。そして、大地が割れ、大洪水となってムー大陸もアトランティスも滅亡したということだろうか。

チャーチワード氏は、こうした地殻変動をインドの叙事詩から発見、古代ムー大陸滅亡説を展開したわけだ。

近隣の惑星の長老たちは、地球救済のため、偉人、賢人を転生させた

どうも地球は、地軸の変動、ポールシフトによって起こる地殻変動により、何度も大洪水があったらしい。

このことは、2017年11月、千葉県市原市の地層の構造が逆転し、地磁気の向きが変わったことが報道された。77万年から12万6000年の間にポールシフトが起こったことを証明することから世界で初めて、『チバニアン』と命名され、今年には正式に認定されることがわかった。

最近では、5000年ほど前、地球規模の大洪水によって人口は極めて少なくなったらしい。前出の宇宙情報によれば、大洪水は不良な文明を創り上げた人類を浄化するためのものであったという。また、**地球は、近隣の宇宙間で犯罪を犯した不良な星人だけを島流しにした刑務所であった**。したがって、地球で生を受けた魂は、洗心を命ぜられ、魂の進化、修行のために、現在、地球に降ろされているという。

5000年前の大洪水の後、世界各地で人口は徐々に増えだし、産業が発展したが、相変わらず競争、闘争に明け暮れ、地球人は愚かなままであった。そこで、近隣の優良星では地球人をサポートしようと偉人を転生させ、救済に当たったという。

●5000年前、天孫降臨。金星人 火星人の中で、地球の低い波動に耐えうる強靭な優良星人 約500名を募り、宇宙船で葦原の国（あしはらのくに 現在の日本）の各地に派遣しました。
高千穂伝説
【にぎにぎの命が天照大神の命を受け、葦原の中つ国を治めるため、高天原から日向国の高千穂峰へ天下った】

さらに宇宙情報筋によれば、【火星より西洋にソクラテスを、東洋には孔子を転生させ、啓蒙《けいもう》、救済に努力してきたのでした。しかし彼らの教えに従う者はなく、地球はいよいよ乱れに乱れてきたのでありました。そこで、近隣の優良星の長老たちが集まり、相談の末、金星人と火星人の中で、地球の低い波動に耐え得る強靭《きょうじん》な優良星人約500人を募り、宇宙船で葦原の国（現在の日本）の各地に派遣しました。日本から徐々に世界を平和統一して行こうという考えでありました。

しかし、すでに日本中邪悪な者がのさばり、なかなか思うようにいきませんでした。

記紀神話などでも、この金星・火星からの平和統治部隊を『天孫降臨』と言っております。**この部隊の隊長の名はニニギノミコト（金星人）でありましたが、この方が天皇の始祖であると私は推**

察しております】とのことだ。

何ということか。この件は、前出の横石氏が明らかにした宮崎県高千穂に伝わる天孫降臨伝説、【迩迩藝命《ににぎのみこと》が、天照大神の命を受けて葦原の中つ国を治めるために高天原から日向国の高千穂峰へ天降《あまくだ》った】という伝承とほとんど同じではないか。

そして、「地球は、近隣の宇宙間で罪を犯した不良な人だけを島流しにした刑務所であった」とするのは、エアルと上平氏が述べたこととも完全に一致を見る。

〝地球が太陽系及び銀河系宇宙の島流しの場所であった〟この説もとんでも情報に違いない。なぜ、三者とも同じ見解なのだろう。上平氏は16歳で体験したことを数年前著わした。エアルの文書は2015年公開された。どこにも接点はない。

現在、地球で行われていることは、宗教戦争に国際的なせめぎ合い、経済覇権争い、そして、領地の分捕《ぶんど》り合戦と人の殺し合いだ。まさに罪を犯した囚人がすることではないか。反省する心は一つもない。あるのは、欺瞞《ぎまん》と略奪を正当化することだ。

銀河系総司令官サナート・クマラが人間を創ったのはアヌンナキであると証言!

実は、古代、アヌンナキが地球にやって来たとする見解はゼカリア・シッチンだけでなく、銀河連盟、または銀河連合からのメッセージを伝えるチャネラーからも良く指摘されることだ。

筆者が最近、入手したトムケニオン&ジュデイ・シオン夫妻が著した『アルクトゥルス人より地球人へ』（ナチュラルスピリット）では、銀河系総司令官と称すサナート・クマラという、五次元世界の意識体からのメッセージを伝えている。

夫のケニオンは、科学的思考を持ち精神世界や宗教にも通じている人物で、実際、牛飼い座の一等星、アルクトゥルス人のUFOに搭乗し、複数の宇宙人と出会った体験を持っている。

前述したサナート・クマラによれば、「**我々は太陽系を巡回しており、別の銀河からやって来て5次元世界に隠れる無法者から地球を守るのが任務です。この無法者は人間の否定的な感情を食い物にし、ただでさえ地球には外からの銀河からの干渉によってこれだけ、争いが蔓延《まんえん》しているのにそれらの卑劣な者たちはさらに事態を悪化させようとしている**のです」というのだ。

アルクトゥルス人は、1000万年から100万年前あたりから銀河系へ攻撃をしかけてくる無法者を直ちに木《こ》っ端《ぱ》微塵《みじん》にし、生き残って地球世界に悪い影響を及ぼさないよう、素粒子レベルまで粉砕しているというのだ。

この任務にトムケニオンは嫌悪感を抱いた。

この心情を読み取ったアルクトゥルス人は、「彼らがあなたがたの地球に、ひいてはどの惑星に対しても害を及ぼすことを黙認しているより、この銀河全体の脅威を取り除く方が慈悲のある行為です」と毅然《きぜん》とした口調で言った。

このことも予備知識のない余人には理解できようもないが、こうしたコンタクティやチャネラーから集めた無数の情報からは、地球はかなりの地球外知的生命体から狙われているのが真相と言って間違いない。

このことを前出のプラズマ物理学者のブランデンバーグ博士が明らかにしたではないか。それだけではない。**世界的に有名な天才物理学者スティーヴン・ホーキング博士も2016年9月、「人類に友好的でないエイリアンに対して、人類は警戒しなければならない」と公表していた**のだ。

すでに米中露などには、地球に好意的な異星人や地球征服を狙っている悪しき異星人が絡んでいることはすでに述べた。

銀河系総司令官サナート・クマラからは強烈な情熱でトムケニオンにテレパシーで通信してきたという。この通信によれば、太古、地球に降り立ったのは、超銀河文明で高度のテクノロジーを持つアヌンナキだった。シュメールの粘土板に書かれたようにアフリカの金を採掘するのが目的だったことは考古学者ゼカリア・シッチンが明らかにした。

そこで、金鉱採掘の重労働をさせるためにアヌンナキの遺伝子と霊長類のＤＮＡを掛け合わせ、現生人類であるホモサピエンスをつくったというのだ。

多少、ゼカリア・シッチン説とは違うのは、霊長類には『エフェメラル』と呼ばれる電磁的な性質を持った反物質が内在していると告げていることだ。

これもエアルは明かしたIS-BEの概念と酷似することだ。

アヌンナキは、このエフェメラルが内在する霊長類を見分けることができた。そして彼らのDNAとエフェメラルが身体に封じ込まれた霊長類のDNAを異種交配し、奴隷人種をアフリカで誕生させたという。

この事実を20年間温め、世に公表した妻のジュディ・シオンは、「**どこその神だか主《あるじ》だかが、アダムのあばら骨から女性をこしらえたなどという聖書の物語の産物ではなく、科学的実験の結果、人類が誕生したことであり、初期人類が創造されたという可能性の方が道理にかなっている**のです」と著書で述べている。

サナート・クマラは、「人類の多くが地球外存在のエネルギー的なDNA鎖の放射をたずさえている」とし、ジェディ・シオンのDNA鎖も遠く離れた宇宙から来ており、「ここまで来るまでに異種交配と同種異系交配を経てきている」と告げたという。

アヌンナキが去った後、23から24種の超銀河文明が関与した

こうして遺伝子の異種交配と同種異系交配によって労働力としての人類誕生に成功したアヌンナキだったが、何世紀にもわたって金の採掘を続けているうちに太陽と大気が自分たちに有害なことを知った。

そこで、交配種を処分し、地球を去る決定を下したのだが、一部、少人数の霊長類は生き残ったという。この後、残された新しい霊長類にとっては、アヌンナキが神のような存在に映っていたようだ。

これが様々な宗教を生み出した下地となった。聖書に書かれた『エデンの園』からの追放はこのことを意味していたらしい。

地球に最初に降り立ったアヌンナキが去った後、超銀河文明の接触が激しさを増し、交配種の人間に様々な異星人のDNAが埋め込まれたという。

サナート・クマラによれば、23から24の宇宙文明の関与を受けたというのだ。

したがって、我々の無意識の中には、2つの消しがたい記憶が潜在、「それが有史以前に囚《とら》われの身となってエフェメラルが感じた、物質に閉じ込められた閉塞感《へいそくかん》、故郷に帰りたくても帰れないという無力感」だという。

もう一つは、「アヌンナキが奴隷人種を生み出す目的で実施した遺伝子操作からもたらされる神々を慕い、服従、崇拝してしまう傾向が人間の無意識に存在する」というのだ。

また、サナート・クマラは、**「人類に集合的に備わっている性質の多くは遺伝的な贈り物の結果です。さらにあなたがたの対立抗争には、歴史的なものだけではなく、それぞれ地域ごとに異星人の遺伝系統が異なることで、いっそう激化しているケースもあるのです」**と告げてきた。

このこともエアルが明らかにしたIS-BEへの旧帝国軍による洗脳オペレーションの結果、催眠術をかけられた状態と一致する。さらには、**「I-S-BEたちの住民の隊の種族、文化、道徳律、宗教的と政治的な影響力のとても異常なごちゃ混ぜ、地球にある異種の文化の数と種類は、普通の惑星では極めて異常である」**とした教示とも相通じる。

ここまでの情報を精査すれば、エアルが名づけ、地球を支配していた旧帝国軍とは、このアヌンナキ以外である可能性が高い。

事実、エアルは、「ドメイン軍の捜索隊がシュメール人たちによって、アヌンナキとされ、聖書の中ではネフィリムとして伝承されている」とした。しかし、「人間の伝承や伝説は酷く誤解されている」というので、旧帝国軍とドメイン軍が同一とされた可能性もある。

Wikipediaによれば、アヌンナキは巨人を意味すると記載される。シュメールの粘土板には

銀河系総司令官／サナートクマラ
アルクトゥルス人より
地球人へ
天の川銀河を守る高次元存在たちからのメッセージ
五〜九次元世界
●1千万年前、京都鞍馬山に降臨。イスラーを妻に娶る。
●40万年前、アヌンナキが金の採掘を目的に地球来訪/自らのＤＮＡと霊長類ＤＮＡを使って奴隷人種として人類を創造。
●その後、地球を離脱。20種以上の超銀河文明が人類操作に関与。″エデンの園″からの追放。
●人類創造は宇宙人によることの共通認識が要る！

サナート・クマラは40万年ほど前、アヌンナキが金鉱を捜しに地球にやって来たと告げた
引用/Wikipedea

トカゲ型宇宙人、または翼が生え、鳥の頭を持った宇宙人が無数に描かれている。

どうも人間はアヌンナキと霊長類のDNAを異種配合し、創られたのはほぼ間違いないようだ。しかし、これ以外、超銀河系、もしくは太陽系内に移住している知的生命体の実在が顕在化してきた。サナート・クマラが明かしたことは、「アヌンナキが地球を去った後、地球は23から24種の超銀河系の関与を受けた」ということだった。

これは複数の著名なチャネラーも多次元世界から同様な通信を受けている。

となれば、エアルが言う謎の旧帝国軍とは、アヌンナキが去った後、地球を支配したシリウス星人やオリオン星人らの複数の宇宙人だったとも考えられる。

解く鍵は、ピラミッドがオリオン座の三ツ星の配置で建造されている事実ではないだろうか。有力な宇宙情報や著名なチャネラーの見解などを混じえ、総合的に判断すると、地球及び太陽系にはアヌンナキの残党のほか、複数の宇宙人が移住していたと考えられる。

NASAがやむなく公開した衛星写真からは、月の裏側の高層建造物から水星や金星の火口の中にまで人工建造物が確認されているのだ。

地球が悪しき地球外生命体の侵略から免れているのは、地球を友好的に捉えている銀河連盟、または惑星評議会など、前述した前カナダの国防大臣のポール・ヘリヤー氏が述べたように複数の宇宙人が拮抗《きっこう》しているからではないだろうか。

第5章

銀河連盟による人類浄化が始まった!!

I 遺伝子に地球外知的生命体の記号コードが刻まれていた

DNAの非コード配列の97％がエイリアンの遺伝子コードと解析された！

ここまで綴ってきたのは、今日、残されているシュメールの粘土板の解読と、聖書や各地の神話や伝承などの記述を対比させたゼカリア・シッチンの古代宇宙飛行士説、そして火星に残されていたシドニア地区の都市建造物跡や南極から発見されたピラミッドの遺跡などだ。このことから地球外知的生命体の人類創造説を述べてきた。

そして、遺伝子ゲノムの解析が終了した今日、ゼカリア・シッチンが説いたアヌンナキや複数の地球外知的生命体が人類を創造したとする根拠を述べてきた。

それはヒトゲノム・プロジェクトに従事する研究グループのリーダーの一人、サム・チャング教授によって明らかにされた。**同教授は2007年1月、インターネットオンライン紙『カナディアン・ナショナル』に「ヒトDNAの97％を占めるノンコーティング・シークエンスは、地球外生命体の遺伝暗号以外の何物でもない」と公表し、世界に衝撃を与えた**ことに始まる。

ノンコーティング・シークエンスとは、全生物のゲノムの中に共通する〝遺伝子情報記述不明領域〟のことで、簡単に言えば、〝機能が不明な塩基配列〟を意味する。

チャング教授は、**「このような人のDNAは、太古のいつか、ETプログラマーのような存在によって創造されたのではないか。高度な地球外生命体が新生物の創造と様々な惑星への植民計画に従事した。**地球もそんな惑星の一つに過ぎない。

おそらく創造者たちは我々をプログラミングすると、地球の科学者がシャーレで培養するように我々を育てたのだろう。目的や動機はわからない。科学実験なのか、植民用の惑星を用意するためか、それとも太古の昔から進めてきた宇宙生命播種《はしゅ》プロジェクトの一環なのか」そして、教授はこう結んだ。

「これらの科学的な発見は、地球外の人間に似た外惑星人とコンタクトを取っている科学者や観察者によって補強されるだろう」

2013年になって、チャング教授が予言したようにカザフスタンの天文物理学研究所と国立大学の2人の教授が、「古代エイリアンが使っていた宇宙シグナルがコード化された状態で組み込まれている」とする論文を米国の伝統ある科学誌『イカルス』に発表していたのだ。

この衝撃的なニュースを英紙エクスプレスが2017年3月12日付けで報じた。

この記事によれば、この2人は13年間、人間のゲノムの解析続けた結果、たどり着いた結論

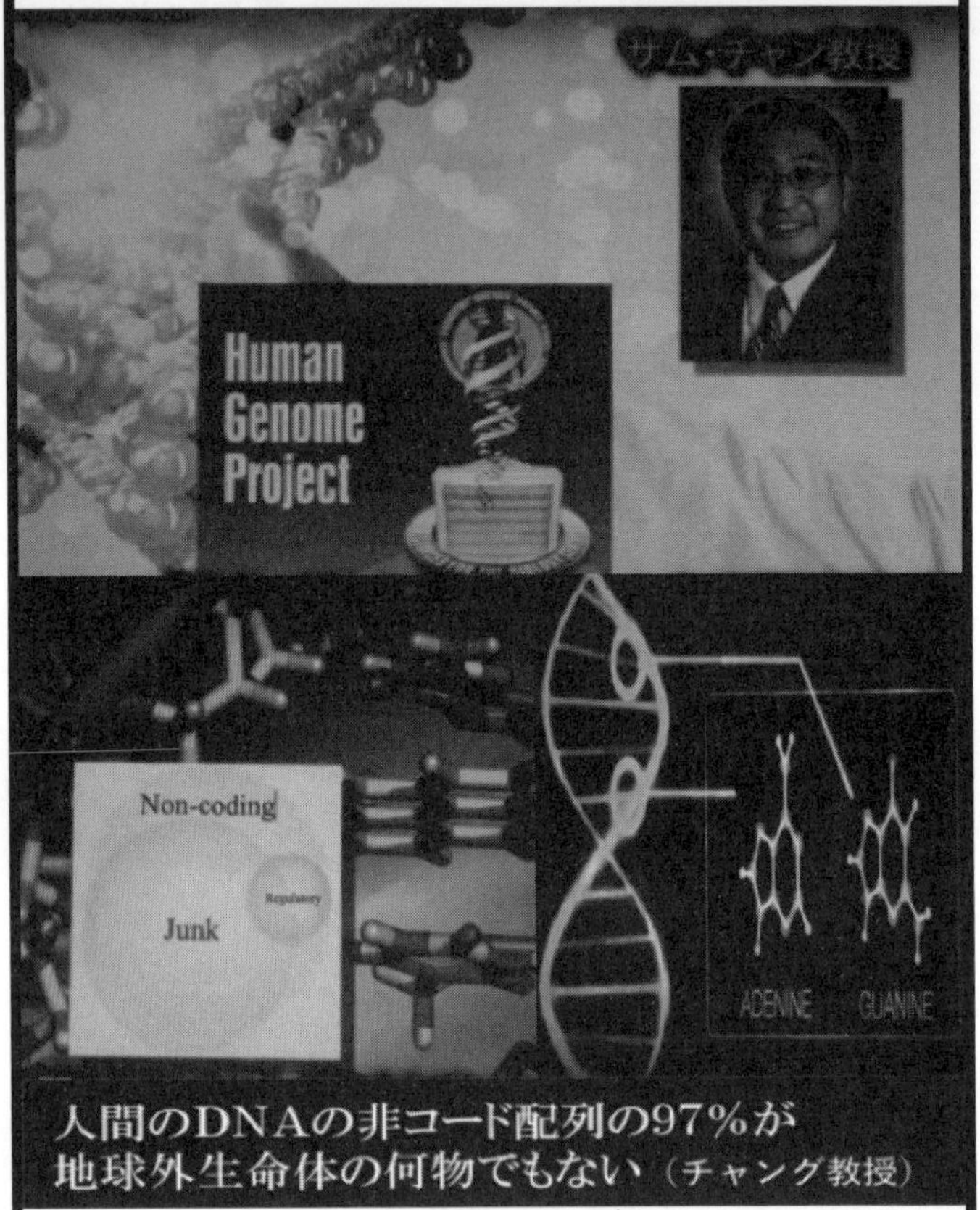

遺伝子を分析した結果、DNA中の非コード配列（ノンコーティング・シークエンス）の97％が地球外生命体由来であることが判明した

引用/アルシオンプレアデスより

だという。

この教授らの衝撃的な見解はおよそこうだ。「エイリアンのコードがＤＮＡ内に組み込まれると、宇宙学的なタイムスケールでそのままＤＮＡ内に残ります。これは最も永続的な構造体です。ですから非常に信頼のおける古代の情報がＤＮＡに保管されているということです。ゲノムが書き換えられると、特色のある新たなコードが細胞内に凍結され時空を超えて子孫に受け継がれます。人間のＤＮＡは非常に精密にデザインされており、算数や表意文字で表された記号言語のアンサンブルが組み込まれているのです。

つまり、**数十億年前に太陽系外から地球にやって来たエイリアンによって人類は遺伝子操作されたということがわかりました。**これは地球に残された古代資料の人類創造と創造神についての記録内容を裏付けることになります」というのだ。

このＤＮＡ中を占める98％の非コード配列のうちに、算数や表意文字のようなエイリアンの遺伝子コードが97％も見つかったというのだ。

しかも、「ＤＮＡ内に埋め込まれたエイリアンコードは天文学的時間を通して不変です。実際、これまで知られるどんな構成物よりも耐久性があります。

また、**数十億年前に地球で突如起こった生命の進化は、我々が気づいていない高次の出来事の表れである可能性が高い**のです」と教授らは述べた。

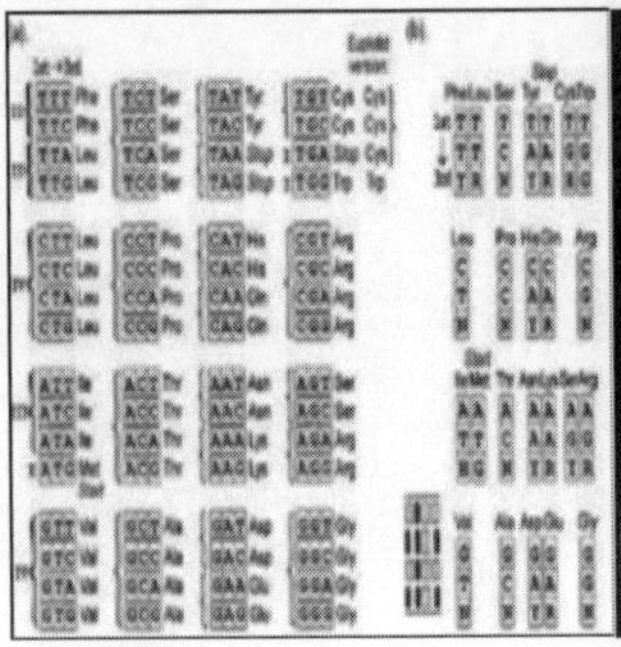

The genetic code. (Credit： Vladimir I. shCherbak/Maxim A. Makukov/Icarus)

引用/「Open Minds 」

著名なチャネラー、リサ・ローヤル氏も人類創造説をとる

引用/「アルシオン・プレアデス」

従来の進化論では、ＤＮＡに地球外生命体の数学的コードが組み込まれているということでは説明がつかないというのだ。

専門家によれば、「**この研究成果は、古代エイリアン（宇宙飛行士）が地球にやって来たとする説や、人類のＤＮＡは進化したエイリアンによって操作されたという説がほぼ間違っていない**ことを証明するものだ」という。

前出のチャング教授によれば、「一度ゲノムが再記録されれば、細胞の中で固定化され、それは宇宙と時の流れを超えて人間の中に残る。人間のＤＮＡはあまりにも正確に配列されるので、表意文字としてそのまま残る。**彼らの研究によれば、私たち人間は太陽系の外で発明され、すでにそれから数十億年経っている**ということなのです」というのだ。

何と言うことか。これは完全にゼカリア・シッチンが説いたアヌンナキ、または複数の知的生命体による人類創造説がこれを裏付けるではないか。

また、前出の米国立研究所のブランデンバーグ博士は、2億5000年前、火星で宇宙人どうしの核戦争が起こったことを明らかにした。こうした複数の宇宙人による人類創造説が立証されたようなものではないか。チャング博士によれば、ここで一つ謎が残るというのだ。「それは私たち人間がエイリアンによって創られたものだとするなら、そのエイリアンは誰によって創られたのか」というものだ。

オックスフォード大学教授が古代宇宙人飛行士説を認めた！

とはいえ、前述したカザフスタンの教授らの研究もエアルやサナート・クマラが告げた真相も、UFOファンやUFO研究家には理解されても、一般的に〝トンデモ〟論として異端扱いされるに違いない。

しかし、オルタナティヴ系情報サイト『EWAO』には世界神話学を専攻する英国オックスフォード大学の教授が、**「シュメール文明を調べれば調べるほど、『古代宇宙飛行士説』にたどり着く。シュメール神話に登場するアヌンナキこそが人類を創造したのは間違いない」**と公表しているのだ。

この記事を要約すると、《古代宇宙人飛行士説を裏付ける証拠の一つは、シュメール文明は段階を経て徐々に繁栄した文明ではないことだ。これは初めから何者かが彼らに文明の基盤を授け、栄えた文明ではないか》というのだ。

はるか5800年も昔からシュメールの人々は高度な医学技術、法体制、慣習などの他、白内障の手術法までも知っていた。驚くことは、天文学の知識が現代天文学の視点から見ても極めて正確。彼らの残した粘土板からは太陽までの距離、惑星の配列、軌道、相対的な大きさまで知っていたことがわかった。

さらに地球から43億キロメートル以上も離れている海王星の性質やその色まで粘土板に記されていた。また、日食や月食、他の惑星の動きまで驚くほど正確に予測しており、地球の地軸が2万5920年かかって円を描くように振れる歳差《さいさ》運動《うんどう》の周期まで理解していたというのだ。

特にずば抜けていたのは天文学の知識だったらしい。

1989年、NASAでは宇宙探査機『ボイジャー』を海王星付近まで飛ばし、その地表データを送信してきた。そのデータが、シュメールの粘土板に記された「表面は青緑色であり、水は潤沢で沼地の植生のような斑点《はんてん》がある」とした記述と一致していたのだ。

これ一つとっても宇宙人がシュメール文明に介在していたという証拠になるのではないだろうか。天体望遠鏡もない時代にどうして海王星の表面まで知ることができるのか。また、地球の地軸が2万6000年ほどの周期で歳差運動をしていることをどうして理解していたのだろうか。

事実、シュメール人は、自分たちを「混ざり合わされた者」と呼び、天文学知識、高度な医学技術及び合金技術を〝神々からの贈り物〟と記していたのだ。

このオックスフォード大学の教授は、シュメールの粘土板に刻まれた文書を精査すればするほど、ゼカリア・シッチンが説いた『古代宇宙飛行士説』、アヌンナキが人類を創造したとする結論に達したわけだ。

Ⅱ　太古、超銀河集団が人類に文明を授けた

愛媛県大洲市の山中で世界最古、30万年前の木炭が見つかった！

前出の教授らの研究は、シュメール文明のみを精査したに過ぎない。真相はサナート・クマラが告げたように複数の超銀河系宇宙人が人類を各地でそれぞれ創造したことを本書で述べてきた。残念なことにこれを実証する科学的根拠、または考古学的な物証が少ないことは否めない。

ところが2017年暮れ、愛媛の大洲市《おおずし》肱川町《ひじかわちょう》のカラ岩谷洞窟《どうくつ》から、人骨や獣骨とともに多数の世界最古の木炭が60数年前、見つかったという情報を入手した。これは横浜国立大と愛媛大学らが鑑定した結果、30万年前のものと解明されていた。

研究グループは肱川町の奥地に入り、人跡未踏の謎の洞窟を調査したことで大発見に至ったようだ。30万年、40万年前と言えば、アフリカにアヌンナキが降り立ったとされる頃のことだ。北京原人もこの頃、誕生したとされるのが定説だ。

30万年前、世界最古の木炭を発見
●1958年、横浜国大と愛媛大学が獣骨と人骨とともに発見。
カラ岩谷遺跡（愛媛県大洲市肱川町）
松山市
ひじかわ
肱川
四国はムー大陸から陸続きだったが、地殻変動から免れ、古代遺跡が残った!?

この愛媛山中の〝肱川原人〟は木炭を日常的に使用していたので、北京原人よりもはるかに高度な知性を持っていたことになる。

この頃、前出のミッシェル・デマルケ氏が説いたアレモX3星人が地球に移住、高度文明を生んだというムー文明とも重なる時期でもある。**これが事実なら、カタカムナ文献や古史古伝などが示す太古の日本文明、そしてムー文明との共存が時間的に一致する。**こうした考古学的な発見が露見されれば、アヌンナキ以外の宇宙人の実在の推定が可能だ。

前出の愛媛や熊本の山中には、実に多くの謎の線刻文字やペトログラフ（岩絵）などが発見されている。熊本の芦北《あしきた》地方の山中には巨岩がくり抜かれた遺跡がごろごろ散見する。

2017年、亡くなられた日本ペトログラフ

（線刻文字）協会の吉田信啓会長に生前、お会いし、このことを尋ねたことがあった。

同会長は「およそ30万年前のものでしょう」と語った。

また、この地区には曽畑《そばた》縄文人、または曽畑海洋民が住んでおり、1万2000年前頃、日本列島を北上し、ベーリング地峡を経由、北米に渡ったグループがいた。

さらに船でハワイ、イースター島を経由、南米に渡ったグループもいたことを話された。前者は北米インディアン、後者は南米インディアンの祖になったというのだ。

この曽畑縄文人が使った線刻文字やペトログラフが北米、南米の至る所で散見されたからだ。ハワイ島にはメネフネ族という小人族がいて、ワ（倭）、ワオウ（倭王）、ムウ（ムー）という部族がいたらしい。まさに日本語に近いではないか。

このことを裏付けるように**近年、青森県で発見された三内丸山遺跡から出土した縄文土器が南太平洋のバヌアツ共和国の遺跡からも発見され、アリゾナ大学で成分を分析したところ、三内丸山遺跡の土器と土質が同じことが判明**。このことからも縄文人は優れた航海術を有し、南太平洋周辺地域と間違いなく交流していたことが立証された。

インカの遺跡として著名なマチュ・ピチュは、チチカカ湖の近くだ。竹内文書の研究者高坂和導氏によれば、チチカカは文字通りチチ（父）カカ（母）を指し、すぐ近くのボリビアにはアイマラ語を話す住人がいて、アイ（愛）、マラ（魔羅／男根）のことだという。周辺には「ウ

●ハワイ諸島で発見されたペトログラフは、九州の天草市、大分県の姫島、徳島県など日本から広範囲に見つかっている。（カリフォリニア大学J.ボックス教授の調査依頼）

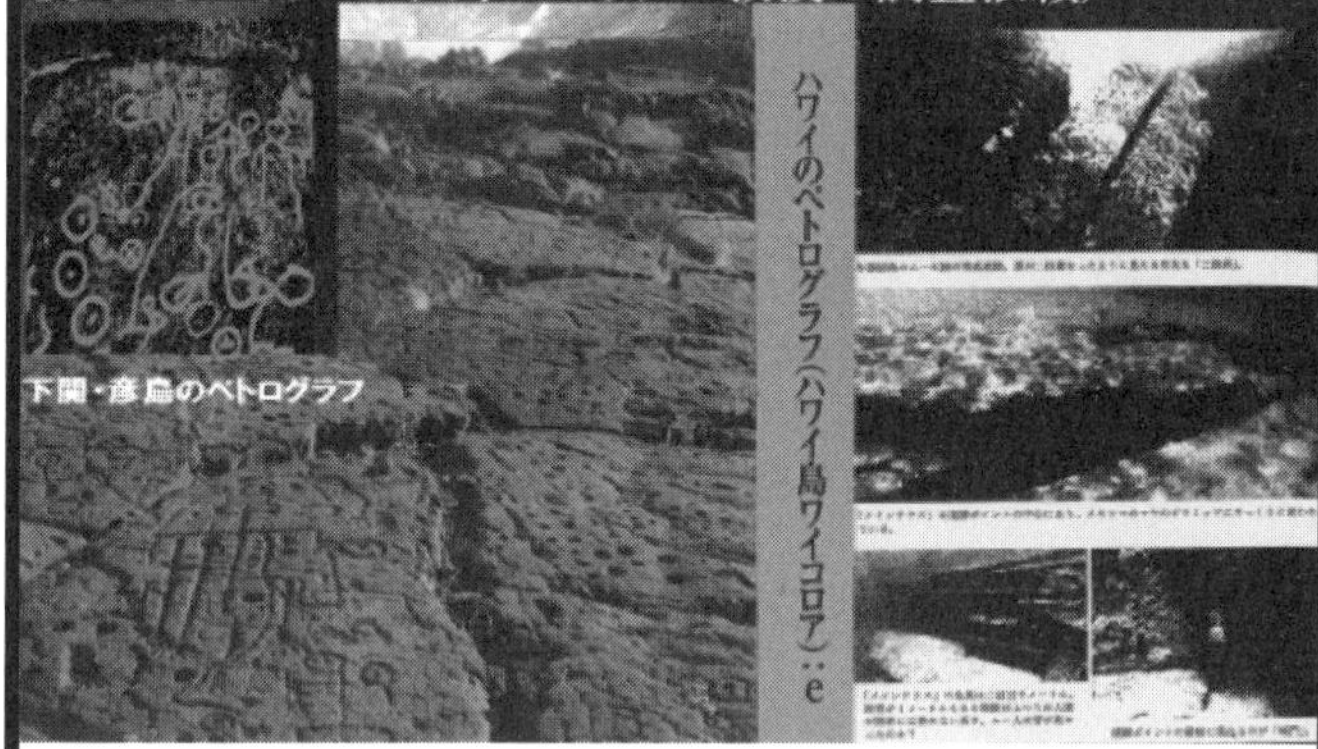

ハワイ諸島には九州、四国から見つかった同じペトログリフが見つかった

提供／ヒカルランド

●「歴史はシュメール文明から始まった」・・・・・5千年前
●四代文明/メソポタミア・エジプト・中国・インダス文明・・・6500年前
●縄文文化・・・・・・・・・・・・・・・・・・・・・・1万5000年以上前
熊本の宇土半島を拠点する曽畑海洋民の存在ー日本海、東シナ海、太平洋沿岸、ベーリング海、北米、ハワイ、南米エクアドル、イースター島まで神代文字を伝えた。
◎北米アリゾナ州・・・アナサチ（穴幸）族ーズニ（安雲）、ホピ（蛇）、アパッチ（天晴）、ユマ（夢）、ハヤト（隼人）、サク（佐久）族ー「6500年前、大量のモンゴロイドが北米にベーリング経由で流入した」（レ・クイナー教授）
◎イースター島（ラパ・ヌイ伝説・・・ホツマツア船団が王国を形成）
◎ハワイ（メネフネ族・・・ムウ族、ワ族、ワオウ族、「太平洋の西からやって来た海洋民」の伝承。

米大陸のインディアンの語彙には九州北部の方言と共通するものが少なくない

マスヨ（産ますよ）」、「レイノコラ（霊のこら）」、「ハツゴ（初子）」、「ヒシャゴ（ひ孫）」など、日本語としか思えない地名が多いとのことだ。

こうした研究は海外で多く発表され、スタンフォード大学のナンシー・ヤオ・デイヴィス博士は、カリフォルニア西海岸に住むズニ族の語彙《ごい》に注目した。

〝鳥はガラス、母親はオッカ、会合はクエー、寺はションテラ（小寺）、神官はシワニ（審神者《さにわ》）、川はカイゥナ、道はオナ、山はヤラ、辛いはカリー、目覚めるはオキ、言うはイノテ、中はアッカ、内はウチ〟などを検証、**「ズニ族は、明らかに少なくとも先史時代に北米海岸に渡米した日本語を豊富に持つ海洋部族である」**と結論づけた。

こうしたことから語彙と世界のペトログリフを調査した前出の吉田会長は、「ズニ族の語彙が九州の筑前《ちくぜん》や筑後地方の方言に近い語彙が豊富である」と述べられた。そしてインディアンの出自は、「先史時代、モンゴロイドが当時のベーリング地峡経由で米大陸にやって来た」ことが真相であることを明らかにした。

1万2000年以上前、阿蘇山噴火で曽畑縄文人は新天地に旅立った！

先史時代、およそ1万2000年から1万4000年頃、なぜ、曽畑縄文人が海外に進出し

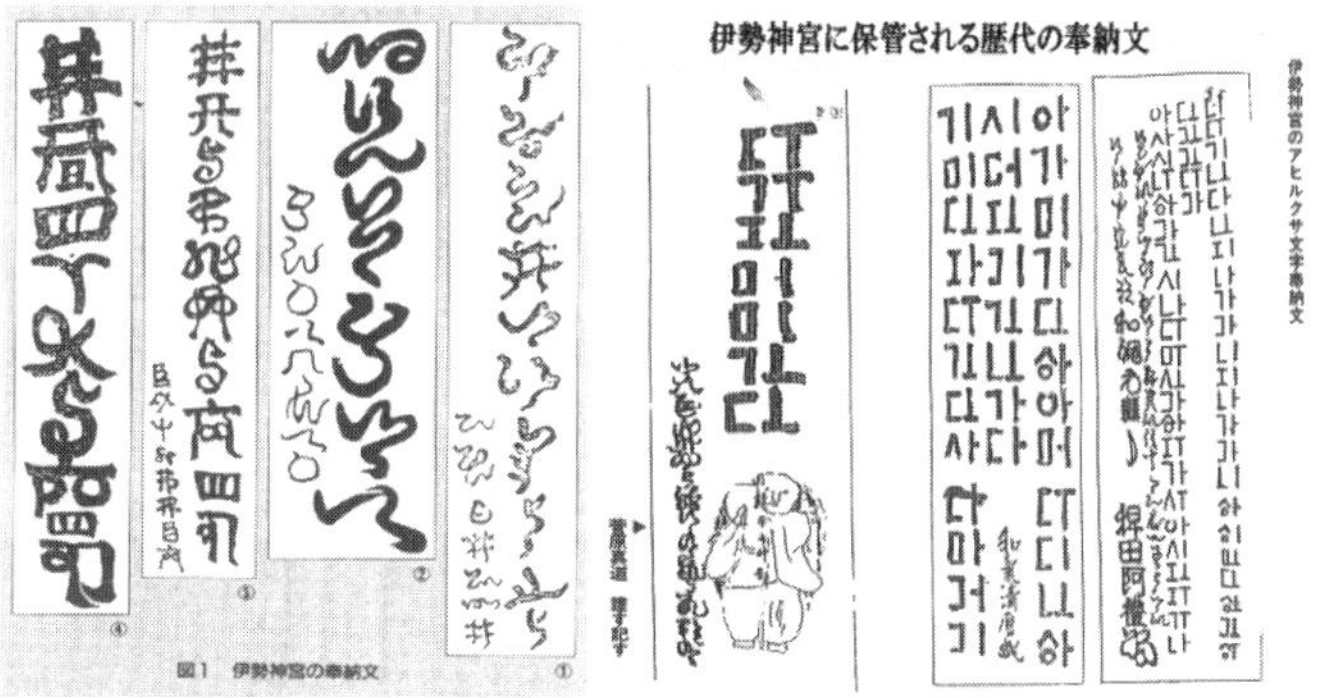

稗田阿礼や和気清麻呂など、歴代の著名人がアヒルクサ文字などで書かれた奉納文が祀られている

た理由が筆者には謎だった。しかし、偶然入手した『出雲風土記』を調べたら、この謎が解けた。

どうも前述したポールシフトによる地殻大変動によって、阿蘇山が大噴火を起こしたようなのだ。この火山灰が北海道にも達したことがわかった。当時の阿蘇山の高さは1万5000メートル。この山が崩壊し、世界一のカルデラが誕生したわけだ。これで空は真っ暗、1年中曇天だったようなのだ。それでやむにやまれず、曽畑縄文人は新天地を求め、旅立った可能性が濃厚だ。

〝縄文人は文字を持っていない。文字を持ったのは飛鳥時代、中国から仏教の伝来とともに漢字を習い、文化が発達した〟との定説がアカデミズムで主流だ。

とんでもない。**文科省、あるいは東大や京大出の教授らは、伊勢神宮に代々保管されてきた稗田阿礼《ひえだのあれ》、菅原道真《すがわらのみちざね》、太安万侶《おおのやすまろ》ら、歴代著名人の奉納文を観察、分析したのだろうか。**日本の古代では、アヒルクサ文字、またはトヨクニ文字を多用、この文字が世界各地で見つかっているのだ。これは世界各地に日本古代の縄文文明が広がった証拠だろう。

日本語の神代文字が世界の共通言語だった!?

超古代には、アヒルクサ文字やトヨクニ文字のほか、オシテ文字、ホツマツタヱ文字、カタカムナ文字など、神代文字と呼ばれる文字が無数にある。おそらく神武《じんむ》王朝以前、無数の古代王朝で使われた文字であろう。

中でも前出の伊勢神宮に保管されている奉納文に多いアヒルクサ文字が、UFOコンタクティとして著名なアダムスキーが金星人オーソンから授かったという手紙の文字に酷似するという説がある。

アダムスキーがオーソンから授かったという手紙を発表したのが、1952年、その著書『空飛ぶ円盤は着陸した』が最初だった。このUFO搭乗シリーズは世界的に大ベストセラーになった。しかし、その後、アダムスキーが撮影したとされる円盤が糸で吊り下げられていた、窓に円盤を張り付けそれを撮影しているなど、インキチとする報道が飛び交うようになった。そしてアダムスキー事件は酷評され、うやむやにされてしまった。

ところが、考古学者であるマルセル・オメ教授が１９４９年、人跡未踏の決死のアマゾン川一帯の調査に出向き、ブラジル北部で、高さ30メートル、長さ１００メートル、奥行き80メートル、花崗岩でできた〝ペドラ・ピンターダ〟（色を塗った岩）と呼ばれる巨岩に遭遇したことがあった。ここで豪雨に見舞われ、博士らは恐怖の一夜を過ごすこととなった。

その洞窟内に人骨が散乱し、まるで墓場のように思えたからだ。また、見渡すと赤色を塗った平たい石や儀式に使われたような演壇のような岩が数か所あった。太古の聖なる場所のようにも思えた。しかも巨岩には奇妙な文様や図形が刻まれていた。博士は後にこれを1万数千年前以上に存在したアトランティスの巨石文明の遺跡の一部と考えた。

さらにこの巨岩の隅に発見した石器には不可思議な文様が刻まれているのに気がついた。これを参考までに写し取ってサンパウロに戻ったのだ。

そして、話題となっているアダムスキーの最初の書『空飛ぶ円盤は着陸した』を読んでみた。ここで博士は、飛び上がらんばかりに仰天した。

そこには、**自分がペドラ・ピンターダで写し取った文様と図形が金星人から与えられたとして掲載されていた**からだ。アダムスキーはインキチ騒動に巻き込まれる中で、オメ教授がこのことを著した『太陽の子ら』を盗用した疑いがかけられていた。

ところが、アダムスキーの『空飛ぶ円盤は着陸した』が刊行されたのが１９５２年なので、

That's the Word From Man Who Says He's Talked With One of Them

You Don't Have to Worry--Those Men From Space Fear Us Too

St. Joseph

C. H. SANDERS
LOCKSMITH

REDUCE PILES' SWELLING

FALSE TEETH

VENUSIAN FLYING SAUCER

MESSAGE FROM VENUS

9:00 a.m.

10:30 a.m.

St. James-On-The-Heights' Episcopal Church

DAVISO

アダムスキー事件は世界に大反響を巻き起こした

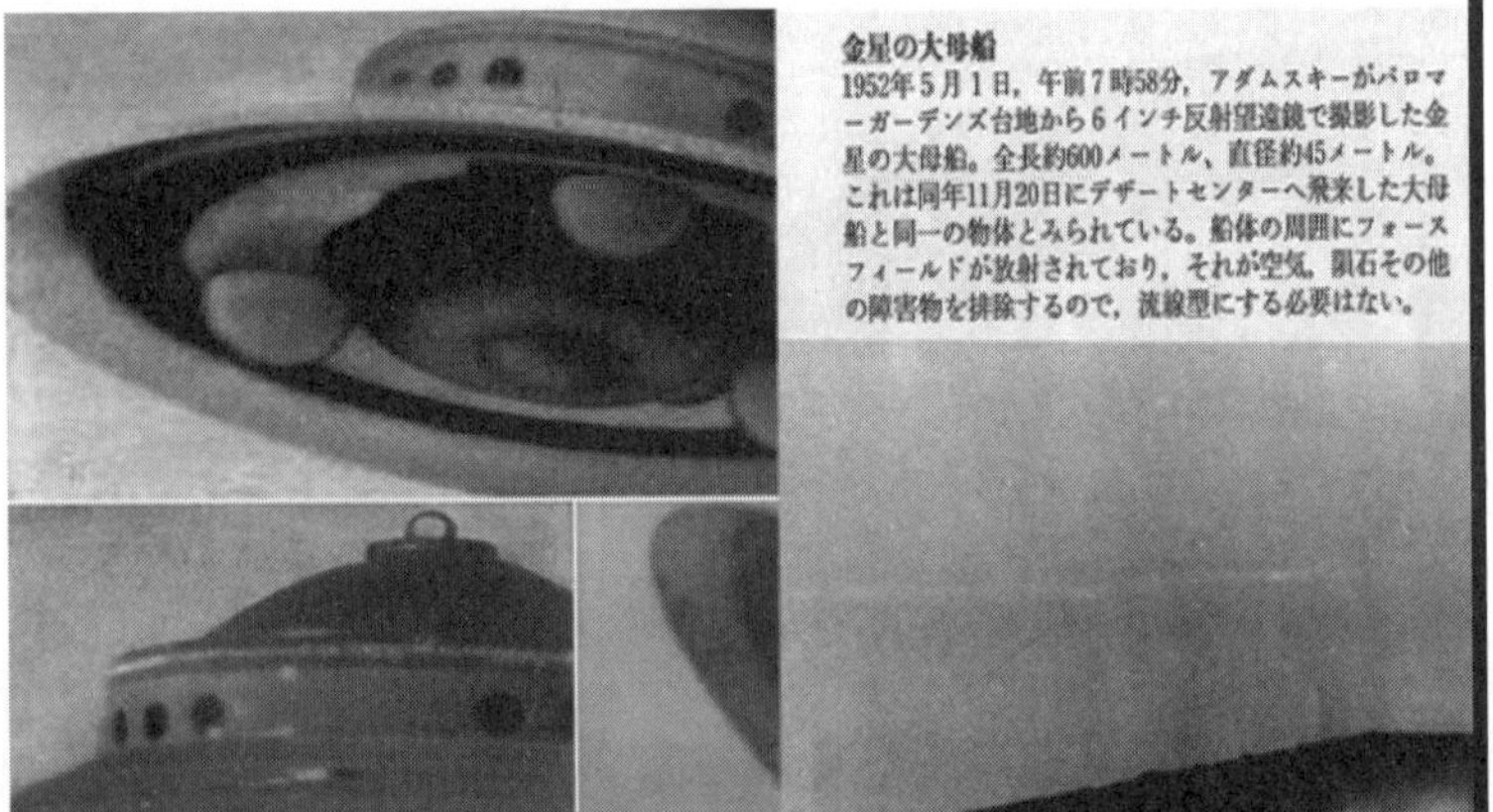

金星の大母船
1952年5月1日，午前7時58分，アダムスキーがパロマーガーデンズ台地から6インチ反射望遠鏡で撮影した金星の大母船。全長約600メートル、直径約45メートル。これは同年11月20日にデザートセンターへ飛来した大母船と同一の物体とみられている。船体の周囲にフォースフィールドが放射されており，それが空気，隕石その他の障害物を排除するので，流線型にする必要はない。

アダムスキーが搭乗、または目撃したUFO　　出典/地球なんでも鑑定団

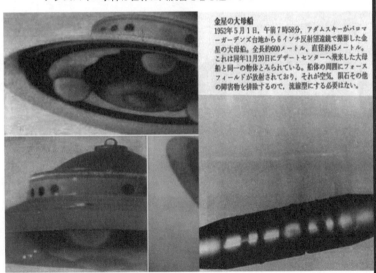

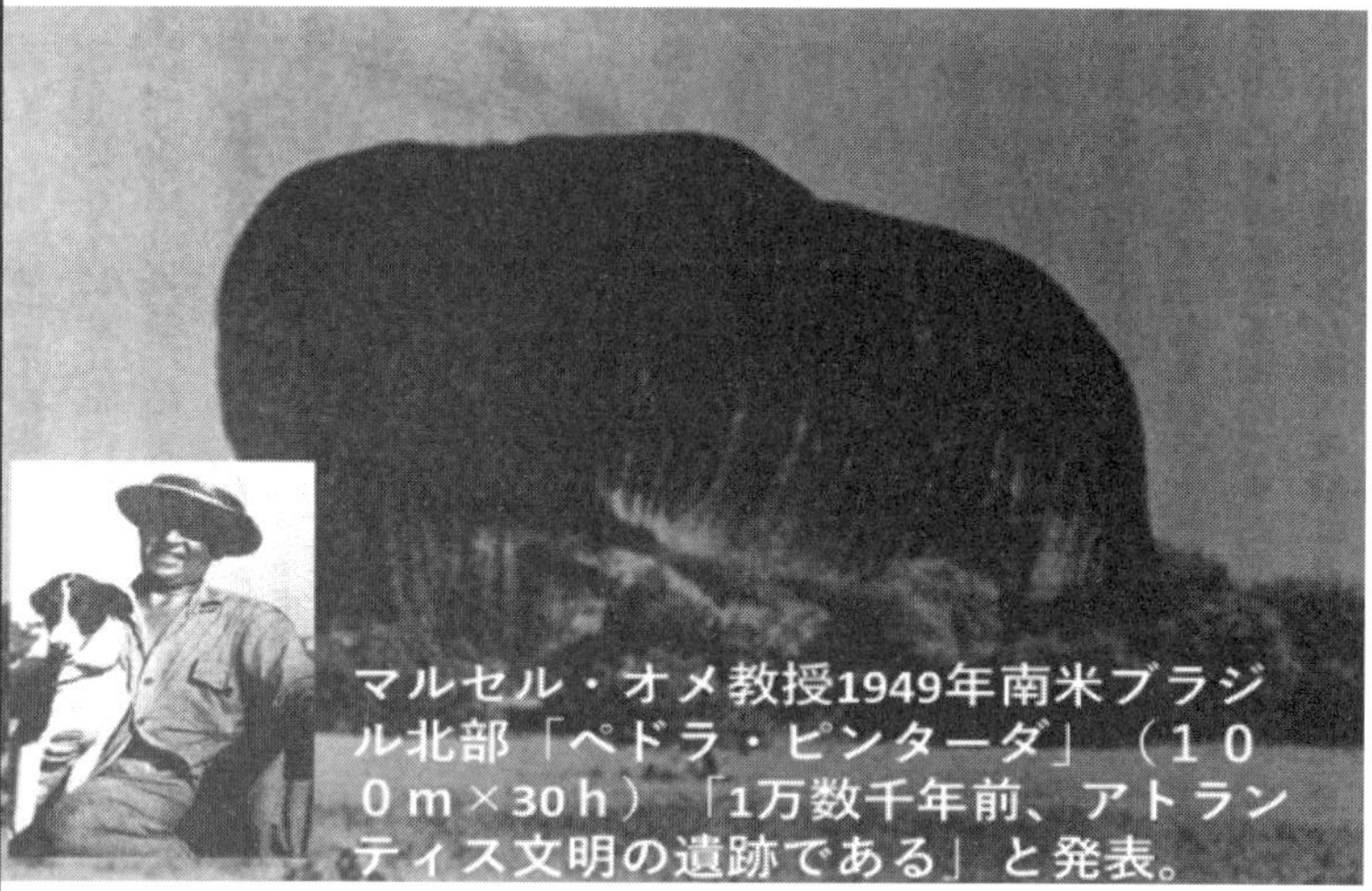
マルセル・オメ教授1949年南米ブラジル北部「ペドラ・ピンターダ」（100m×30h）「1万数千年前、アトランティス文明の遺跡である」と発表。

オメ教授は、ブラジルの人跡未踏の地で金星人の文字らしきものを発見した

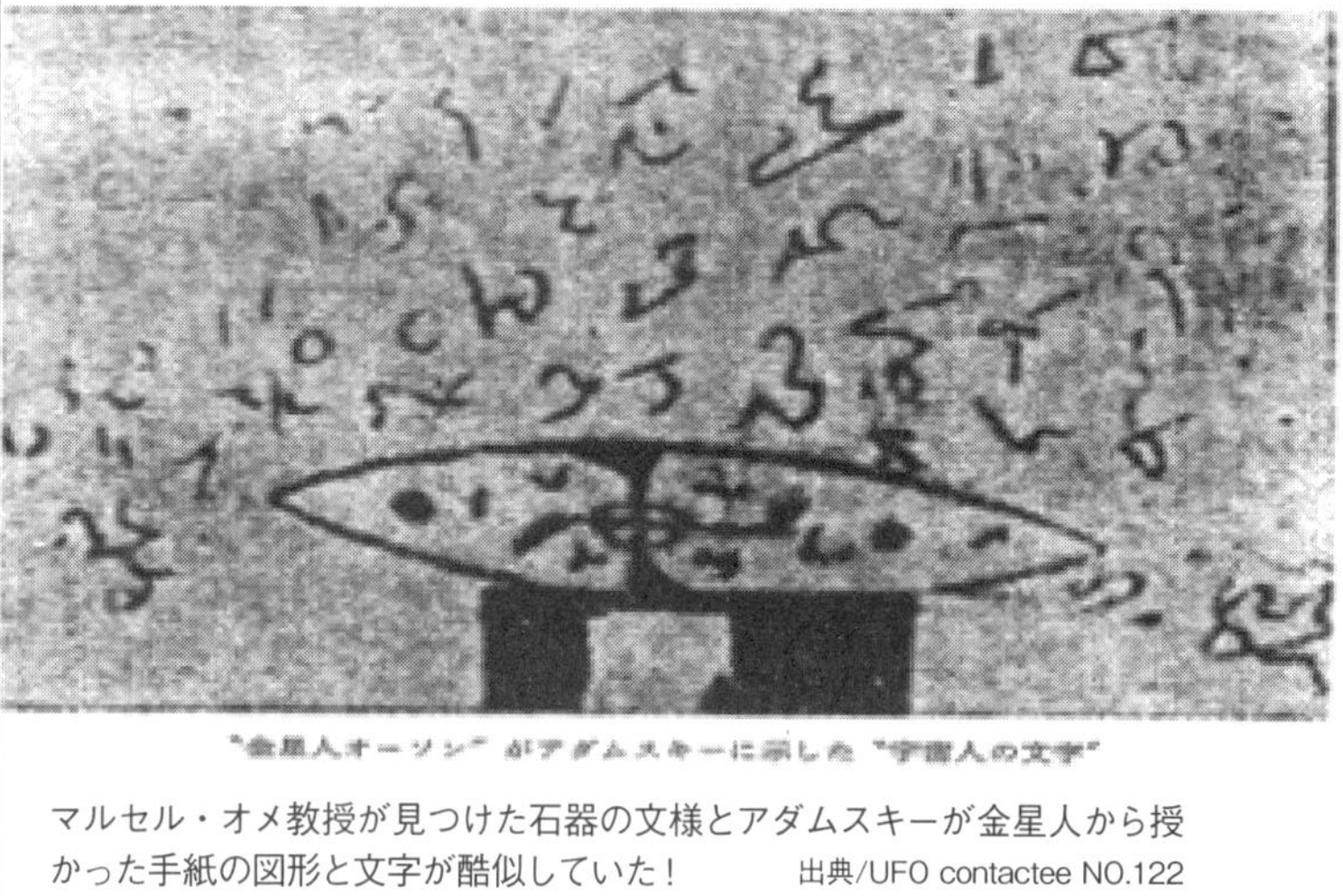
"金星人オーソン" がアダムスキーに示した "宇宙人の文字"

マルセル・オメ教授が見つけた石器の文様とアダムスキーが金星人から授かった手紙の図形と文字が酷似していた！　出典/UFO contactee NO.122

アダムスキーの著作のほうが先だったのだ。したがって、アダムスキーがオメ教授の著作を盗用しようがないのだ。

金星人を名乗るオムネク・オネクという女性がアダムスキーが授かった手紙を解読

それにしても、なぜアダムスキーが授かった手紙の文字と図形が、ブラジル北部の1万数千年前の遺跡とされるペドラ・ピンターダ内で発見された石器に刻まれてあったのか。これが事実なら、金星人が1万数千年前にはこの未開の地に足跡を記していたということになる。ここで問題となるのはオーソンから授かったという手紙の真実性だ。

この手紙には、実に驚愕的な事実が記されていた。第一に手紙の差し出し人のところに、太陽系の惑星が12個描かれていることだ。太陽から2番目に↓が記され、金星を示していることがわかる。太陽系の惑星、海王星よりも遠い外縁部に未知の巨大惑星が存在している可能性が公表されたのは、2006年1月、米カリフォルニア工科大学によってだ。

アダムスキーが金星人オーソンから手紙を授かったのは1952年なのだ。すでに太陽系惑星が現在の9個よりも3個多い、12個あることが示されていたのだ。したがって、**アダムスキー事件は、全部が全部、嘘・でっち上げではないことが明確になった**わけだ。

さらに驚愕する人物が存在することを知った。何とアダムスキーが会見したという、金星人オーソンは遠縁にあたるという女性が1991年に、UFO国際会議で素性を公表していたのだ。

その金星人女性の名はオムネク・オネク。現在、地球人と結婚、2児の子供をもうけた。この子らが成人したことから、世界平和活動を開始。その著書『私はアセンションした惑星から来た』（徳間書店）には、アダムスキーが授かったオーソンの手紙が解読されているほか、金星での暮らしや、1950年チベットの寺院に降り立った経緯、また、太陽系の各惑星には異星人が居住していることや人類の起源、三次元と多次元世界との関係、そして、UFOの推進原理までが述べられている。

この手紙を書いた主が実の叔父オディンであり、遠縁にあたるオーソンに手紙を託したというのだ。この手紙の信憑性が高いことは、太陽系内の惑星が12個存在する事実であることは前述した。

さらにもう一つ、オディンが「もうじきある者があなた方の世界に入り込み、このメッセージを理解する手助けをするでしょう。それは私たちの中の1人です。その時までこのメッセージが理解されることはありません」と手紙に記されていた。

その「ある者」とは、オムネク・オネクのことであり、オーソンのアダムスキーコンタクト

▼上の写真のコンタクト地点に出現した金星人。遠くからアリス・ウェルズ女史が双眼鏡で観察しながら描いたもの。

アダムスキーが金星人オーソンから授かった手紙だという

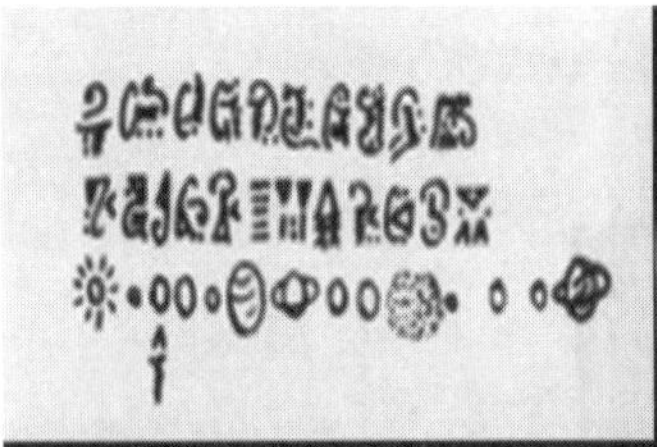

<手紙の右上>
私、オディンは、あなたがまだそのごく一部しか知り得ていないこの広大な太陽系の一二の惑星を代表しています。

2006年、カリフォルニア工科大学で「海王星の遠方に巨大な惑星の存在の可能性がある」と公表。しかし、1950年代に金星人オディンがアダムスキーそれを示していた！

金星人の手紙の送り主に太陽系の惑星が12個あることが示されていた！

『我々の仲間が
やがて
地球に降り立ち、
この手紙を
解読、
世界に初めて
公表するでしょう！」
（オディン）

金星人であると名乗るオムネク・オネクはアダムスキーが授かった手紙を解読、世界に公表した　出典／『私はアセンションした惑星から来た』（徳間書店）

からオムネク・オネクの地球降臨までが、彼らの計画の一端であることが手紙に説かれているのだ。

彼女が明かした太陽と磁気がエネルギー源とするというUFO推進原理については、天才物理学者故五井野正氏が彼女の著書を読了、「UFO推進原理は太陽のエネルギーと磁気を使っているというオムネク・オネクの主張は、まったく違和感がない」と全面的に評価していた。

この書で明らかにしたUFO艦隊の画像にしても一様に南北を差しているのは、【磁力線をフリーエネルギーに変換している】とした筆者の仮説は、五井野博士によっても間接的に違和感がないことが裏付けられたわけだ。

ペドロラ・ピンターダの黄金板が日本の神代文字で解読できた！

前述したアダムスキーが授かった手紙の文字や図形がブラジル北部の人跡未踏の洞窟の石器に刻まれた文字と図形に酷似しているという事実は、いったい何を物語っているのか。これが最大の謎であろう。

ところが、これらの謎が一気に解けてきた。それは日本探検協会の高橋良典会長が南米エクアドルの200《メートル》以上深い地下都市とされる遺跡で発見された『黄金板』の解読に成功したことで明確になった。

この地下都市とされた遺跡から発見された、高さ52《センチ》、幅14《センチ》、厚さ4《センチ》の謎の黄金板は、スイスの宇宙古学者デニケンは、宇宙人の文字ではないかと述べていたがまったく解読できなかったのだ。ところが、高橋会長は、伊勢神宮に奉納されている日本の神代文字の一つ、イズモ文字で解読できたというのだ。

その意味とは、【これなる金の板にイサクとヨセフしるす　ここにわがクルの宝あつめしめのちの世に伝へて　いしするゐ（礎）たらしめむ　カムイ　ヤハウェをわれらの神とあがめよ】だった。

さらにオメ教授が発見した洞窟内の石器の文字は、前出の奉納文の中で一番使用されているアヒルクサ文字で、【イサクとヨセフに船を降ろせる神を見よ！　ともにこれを手厚く守れ】と解読できた。

何という解読だろうか！　これは人類史上最大の大発見ではないだろうか。これまでの古代史の定説がまったく覆る。

イサク、ヨセフとは、アブラハムを父とするユダヤ人の祖だ。しかも、カムイとはアイヌ語の神を示し、ヤハウェは古代ユダヤ人の神のことだ。このことが日本の神代文字で解読できてしまったのだ。

前出の吉田会長は、長年にわたる世界にあるペトログリフなどの分析研究の結果、『超古代日本語が地球共通語だった』（徳間書店）を書き著わしていた。

古代、北イスラエル王国が滅亡したのはBC722年のこと、アッシリアの侵入を受け、捕虜となってしまう。その後、2部族からなるユダ南王国もBC587年に滅亡、バビロンに連行されてしてしまうのだが、帰還を許され、故郷に戻った。ユダヤ人とは、ここから派生したわけだ。

ところが、北イスラエル王朝の10部族は忽然《こつぜん》とどこかへ消えてしまう。これが世界史上、有名な『失われた10部族』の伝承を生んだ。

実は、時の預言者イザヤが、【東方の海に囲まれた島々でイスラエルの神を再興せよ】とユ

「失われた10支族」は、世界史から消え、「東方の海に囲まれた島々でイスラエルの神を再興せよ」（イザヤ書）に従い、東に向かった。

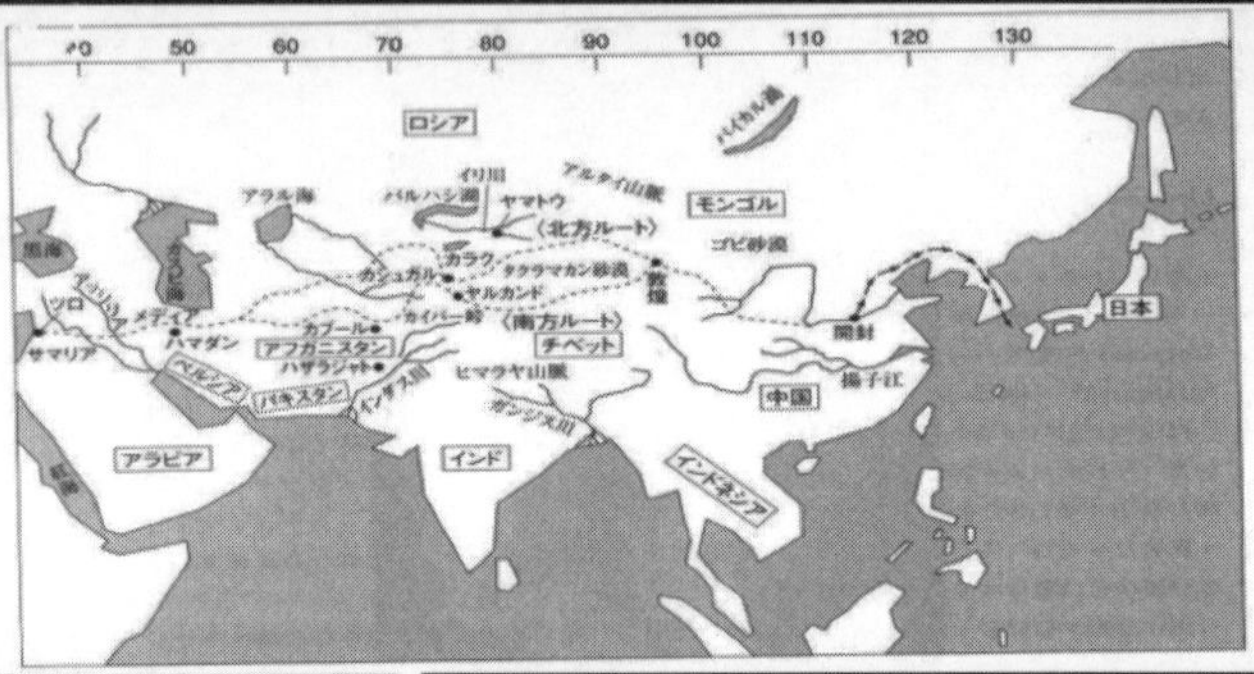

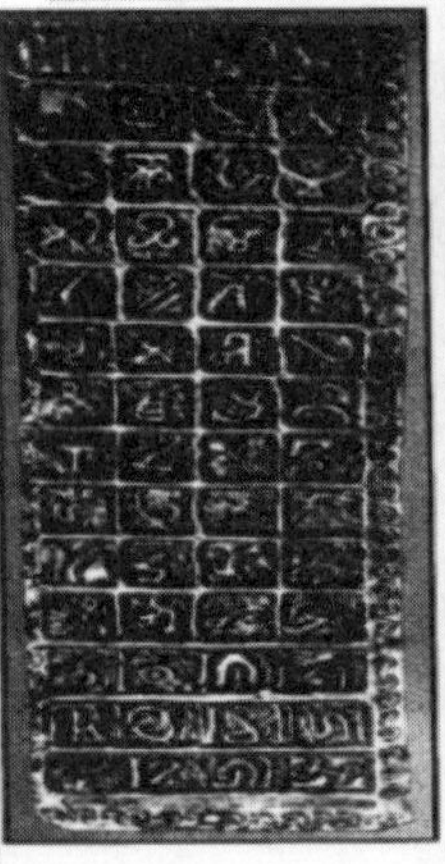

ノーベル賞級大発見！
南米エクアアドルの地下都市で
出土した謎の黄金版は、
イズモ文字で解読できた！

日本探険協会会長/高橋良典

「これなる金の板に
イサクとヨセフしるす
ここにわがクルの宝あつめしめ
のちの世に伝へて
いしずゑ（礎）たらしめむ
カムイ
ヤハウェをわれらの神とあがめよ」

南米地下で発見された黄金板がイズモ文字で解読できた！

ダヤ民族に告げていたのだ。

この預言に従い、故郷を破壊されたイスラエル10部族は新天地を求め、東へ、東へ波状的に移動。そしてシルクロードを通って中央アジアで牧畜を営み、財を蓄えた。

やがて、西域の弓月国を創ったが、時の支配者、始皇帝に『万里の長城』の使役に酷使された。これが嫌で日本に亡命を求め、朝鮮半島経由で100万とも150万人とも集団的に移住していたことがわかった。これが後の秦氏《はたし》だ。時の日本の天皇は、応神《おうじん》天皇である。

やがて、聖徳太子を助けた秦川勝は最強の豪族となった。日本の神社の8割は秦氏が創建したことがわかっている。八坂神社、稲荷神社などはみなそうだ。このことが『日本書紀』や『古事記』に記載されている。京都の太秦《うずまさ》とは、まさに彼らの拠点だったのだ。

〝東方の海に囲まれた島々〟とは、実に日本のことであった。その一部はベーリング地峡からアラスカを経由、アメリカ大陸にも渡ったことがユダヤの調査機関『アミシャーブ』の追跡でも判明している。

衝撃の真相を公表した高橋会長の黄金板や、ペドラ・ピンターダで見つかった石器の文字の解読結果から、かつてユダヤ人は日本の神代文字を使っていたと考えられないだろうか。そして、滅亡したユダヤ人はイザヤの預言に従い、東方を目指したが、その一部は北米から南米にまで移住した。ここで〝我々の神は、ヤハウェである〟と黄金板に刻んだ。

こう考えれば、黄金板に記された謎の解読結果に筋が通る。

日本の神代文字は、古代ユダヤだけでなく、インダス文明のモヘンジョダロの仏塔には、トヨクニ文字で「ユニコーンカムイ」と読めた。さらに〝象の洞窟〟の入り口付近では、アヒルクサ文字とトヨクニ文字で「…マツラバヤ」と記されていた。

また、最古の文字とされる殷《いん》の甲骨文字は、アヒルクサ文字の類似が44種類ほど見つかり、この文字の楷書《かいしょ》であると高橋会長は結論付けた。このようにアヒルクサ文字とトヨクニ文字は、インド、エジプト、アフリカなど、世界各地で見つかっているのだ。

幣立神宮の『日文石板』は20万〜30万年前の超古代につくられた！

もう一つの謎は、アダムスキーが金星人から授かったという手紙の文字が日本の神代文字、アヒルクサ文字に酷似することだ。

実は、このアヒルクサ文字で書かれた最古の遺物は、創建1万5000年以上前とされる熊本県の幣立《へいたて》神宮で代々祀《まつ》られている国宝「日文石板」だ。

表には「ひふみよいむなやこともちろ、ねしきるゆいつわぬそを、はたくめかうおえに、さりへてのますあせいゑほけれ」と記されていた。

これを前出の吉田信啓会長は、「大量の糸の原料となる真麻蘭《まお》を採取し、それから取った絽《ろ》（細い糸）を紡ぎ、衣料を整え、強い兵士を大量に育成せよ。そうすれば、交戦してくれる悪い部族の敵は彼方《かなた》に退散する。神様が下さった広大な田畑を心してしっかり耕作せよ」と解読した。裏にはトヨクニ文字で阿蘇火の大神と読めた。

この石板を炭素年代測定したところ、何と20万年から30万年前につくられたことが判明した。日本は奈良・飛鳥時代、仏教伝来とともに初めて文字を持ったことが定説だが、すでに伊勢神宮で保管されている歴代の著名人によるアヒルクサ文字とトヨクニ文字で書かれた奉納文があるように、20万から30万年前に文字を持っていたことになる。

20、30万年前の幣立神宮の日文石板

20万から30万年前と言えば、前述した愛媛県大洲市で発見された木炭の製造年代と重なる。従来の歴史では、メソポタミア、エジプト、インダス、中国が世界の「四大文明」とされ、縄文時代は1万2000年前頃から始まったというのが定説だ。しかし、ここで述べた日本の超古代史は、四大文明をはるかに凌駕《りょうが》する。

前出の日文石板がアヒルクサ文字で読め、アダムスキーが金星人から入手した文字と酷似するということは、古代、

縄文以前の超古代日本人は、金星人から文字を習ったということにはならないだろうか。

日本には藤原不比等《ふじわらのふひと》が命じて編纂《へんさん》した『記紀』以前の古史古伝に、『竹内文書』を筆頭に『先代旧事本紀《せんだいくじほんぎ》』『上記』『富士宮下文書』などがある。

これらを調べると、〝世界の大陸が一つだった頃、天（シリウス）から日本に〝ニギギノミコト〟＝天之御中主大神《あめのみなかぬしのおおかみ》（初代天皇）が降臨して国を開き、世界を統治し、日本から白人、黒人、黄人、赤人、青人ら、世界に五色人種に分かれたと説かれている。

前出の日文石板を代々管理している幣立神宮では、5年に一度、前出の五色人を裏付ける赤人、黄人、青人、白人、黒人のお面を公開する世界的規模の『五色人祭』が行われている。残された伝承や、著名な春木伸哉禰宜《ねぎ》らが受けた御神示（http://www.y-asakawa.com/tansaku-2010/10-heitate-jingu1.htm）によると、**肌の色の違う世界5大人種の大本は黄人（アジア系）で、その後、彼らの祖先が世界各地に広がり、その風土や気候などの影響を受けて、赤人、青人、白人、黒人へと派生した**ものだという。

赤人とはユダヤ人、アメリカインディアン、アラビアやエジプトの民、黄人とは日本人、中国人、朝鮮人などのモンゴロイド系、青人とは北欧人やスラブ人、白人は欧州のコーカサイド、黒人はインド、アフリカ、パプアニューギニア圏などのメラネシア系の民を総称するらしい。

この御神示が古史古伝の記述と一致するのはなぜだろうか。

金星人オムネク・オネクの見解と古史古伝の記述が一致する

また、前述した金星人オムネク・オネクは、**「太陽系には太古、銀河系から知的生命体が、金星はじめ、水星、火星、木星、土星に移住し、最後に地球に移り住んだ。そして、火星人が黄色人種に、金星人が白色人種、木星人が黒色人種、土星人が赤色人種となった」**と述べている。これで古史古伝と幣立神宮に伝承されている五色人の謎と、オムネク・オネクとの証言とが見事に一致する。

さらに高千穂伝説には、**「天照大神は地上界の混乱を治めるため孫である瓊《に》瓊《に》杵尊《ぎのみこと》に降臨を命じ、高千穂のくしふるの峰に降り立った」**とある。

結論を言えば、古史古伝に記載されるニニギノミコト＝天之御中主大神とは、金星から降臨した異星人だったのではないかということだ。この金星人が、古代日本人に文字を伝えたのではないだろうか。

そして、世界に広がった五色人が、金星人から伝えられたアヒルクサ文字などの神代文字を世界各地に広げた。こう考えると、アダムスキーが金星人から授かったという文字が世界各地から見つかる謎が解けるではないか。

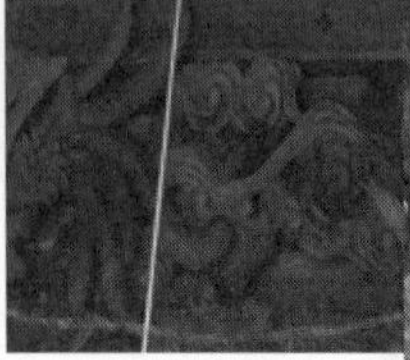

創建1万5000年以上とされる幣立神宮には五色人のお面が奉られている
出典/銀河連邦フォーラム
幣立神宮「五色人祭」

●5000年前、天孫降臨。金星人 火星人の中で、地球の低い波動に耐えうる強靭な優良星人 約500名を募り、宇宙船で葦原の国（あしはらのくに 現在の日本）の各地に派遣しました。

高千穂伝説
【にぎにぎの命が天照大神宮の命を受け、葦原の中つ国を治めるため、高天原から日向国の高千穂峰へ天下った】

2億5000年以上前、火星に移住していたのはシリウス星人らではないか

筆者が一番気になるのは、火星で発見された人面岩はホルス、またはホロス、あるいはファラオに酷似するという、ホーグランド博士及びNASAの見解だ。この人面岩は40万年前、シドニア地区で建造されたというのだ。

このホルスという神は、イエス・キリストが誕生するまでエジプト神話の最高の神だった。イシス（おおいぬ座シリウス）を母に持ち、兄であり、夫でもあるオシリス（オリオン）の間に生まれたという伝説が残っている。しかし、イシスが生まれたのはオシリスが亡くなった後、処女懐胎で誕生したのがホルスだったのだ。

マリアが処女懐胎し、キリストが誕生したという聖書の記述は、このホルス誕生がモデルになったらしい。

2017年、ハーモニーズの横石氏が北海道UFOツアーを企画したことがあった。**そこで、夜間、帯広上空で、このホルス神と酷似する画像がデジカメで撮影されたのだ**。この画像こそ、前出のホルス神とまったくそっくりなのだ。

これは奇跡と言っていい。この画像を見比べてほしい。顔の様相から翼、下半身の鎧《よろい》の縞模《しまも》様《よう》までが映っているではないか。こうした奇跡的現象が起こるからには、何かを暗示するため、

出現したに違いない。

今日、国際情勢を顧みると、キリスト教を奉じるユダヤ白人帝国主義に操られる米トランプ大統領がエルサレムを首都としたことで、イスラム教徒から強い反発が起こった。キリスト教とイスラム教が説く神の愛をそれぞれ絶対視しながら、第三次世界大戦突入も辞さない情勢が展開される。2018年秋、イスラエルはとうとうパレスチナに攻撃を加えた。

かつてムー文明もこうした事態となって核戦争が勃発《ぼっぱつ》、その後、大洪水が起こって大陸は海底に沈んだらしい。まさにこうした前夜に酷似する。

【人類創造が宇宙人によって行われた】とする認識が世界中に広がれば、宗教戦争がいかに愚かなことであるかに気がつくはずだ。

ホルス神の出現は、このような国際情勢とは無関係ではないのではないだろうか。

ロバート・テンプル博士は、このホルス神こそギザのスフィンクスを表しているのではないかとする説を唱えた。この説によれば、スフィンクスの背中がネコ科特有の丸い筋肉の盛り上がりがないことからライオンではなく、犬を表しているという。犬と言えば、おおいぬ座の象徴であるわけだ。

となれば、サナート・クマラやチャネラーが主張するようにプレアデスからアンドロメダ、オリオン、シリウス、ケンタウルスなどの星々を故郷とする超銀河集団が太陽系の各惑星に移

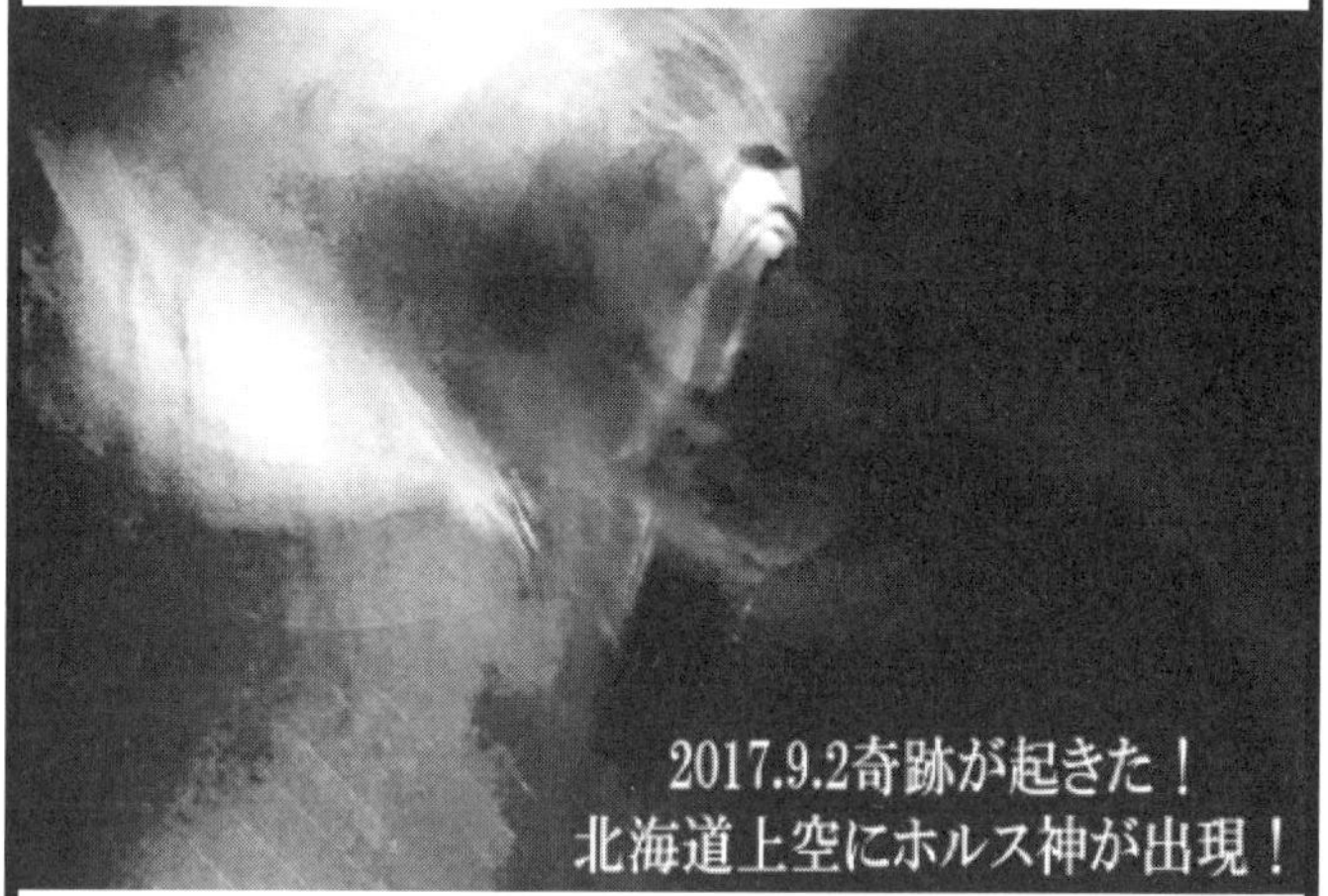
2017.9.2奇跡が起きた！
北海道上空にホルス神が出現！

2017年9月2日、夜間、帯広上空にホルス神と酷似する映像が撮影された

父オシリスが亡くなった後、母イシスは処女懐胎、ホルスを産んだ

住した。

そして、シリウス星人とオリオン星人がＤＮＡを操作、ハイブリッドのホルスを誕生させた。そして、大王となったホルスが火星を支配し、火星のシドニア地区やユートピア地区を都市化したとは考えられないだろうか。

ホーグランド博士は、前出の説を裏付けるようにシドニア地区からスフィンクスも発見していた。ブランデンバーグ博士が明らかにしたように2億5000年ほど前、火星で計画的な空中熱核爆発が起こっていた。人類が火星を爆発したとは考えられない。

明らかに宇宙人どうしの戦いがあったのだろう。この後、一部は地下に潜ったが、隣の地球にも降臨した。ここを破壊した宇宙人こそ、エアルらのドメイン軍だったのではないか。そして、**この地を破壊された宇宙人が、当時温暖だった南極に移住、故郷であるオリオン座の三ツ星配列のピラミッドを建造した**とは考えられないだろうか。

そこで、高度文明を創ったが、ポールシフトによってムー大陸ともども巨大津波に襲われ、海底に沈んでしまった。こうした大洪水は、地球で何度も起こったことが古代史研究家や、前出の吉田信啓会長らが明らかにしている。

シリウス星人ら、複数の超銀河集団が人類創造に関与した

ゼカリヤ・シッチンが説くアヌンナキは、45万年前、アフリカに降臨、哺乳類のDNAを操作し、人類を誕生させたことを前述した。やがて、彼らもまた、地球を去らねばならなかった。地球の大気が生体に合わなかったらしい。

驚くべきことにシュメールの王名表には、8人の宇宙人名が書かれ、これを解読した結果、何と24万1000年間統治されていたことが判明。その後、洪水で水没したことが書かれていたというのだ。

この王名表は、wikepedia にも記載されることからまったく根拠のないものではないようだ。また、著名な物理学者カール・セーガン博士らが民俗学を調査したところ、「バビロニアとの境には、〝オアネス〟という生き物が、昼間、人と話し、太陽が沈むと海に帰り、水の中で過ごした。そして、オアネスは人間に科学や建築、法律、数学、農業などを必要なすべてを教えた」などが記載されていたことを摑んだ。

これはロバート・テンプル博士が示したシリウス星人は、水陸両棲《りょうせい》だったという説と一致する。また、「洪水前の歴代の王は全部で10人となり、すべての王の時世を合わせると、120サルになる」との説もある。

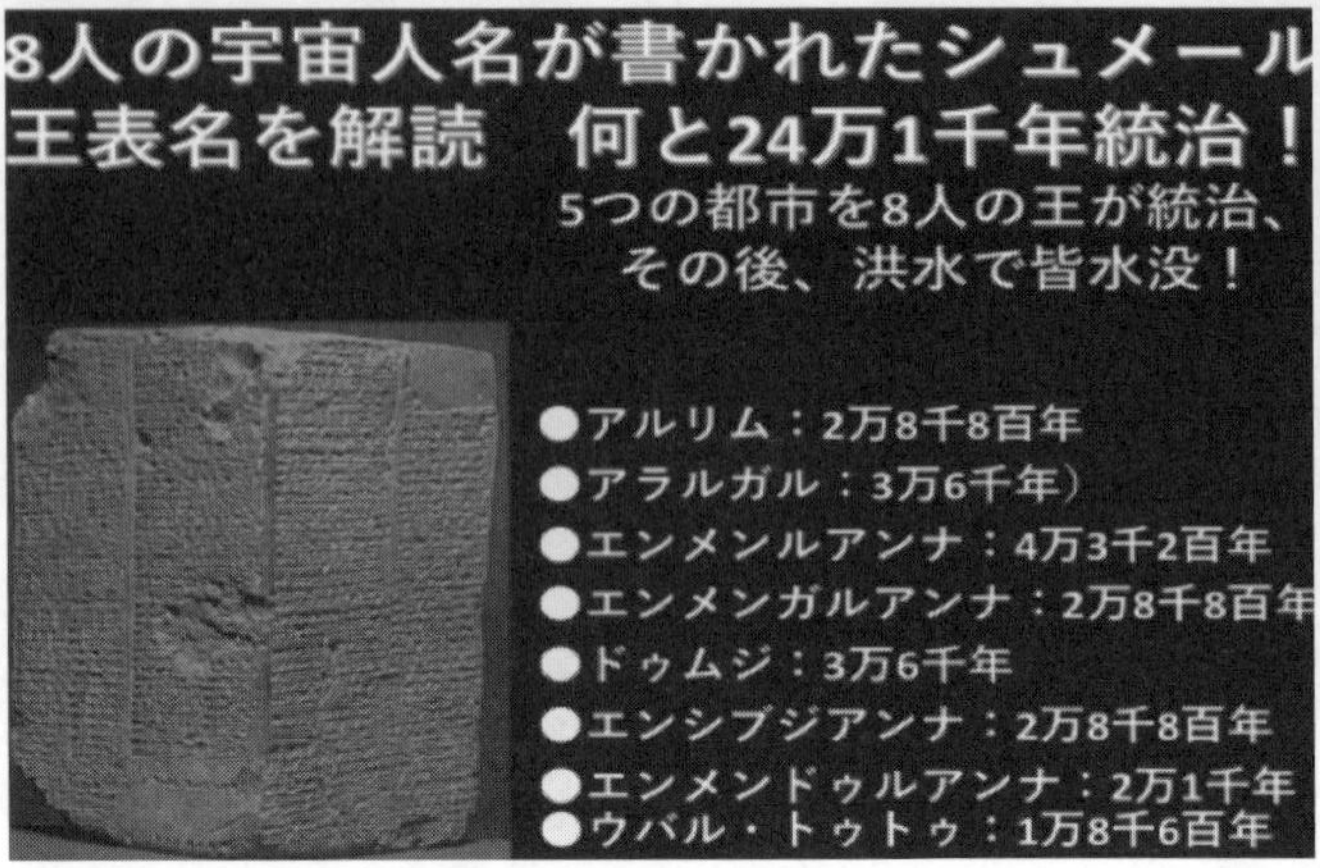

シュメールの大王8人で20万年以上続いたという

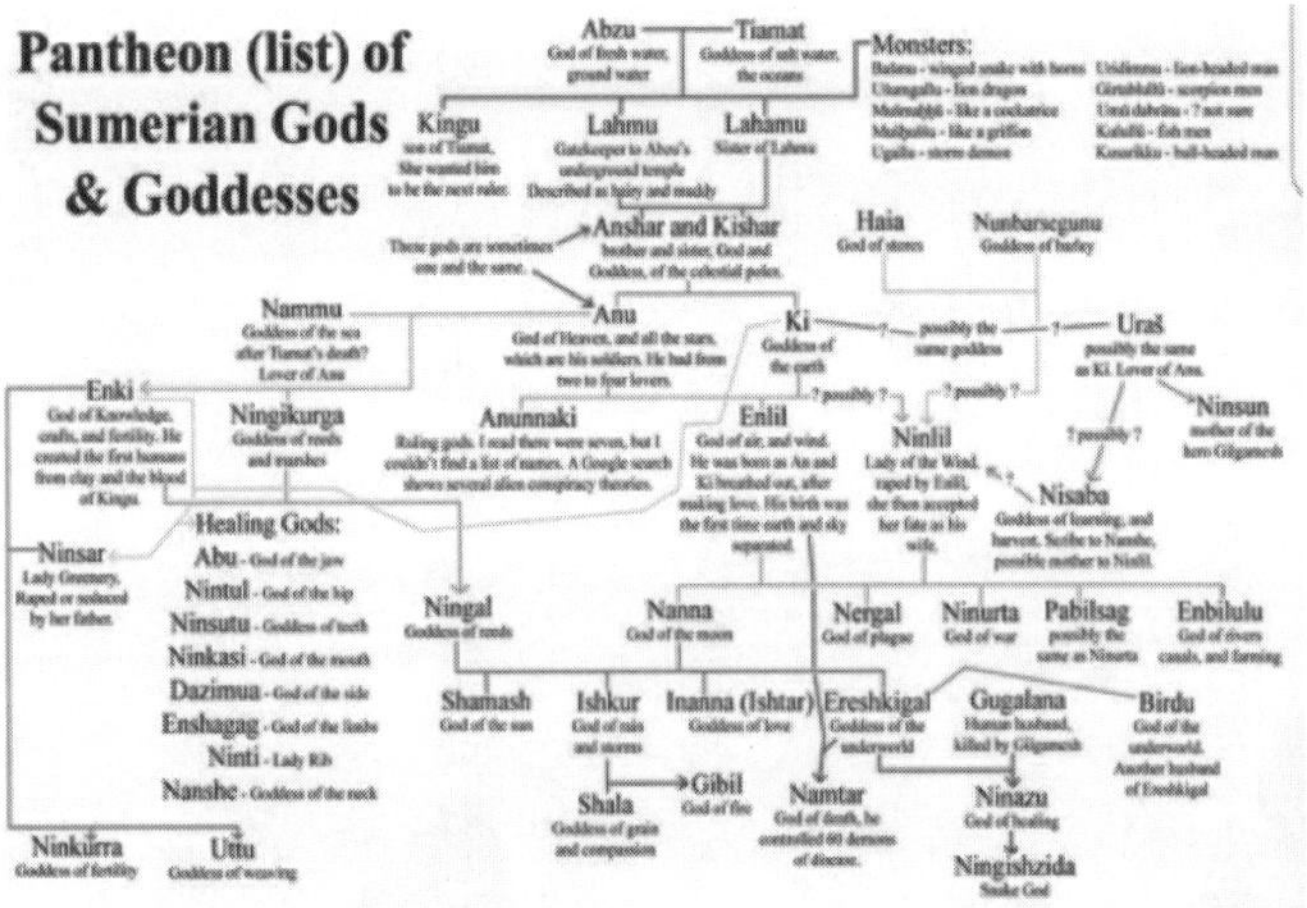

シュメールの神と女神にはアヌ、エンキ、エンリル、イシュターなど続々
書かれている

太古、様々な宇宙人が地球を訪れ、人類創造に関与したのではないだろうか

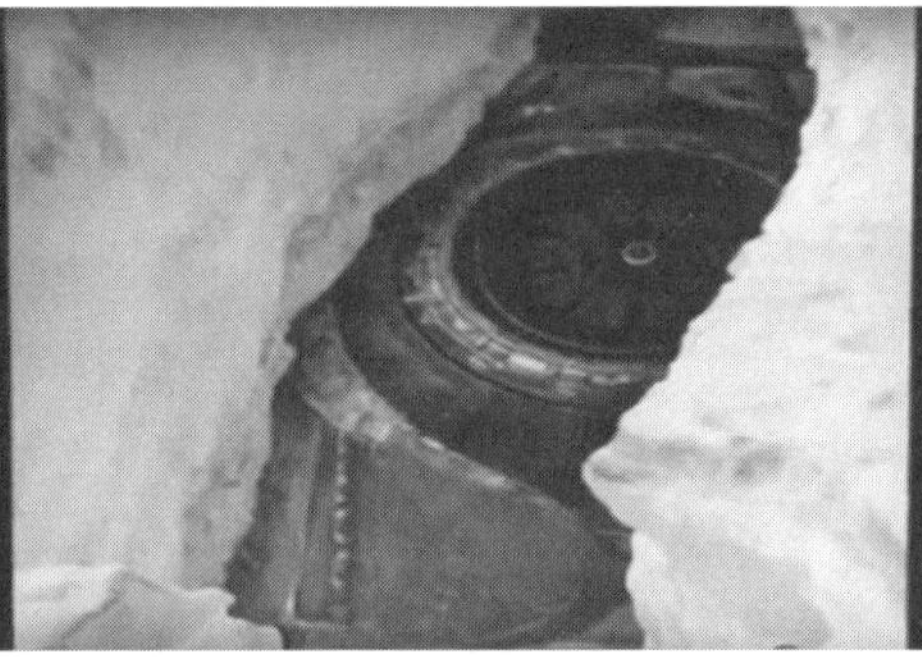

南極大陸付近の島からUFOの一部がGoogle Earthで撮影されていた

地球外知的生命体の南極地下基地の可能性が高い

引用「アルシオン・プレアデス」

この学者は「1サルとは3600年である」としたことから、ゼカリア・シッチンは、10人の王の治世の期間と大洪水が起きた時代を計算した。

その結果、前出の水陸両棲のオアネスが現れた年代を44万5000年前であると特定した。真相は不明だが、この洪水前の大王が統治した期間は8人で24万年以上も超える遠大な期間だったようだ。

もしかすると、この後、大洪水が地球を襲ったのかもしれない。この後、サナート・クマラが告げた23から24種の超銀河系知的生命体が地球に降臨した可能性もある。

前出のケンタウルス座α星近辺のプロキシマ・ケンタウリbを故郷とするメトン星人の科学者エイコンは、「我々の先祖が火星及び南極に降臨、ピラミッドを建設した」と告げた。

早い話、太陽系、または地球にはサナート・クマラが告げるように複数の宇宙人がアフリカ、オーストラリア、ムー大陸、そして南極などに降臨し、それぞれ人類創造に関与した可能性が高い。プレアデス星人が、芸術性が高い自分たちと、個性がない代わりに集合意識で動くゼータ・レチクル星人のDNAを使って日本人を創造した説を述べるのは、世界的に著名なチャネラー・リサ・ローヤル氏だ。

最大の鍵は、近年、南極の万年雪が氷解することで、姿を現してきた大ピラミッドだ。このピラミッドがギザのピラミッドだけでなく、世界各地で見つかっているピラミッドとも酷似するらしい。どうもこの付近一帯を Google Earth で精査したところ、地下都市の痕跡や地下通路まで撮影されているようなのだ。また、南極に近い島の氷の合間からは巨大UFOの一部が写し出されていることだ。

これは、はるか1万年以上前、建造された宇宙人の地下基地が撮影されたものではないかとの憶測が飛び交っている。米のジョン・ケリー元国務長官が南極を突然、視察したことを前述したが、なぜか、国王クラスやビル・ゲイツ、ロバート・レッドフォードらの著名人なども盛んに南極を訪れているらしい。ナチス・ドイツが南極地下に基地を持っており、UFOを建造していたという噂はかなり広がっている。

また、筆者の情報とシンクロする「アルシオン・プレアデス」のニュース報道も、南極の地下基地には、地球外知的生命体の地下基地とナチスの地下基地があると断定し、「尾がある宇宙人の遺体も見つかっている」ということを最新ニュースで報じた。

これはどういうことなのか。水陸両棲シリウス人に尾があることを説いたのは、ロバート・テンプル博士だった。**筆者が推論したようにシリウス人が南極を訪れ、地下基地やピラミッドを建造、そして世界にピラミッド文明を広げた**ということが事実なら、世界のピラミッドも南極のピラミッドがオリオン座の三ツ星配列と酷似するのは当然の帰結ではないだろうか。

Ⅲ　ピラミッドは日本からエジプトに伝搬した

香川県高松市の三連山はギザのピラミッドとの間に共通法則が見つかった！

ここまで謎のピラミッドの建造者は異星人の可能性が高いことを述べてきた。

ところが、2018年3月下旬、ピラミッド建造は縄文人が関与しているという途方もない情報がハーモニーズの横石集氏から飛び込んできた。

この情報源によれば、「香川県高松市内にそびえる六ツ目山《むつめやま》（317㍍）、伽藍山《がらんやま》（216㍍）、万灯山《まんとうやま》（158㍍）の三連山がギザのピラミッド、クフ王（146㍍）、カフラー王（136㍍）、メンカウラー王（65㍍）の三大ピラミッドの配置と酷似する」というものだ。

そこで、横石氏はGoogle Earthでこの三連山を上空から捉え、画像を高度処理してみた。結果は、六ツ目山が明らかに正四角錐で造形された痕跡が解析された。したがって、古代ピラミッドであることが濃厚だ。

さらに、この三連山とギザのピラミッドの大きさに共通法則が隠されていることを摑んだ。

それは、**「高松市の三連山とエジプトの三大ピラミッドの間に〝１００分の１の法則〟が見つかった」**というのだ。その根拠は以下の数値だ。

●伽藍山の高さ２１６メートル÷万灯山の高さ１５８メートル＝１・３６７０８８

→カフラー王のピラミッドの高さ１３６メートルの１／１００の値

●六ツ目山の高さ３１７メートル÷伽藍山の高さ２１６メートル＝１・４６７５９２

→クフ王のピラミッドの高さ１４６メートルの１／１００の値

●伽藍山の高さ２１６メートル÷カフラー王の高さ１３６メートル＝１・５８８２３５

→万灯山の高さ１５８メートルの１／１００の値

●六つ目山の高さ３１７メートル÷クフ王の高さ１４６メートルの高さ＝２・１７１２３

→伽藍山の高さ２１６メートルの１／１００の値（若干の誤差）

同氏は、「これは偶然では絶対にあり得ない数値です。つまり、**高松三大ピラミッドの方がエジプトのそれよりももっと古く、ギザに建設されたものは、高松からの建築データをベースにして造られた可能性が非常に高い**のです」とブログで公表した。

確かにそうだ。このような数字のマジックは偶然起こり得ようがない。三連山の一つの山がピラミッドの高さの１００分の１というなら、偶然といえるかもしれないが、三つの山全部がギザのピラミッドの高さと関係している数値が得られたのだ。

香川県の南方の山を越えれば、世界最古の木炭が見つかった愛媛県大洲市の肱川町に至る。ここが1万2000年前、沈下したとされるムー大陸と陸続きだった可能性が高いことを前述した。となれば、**隣県である高松市にそびえるこの三連山も大洲市肱川町から続く、太古、ムー文明からは発祥したピラミッド文明の痕跡と考えてよい**のではないだろうか。

ムー文明が小笠原諸島、四国、九州、沖縄と陸続きだったことを述べるのは、前出のミッシェル・デマルケ氏だけではない。

サイエンス・エンターテイナーとして活躍中の飛鳥昭雄氏も、『日本史超どんでん返し』（ヒカルランド）の中で、**「昔、日本列島は、奈良県をほぼ境にして四国、九州も中国地方も沖縄もくっついていました」**と述べている。

このことは中国地方や瀬戸内海周辺の地形を精査すると、ジグソーパズルのようにピッタリ納まりそうだ。このことからも前述した地殻変動説は説得力を持って迫ってくる。

酒井勝軍は、ピラミッドの発祥は古代日本であることを明らかにした

日本で最初にピラミッドを発見したのは、クリスチャンで語学に堪能な超古代史研究家の酒井勝軍だ。酒井はエジプトのピラミッドの探査を終えた後、1950年代、「広島の葦嶽山《あしたけやま》は

ピラミッドである」とし、山頂に配置された鏡石や太陽石、方位石などの配列、そして考古学調査の結果、建造は2万2000年前と特定した。

さらに『竹内文書』を保管している富山県の竹内家を訪れ、後継者である竹内巨磨に懇願、まだ、開封されていない古文書と御神体石を調べてもらった。

その古文書の中から神代文字の一つ、モリツネ文字で記載された中から、〝吉備津根本国、大綱手彦……火の神、月の神、造主神、日来神宮（ヒラミット）〟との文字を発見した。酒井はこれこそピラミッドを指していると考えた。

その後、吉備津根本国とは、備前、備中、備後を指し、大綱手彦は、不合朝第12代・弥弘殿作天皇の叔父であることがわかった。年代では2万2000年であることが判明し、酒井が特定した葦嶽山の建造年とが見事に一致した。しかも、この古文書には弥弘殿作天皇の命でさらに4か所のピラミッドが建造されたことまで記されていたのだ。

したがって、ピラミッドは、エジプトが発祥ではなく、日本の日来神宮が起源であることが竹内文書からも明らかになったわけだ。

酒井の研究を継承、発展させた民間古代史研究家の**市川慎氏は、日本の代表的なピラミッドとして、秋田の黒又山、岩手の五葉山、富山の尖山《とがりやま》、長野の皆神山《みなかみやま》、岐阜の位山、京都の日室ケ嶽、兵庫の八幡山、広島の葦嶽山などをあげた。**

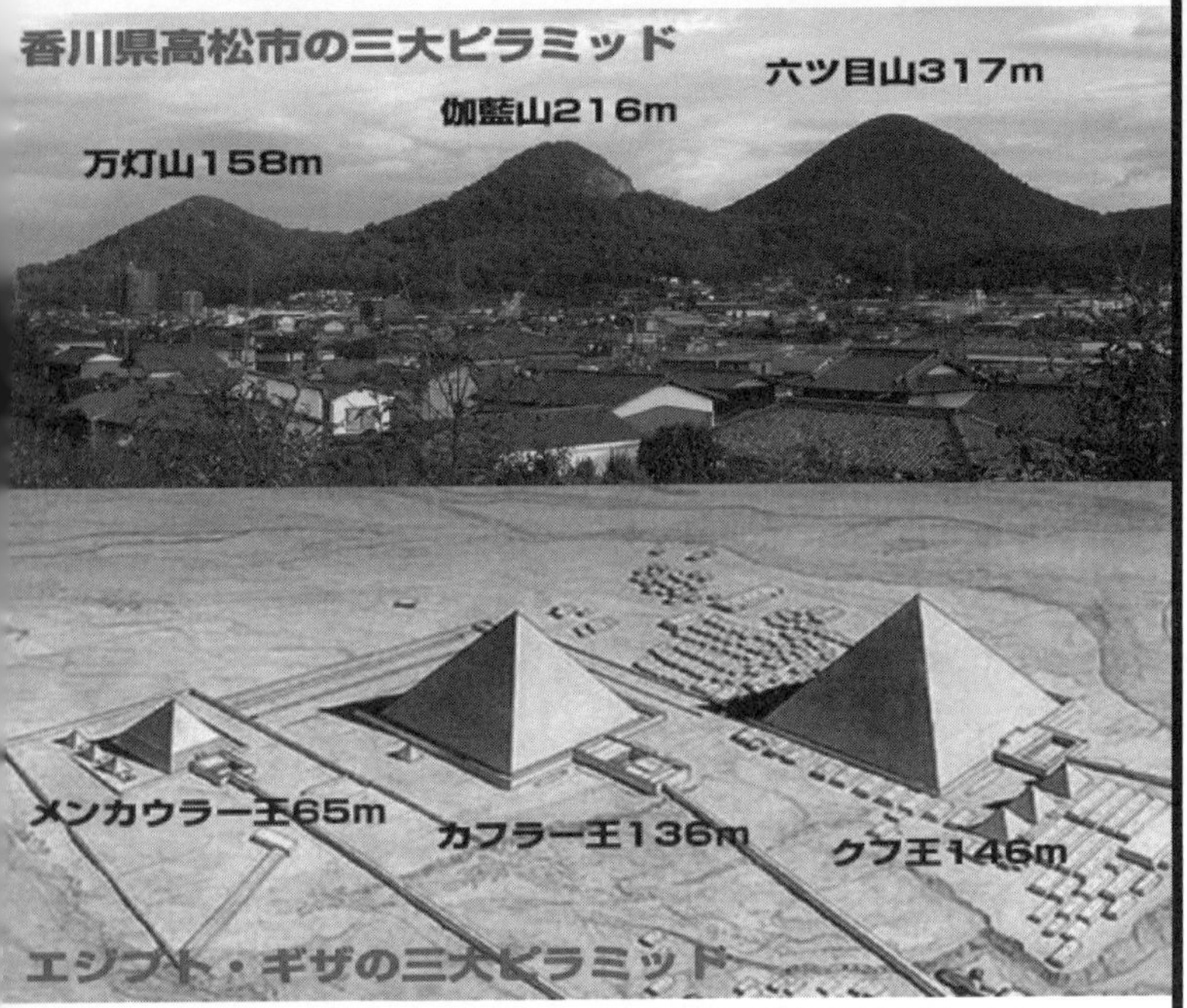

香川県の高松市の三連山には、100分の1の法則が秘されていた！

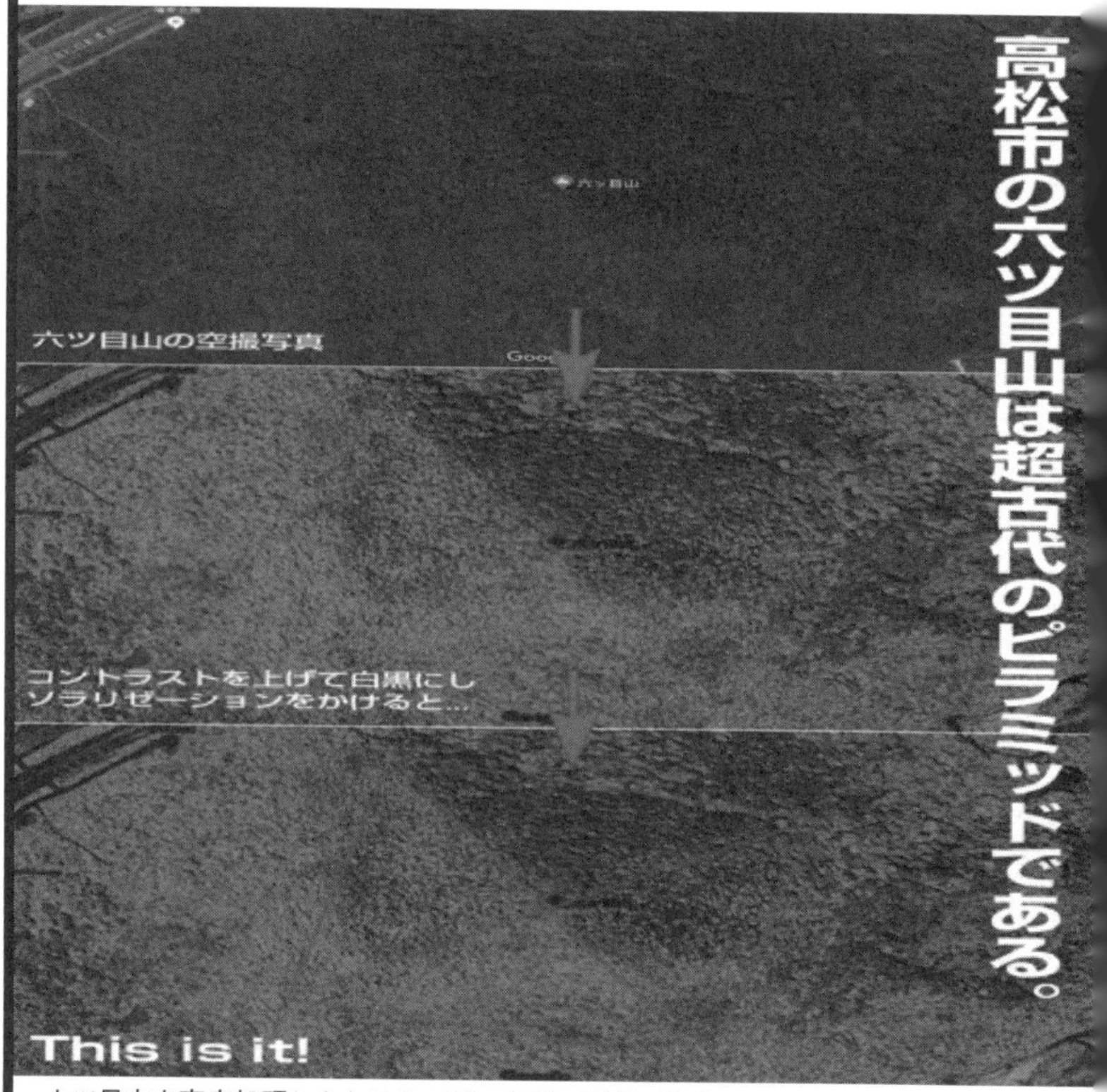
高松市の六ツ目山は超古代のピラミッドである。
六ツ目山
六ツ目山の空撮写真
コントラストを上げて白黒にし
ソラリゼーションをかけると…
This is it!

六ツ目山を高度処理したところ、正四角錐の形状が解析され、人工の山であることが判明した

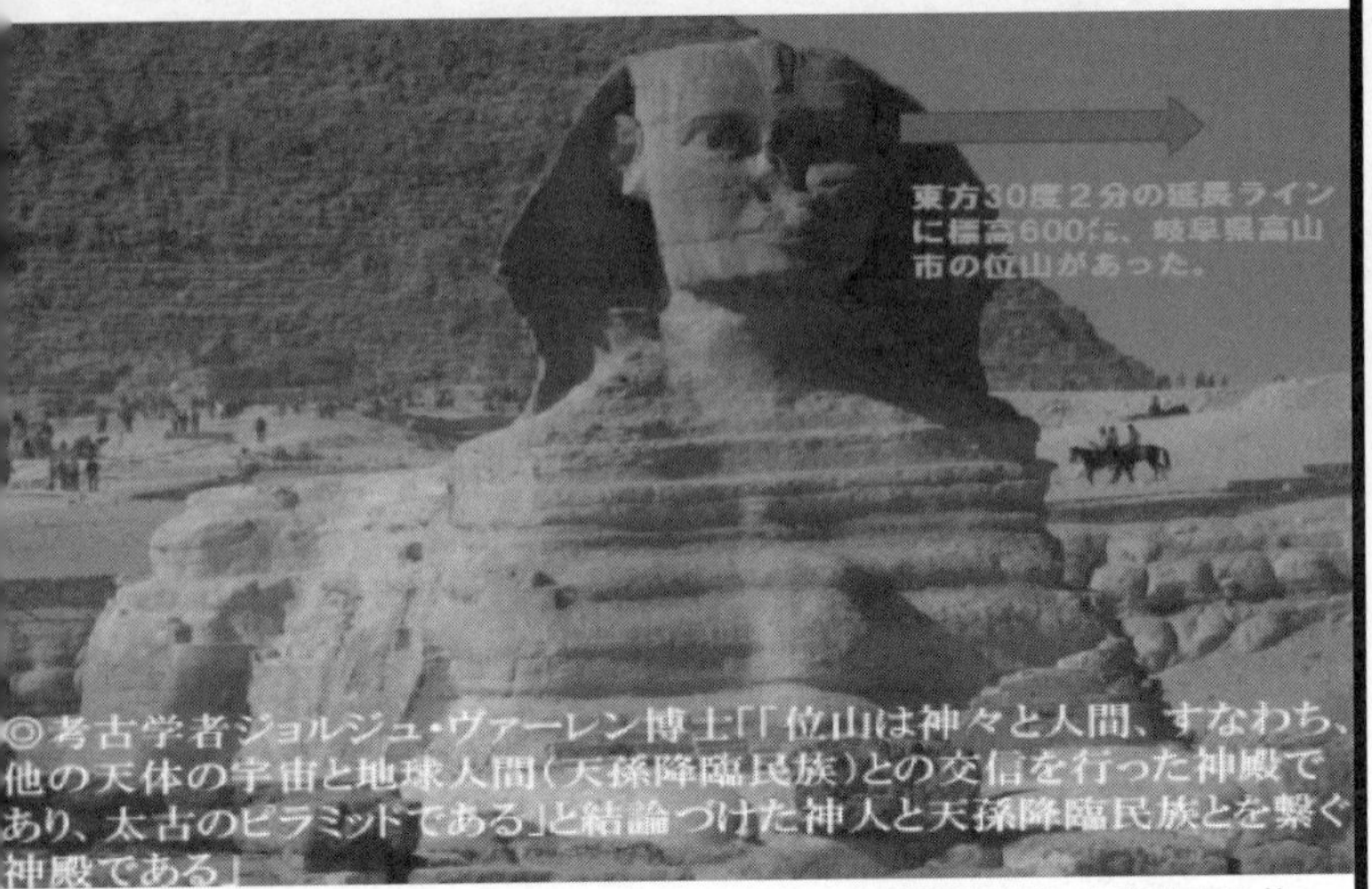
東方30度２分の延長ライン
に標高600㍍、岐阜県高山
市の位山があった。
◎考古学者ジョルジュ・ヴァーレン博士「「位山は神々と人間、すなわち、他の天体の宇宙と地球人間（天孫降臨民族）との交信を行った神殿であり、太古のピラミッドである」と結論づけた神人と天孫降臨民族とを繋ぐ神殿である」

スフィンクスの目が東方30度2分を指し、この延長ラインに高山市の位山が位置していた

やまがた再発見
日本でピラミッドを「発見」
なぜ酒井勝軍なる男は
そのような霊峰を
探し求めたのだろうか。
2万2000年前、葦嶽山に
ピラミッドが創られていた！

クリスチャンであった超古代史研究家酒井勝軍は、葦嶽山ピラミッド説を唱えた

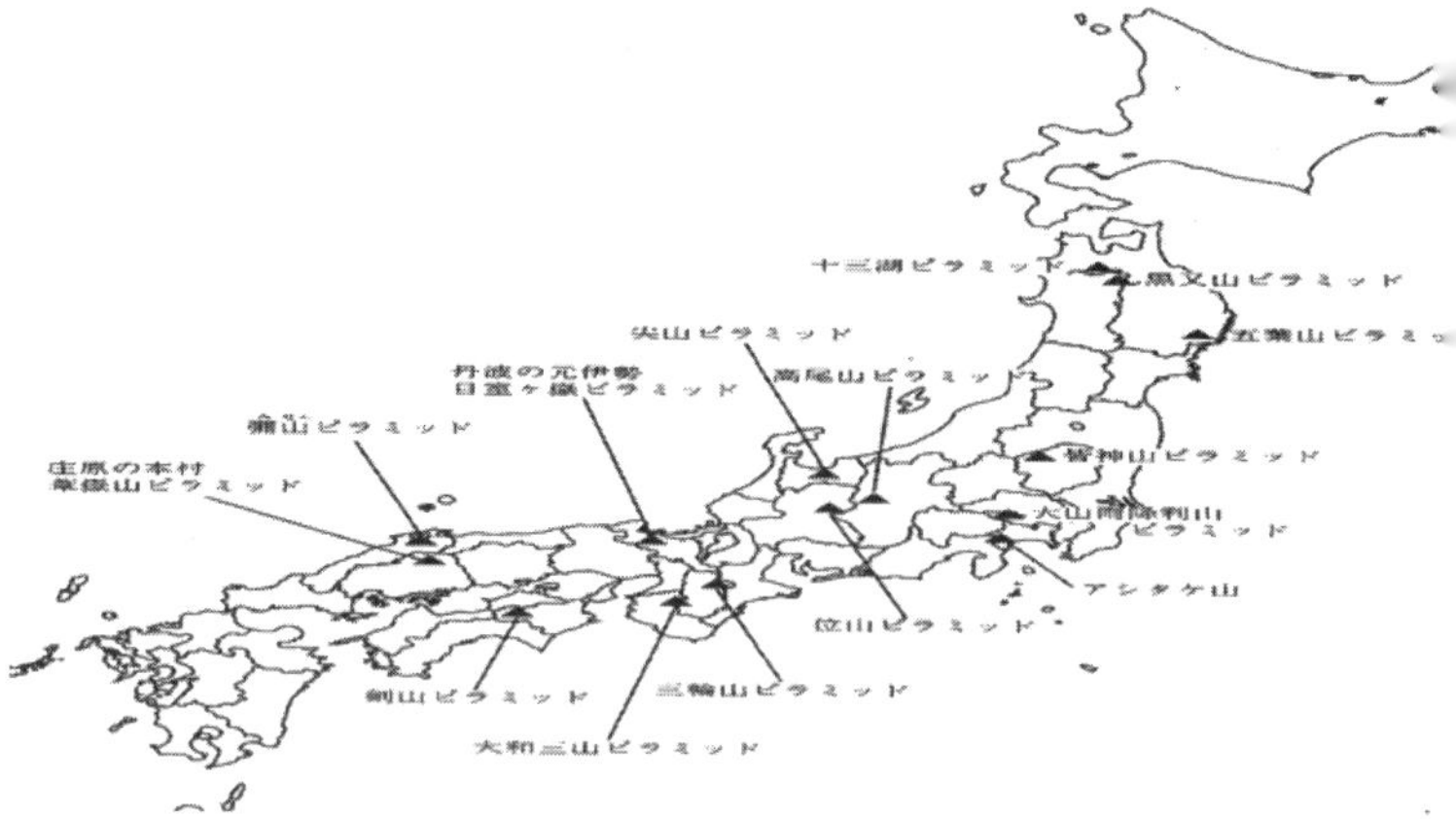

日本各地にピラミッドが建造されていた！引用/「神代の残像②　謎の三ツ星配置図」（市川慎）　引用／『世界文明の起源は日本だった』（ヒカルランド）

さらに驚くのは、市川氏は兵庫県の八幡山からこれらのピラミッドが16等分に、皇室が使う16菊花紋、つまり22・5度で正確に分割されていることを摑んだ。この16等分は、太古、天皇（スメラミコト）の16人の皇子が世界を統治していたことは、前出の竹内文書にも記されていた。

このように日本が古代、ピラミッド文明を持っていたことは、かつて秋田県の黒又山（クロマンタ）に学術隊が入って、レーダー探査を行った際、山の斜面が階段状に造形されていることを解明した。これで黒又山がピラミッドであることが明らかとなったわけだ。

おそらく、このピラミッドの頂上で古代人は、神々との交信、または宇宙人との情報交換に活用していたのではないだろうか。

ピラミッドの世界的な研究家として知られる考古学者ジョルジョ・ヴァーレン博士は、ギザのピラミッドを訪れ、長さ73メートル、高さ21メートルの巨大なスフィンクスが東方を向いていることに気づいた。

そして、さらにギザの砂漠から北緯30度2分から東方へ東方へラインを引いてみた。**このラインがチベット高原から中国大陸を過ぎ、日本へ達した。その場所が岐阜県の高山市の位山だった。**博士は、古代エジプトの大巨石文化を生んだ、〝太陽巨石文化時代〟の源泉が地球上のどこにあるかの謎解きに挑んでいたのだ。

そこで、来日。高山市の位山を調査し、ピラミッドの条件である方位石、鏡石などの巨石を発見した。その結果、博士は「位山は神々と人間、すなわち、他の天体の宇宙と地球人間（天孫降臨民族）との交信を行った神殿であり、太古のピラミッドである」と結論づけたのだ。このことから、〝太陽巨石文化時代〟の発祥の地は、日本であり、日本民族であるという信念を持つにいたったらしい。

正しく酒井勝軍が、生前唱えたピラミッド日本起源説は、世界的なピラミッド研究家のジョルジョ・ヴァーレン博士の見解と一致をみたわけだ。

Ⅳ 銀河連盟は核廃絶を願っている!!

『竹内文書』は宇宙人、及び神々と人類の関係を明らかにしている

驚愕的な竹内文書の記述はここで終わらない。この竹内文書には、富山の尖山（157メートル）の建造は、超古代不合朝時代、つまり600万年前に遡ることが記載されていたという説もある。

事実、富山県立図書館に蔵書される、竹内文書の一つ『神代の万国史』には、「トンガリ山は上古第24代天仁仁杵身光天皇《アメノニニギノスメラミコト》の神殿のアトである」と書かれているという。『古事記』では、女神アマテラスから三種の神器を受け取り、日本国を治めよと言われ、神殿を造営されたとある。前出の神殿が「ニニギノミコト」の神殿である可能性もある。

実際、この尖山を探査した民間研究家の報告では、山頂に明らかに太陽石を思わせる大きな石があり、その周りに小さな石が配置されたストーンサークルがあった。前出の酒井が指摘するピラミッドの条件に符合したという。

考えられることは、**ジョルジョ・ヴァーレン博士が結論づけたように天孫降臨族が宇宙から情報を入手するのにピラミッドを活用、これが縄文人に伝承され、世界にピラミッド文化が伝搬されていった**のではないだろうか。

前出の高坂和導氏によれば、「神武天皇以前にウガヤ・フキアエズ朝73代、それ以前の上古代25代、天神代7代などがあった」とした。ところが年代も上古代の始まりが紀元前3000億年という途方もない数値が散見されることから、アカデミズムの世界から噴飯物扱いされる。しかし、地球に降り立ったという五色人の実在の証拠が、熊本の弊立神宮にこの五色人のお面が代々保管されていることで裏付けられる。また、キリストが日本に戻り、青森で103歳で亡くなり、旧戸来村で弟イスキリともども埋葬されたとする記述などは、古代史研究家の間では常識化されている。

しかも、古代の遺跡群を探査すると、遺跡周辺の伝承が竹内文書の記載とかなり一致する。これを偽書扱いするのは、宝の山を捨て去るのと同じ暴挙と言える。

人類は原子力、核エネルギーが不要なことを知らねばならない

さあ、これでピラミッドの謎が解けたではないか。また、地球は古代から複数の様々な目的

太古のピラミッドとされる尖山　下）太陽石を中心にストーンサークルがある

引用/『尖山ピラミッド』（平津豊）

をもった地球外知的生命体、または神々の関与を受けていることが明確になったはずだ。

NASAの衛星写真といい、エアルの証言といい、プラズマ理論物理学者ブランデンバーグ博士の説いた「熱核攻撃による火星滅亡説」など、太陽系及び銀河系には数種類以上の地球外知的生命体の実在が完全に裏付けられたのではないだろうか。

もちろんのこと、銀河連盟及びプレアデス星人、アンドロメダ星人、シリウス星人などのように地球に友好的な宇宙人もいれば、米国政府を操っているレプティリアンやグレイ、トールホワイトと呼ばれるような人口削減を狙《ねら》い、地球征服を目論んでいる宇宙人がいることを知る必要があるというものだ。

拙著『ハーモニー宇宙艦隊』シリーズでは、葉巻型UFO艦隊が狂人と何ら変わらないイルミナティによる人工地震や巨大台風などの被害を削減してくれていることを述べてきた。

ここから見えてきたことは、核爆弾、そして原子力エネルギーは宇宙、または人類にとっても危険極まりない、即刻フリーエネルギーや自然エネルギーへの転換を求めているというメッセージだ。

彼らが日本上空に布陣する地域が断層帯上にある原子力発電やその関連施設、または地震が多発する中央構造線地帯が多いことがそれを物語っている。さらに2017年9月3日、北朝鮮の豊渓里《プンゲリ》地下核実験上で核実験が行われた。その際、M6・3の地震が発生、山が崩れ、放射線が漏れそうな事態が生じた。

この時、この核実験場から500キロメートル離れた上空にUFOが3機出現した。さらには10月20日、米韓合同軍事演習が行われ、航空母艦ニミッツや戦艦が集結、実弾演習が行われた際も、UFOが朝鮮半島を取り巻くように数機出現した。

過去1960年、核を搭載したICBMを宇宙空間に発射した際、UFOがこれを破壊、半減期24万年のストロンチウムを一瞬で鉛に換え、海に落とした。3・11東日本大震災の際、福島原発が破壊され、放射線拡散を阻止してくれたのもUFO艦隊であったことだ。

こうしたことからも彼らが核ロケット及び放射線拡散、核エネルギーに対して敏感に反応していることを推測できる。

また、著名なチャネラーを通じ、明確になってきたことは、彼らは我々地球人にいち早く魂の進化融合、愛と創造を実現し、宇宙社会の仲間入りを願っているということだ。

プレアデス星を3日間旅してきた前出の上平剛史氏が教示されたことは、「彼らの社会は基本的に足りない人に補う、困っている人を助ける奉仕の社会が構築されている」ことだ。必要なものは必要な時に必要な分を供給する。どうやら、プレアデス星は貨幣経済を脱出し、万人平等な社会を形成しているようだ。

また、エアルはインタビューの最終で、「人類が生存するのであれば、自分たちは生物的な

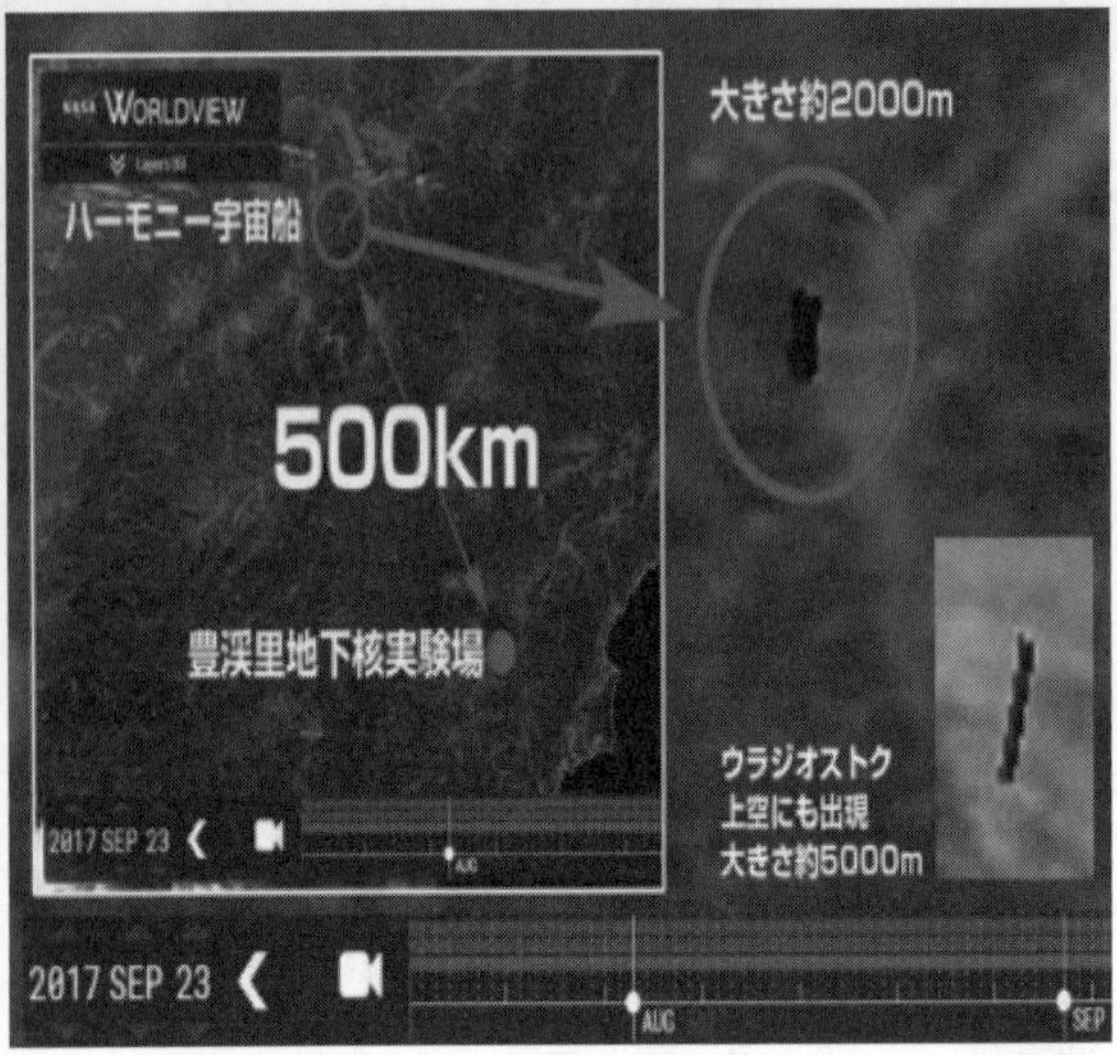

2013. 1.17 UFO艦隊が日本上空周辺に布陣した場所はいずれも原発と地震多発地帯であることがわかった

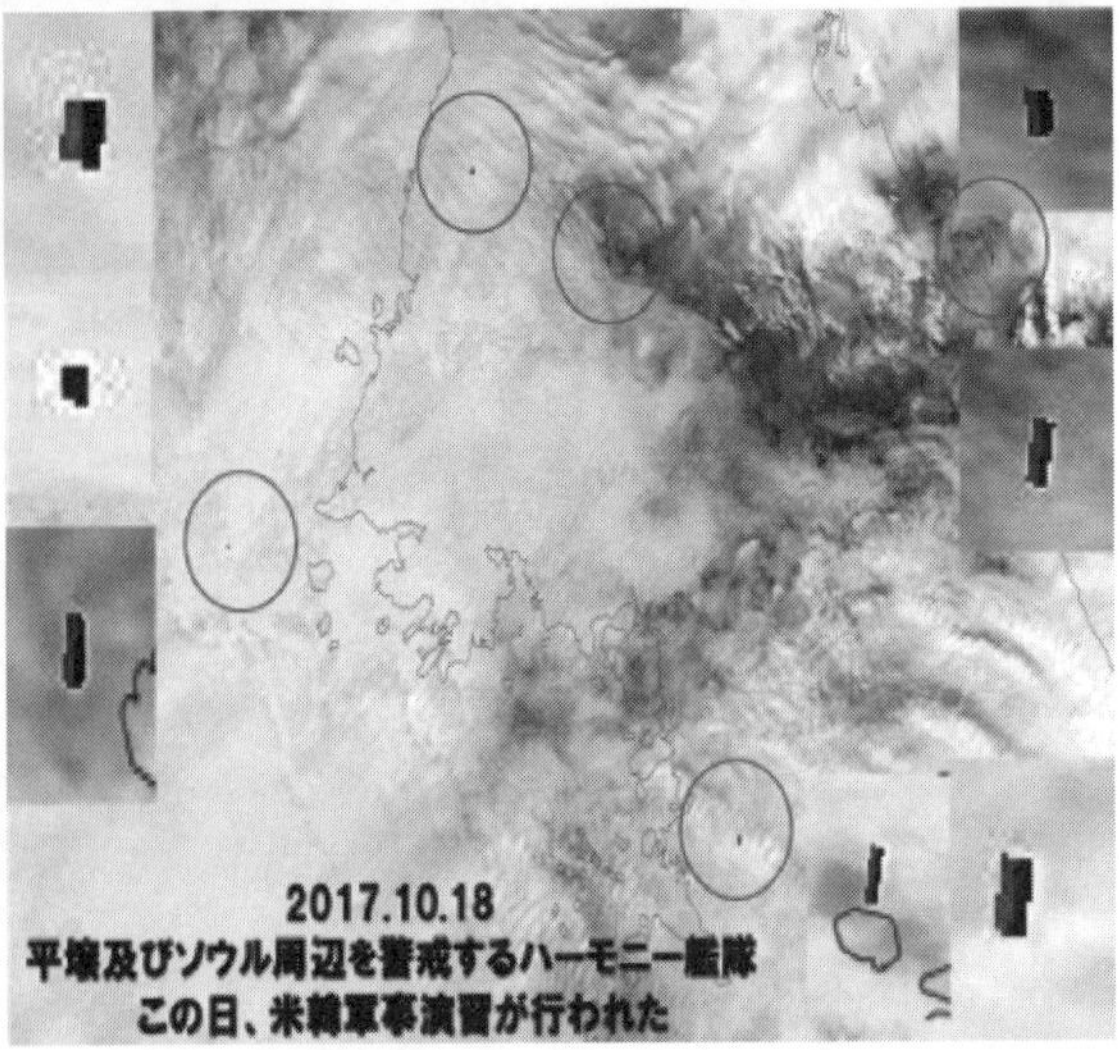

米韓軍事演習の際、朝鮮半島を囲むようにUFO艦隊が出現した

問題の1.17、UFO艦隊は日本列島の危険地帯上空に布陣してくれた

体に過ぎないという概念を超越するためには自分の人間としての姿を超越し、自分はどこにいるのか、また自分はＩＳ-ＢＥであり、自分は、本当は誰なのかということを発見しなければならない。一度、これらの気づきに達すれば、あなたがたの現在の監禁状態を脱出することが可能かもしれない」と告げた。

世界的に有名なチャールズ・リンドバーグ、ドゥーリットル将軍も立ち会っていた

このインタビューが終了した後、エアルのIS-BEは、米軍がエアルのドメイン軍を軍事的脅威とみなしていることに気づいていた。

勢いよく武装した憲兵が部屋に入ってきた。エアルは拘束され、頭に円形のヘッドバンドがかけられた。エアルの小さな上体が4、5回、テーブルに叩きつけられた。強い電気ショックがエアルを襲ったのだ。

しかし、エアルは、ドールボディから離れ、この時の電気ショックから逃れていた。そして地球を脱出したことを後にマチルダ氏にテレパシーで告げてきた。

彼女はエアルの身が心配だっただけに涙が出るほど嬉しかった。

筆者はこの項を執筆する最終段階で、エアルインタビューを見張るギャラリーの中に、単葉のプロペラ機で大西洋無着陸横断を果たした命知らずのチャールズ・リンドバーグと、空軍大将として名を馳せたジミー・ドゥーリットル将軍も名を連ねていたことを知った。さらにインドの世界的な哲学者クリシュナムルティがエアルにテレパシーで交信を試みたことがわかった。

おそらく当時の物理学最高権威のアインシュタイン博士も立ち会っていたはずだ。このことからも、エアルインタビューは架空、または嘘、出鱈目でないことに確信を持った。

また、マチルダ氏はドメイン軍が最初に地球に派遣しヒマラヤ山中で捕らえられ、一切の記憶を消された3000人の中の1人のIS-BEだったことを知った。

これでわかった。なぜ、エアルがマチルダ氏だけに心を開いたかが。

彼女はエアルインタビューの任務を終えた後、秘密保持契約にサイン、除隊した。その後、エアルからは定期的にテレパシーで交信を受けた。彼女は地球で8000年もの間、転生し、ほとんど看護師だったという。

ドメインの惑星でも看護師だったというのだから、彼女のIS-BEは根本的に人を癒《いや》すことで喜びを感じる愛の具現者だったのだろうか。

エアルは去った。100万年前から1万年前まで地球を支配し、人類の魂を洗脳した旧帝国軍の最後の宇宙艦隊をエアルのドメイン軍が破壊した。IS-BEを記憶喪失にするための洗脳オペレーションは、少数の小さな頭脳を持った〝猿〟のようなグループによって実行されたという。これがいまだに解除されていない。

彼らはまったく問題なく、自立できるIS-BEたちをいまだにコントロールし続け、破壊するため以外はなんの興味もなく、陰湿なゲームを遊んでいるという。

人類のために洗脳オペレーションの解除を施してくれるドメイン軍に対し、米軍が取った対応は、エアルを抹殺することだった。

1947年と言えば、太平洋戦争、否、大東亜戦争が終結して間もない。米軍がドメイン軍を脅威と見なしても、地球の星座にも書かれていない遠方から、分・時間単位で地球にワープ航法できる彼らに立ち向かっても勝てるわけがない。

この一つとっても人類が旧帝国軍、あるいは〝猿〟が仕掛けた超銀河系宇宙の記憶喪失・洗脳オペレーションに罹《かか》り、排他的な、独善的なエゴの塊と化していることを理解できるのではないだろうか。

したがって、〝猿〟が仕組んだ陰湿なゲームからの克服が人類に突きつけられた大きな課題であるようだ。

そのためには、この陰湿な存在を知り、または、地球には多くの地球外知的生命体が様々な目的を持って関与している事実の共有が急務ではないだろうか。

2018年9月、太陽をプロテクトするUFO艦隊が世界に公表された!

もはや、いかなる理由があろうとも人類どうしでの戦争、人の殺し合いをしてはならない。幸いなことに米国のスティーブン・グリア博士によって20年前から推進された『ディスクロージャー・プロジェクト』が世界的に認知され、UFOの実在、または地球外知的生命体が地球文明に関与していることを世界中の人がかなり知りだしてきた。

この国の場合、完全に大マスコミの操作によってUFO情報は隠蔽され、一般市民は蚊帳《かや》の外に置かれた状況だ。一般市民は、いち早く新聞・テレビの報道が情報操作であることを知らねばならない。ネットやYouTubeには、フェイク情報も少なくないが、世界の真実を告げるニュースに事欠かない。もはや、情報が最大の武器となった現代社会だ。

我々は一刻も早く、日本、または地球全体を護ってくれている葉巻型UFO艦隊及び銀河連盟の無償の愛に気づかねばならないだろう。

2018年9月12日、米国インディアナ州に住むジーナ・マリア・コルヴィンヒル氏という女性が、我々が追跡してきたUFO艦隊が太陽周辺に無数に出現してくれている動画をYouTubeにアップ、世界中に衝撃を与えた。

この動画には太陽と同規模の巨大UFOが映っているほか、UFO艦隊特有の連結されている葉巻型UFOも無数に撮影されている。これもまた、世界を牛耳る闇の政府にとってはまったく不都合な真実だ。この後、早速、FBIが理由不明のまま米国の太陽観測施設「米国立太陽観測所」を突然、閉鎖、周辺地域に「退避命令」を発令したことがわかった。

おそらくFBIは、太陽を観測されると、UFO艦隊の実態が知られると判断、観測所閉鎖と退避命令を出したのではないだろうか。

Gina
Maria
Colvin Hill
9月〜

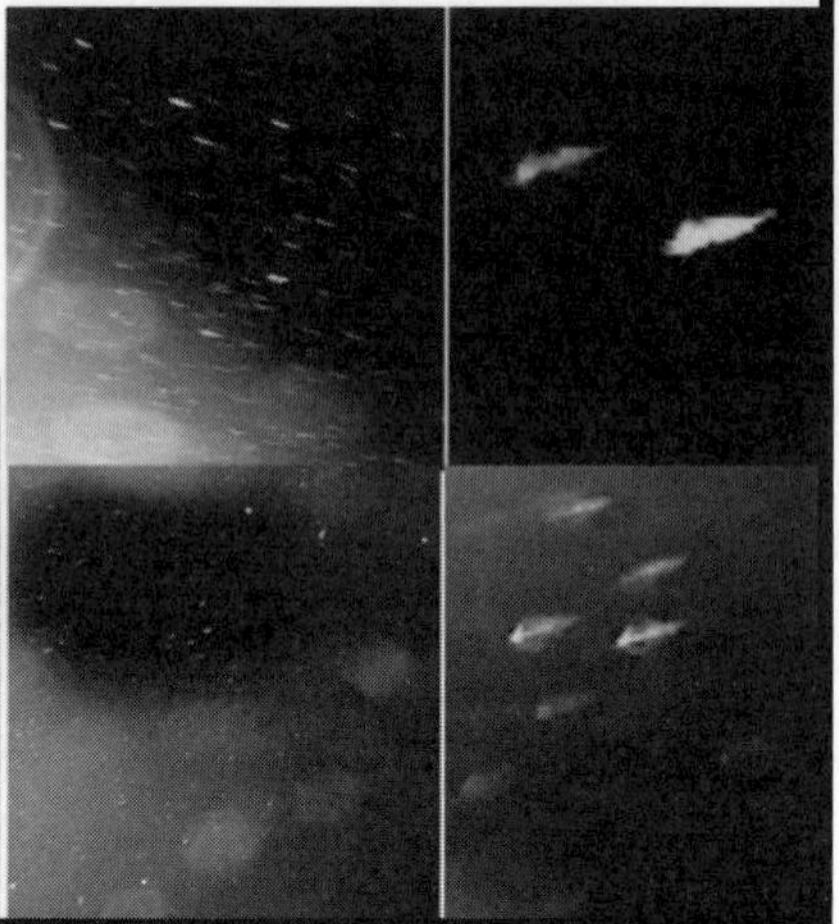

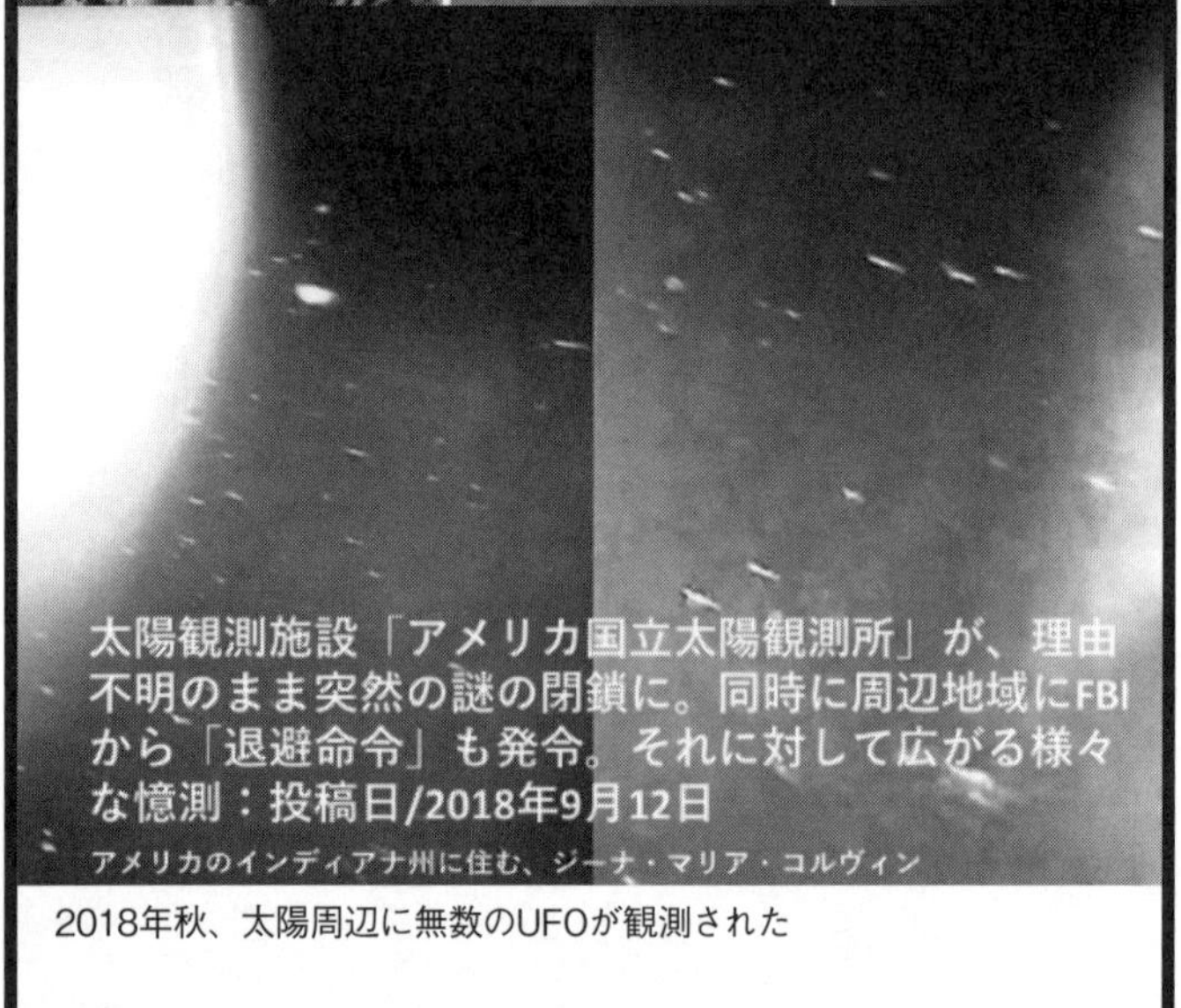

2018年秋、太陽周辺に無数のUFOが観測された

ロシア・プーチンと米トランプが手を組む、イルミナティの追放に乗り出した！

この事件が起きた後、ロシア、スウェーデン、ギリシャ、米国カリフォルニアなどで、空前の山火事が発生した。多くの民家が焼かれ、かなりの死者が出た。**実は、この山火事は人為的な放火、世界を操っている狂人＝ディープステートの最後の咆哮だったことをご存じだろうか。GPSで操作される無人機からのレーザービーム攻撃だった**のが真相だ。

これは消火活動にあたった消防隊や専門家からの投稿で明確になったのだが、鉄が熔解《ようかい》、車のガラスやアルミが解け、液体化していることがわかった。また、豪邸だけが焼け崩れ、周りの生垣や林が全然焼けていない。

自然の山火事では、このような事態が起こるはずがない。

国際的なビディオニュース「アルシオン・プレアデス№77」では、これを克明に捉え、NWOを推進するグローバリズムの謀略であることを明らかにしていることでも明白だ。

2週間以上も続いたカリフォルニア州の山火事では、UFO艦隊が出動、太平洋上に低気圧をつくり、一気に豪雨を降らせ、一晩でこれを鎮火したことがわかった。

もはや、UFO艦隊及び銀河連盟、そして、反グローバリズムの大攻勢の前に行き場を失ったディープステートの最後のあがきだったと思われる。

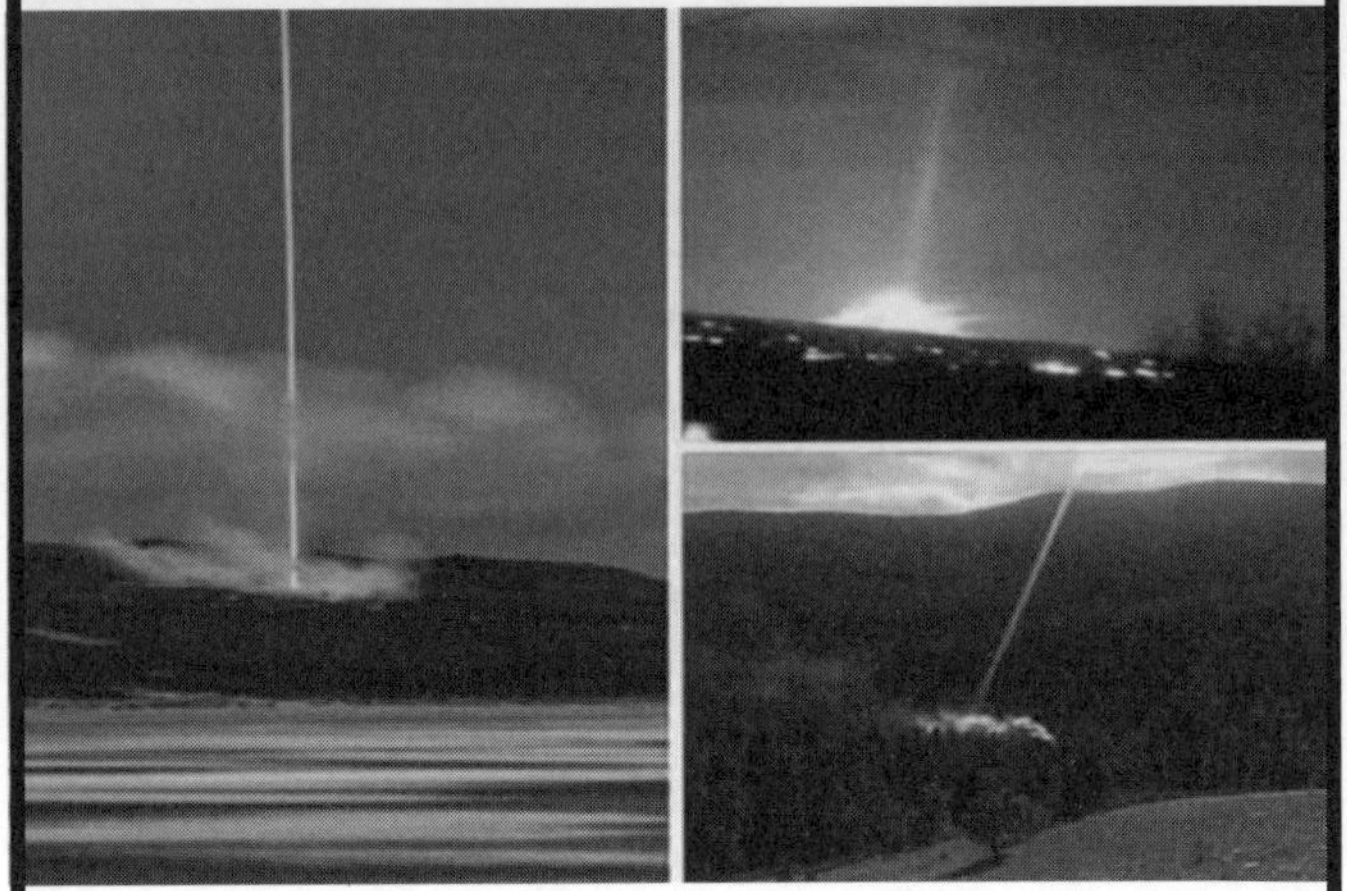

カリフォルニア州の山火事は、上空からのレーザービームによることがFBで公開された

豪邸のみが焼け落ち、周辺の森や林の植生は異常がないことが明らかとなった

FBより

事実、ロックフェラー勢力を追放、反グローバリズムに舵を切った米トランプ大統領が、米国家安全保障局（NSA）を後ろ盾にディープステートの一掃を宣言した。

これに呼応するようにロサンゼルスやシンガポール、そして、日本の上空には、私たちが明らかにしてきた葉巻型UFO艦隊が相次いで出現していることがFBやブログで公表されるようになった。まもなく宇宙人が公式に会見、人類はパラダイムシフトを迫られるかもしれない。

このドキュメントはここで終わったわけではない。前述したように米ロの会談が行われた2018年7月、ヘルシンキでロシア・プーチンと米トランプらが極秘に会談した。ここに来て、米トランプは世界を牛耳るディープステートと対決を宣言した情報が流れてきた。

ロシアのプーチン大統領は、すでに2016年の新年の挨拶で、フリーメイソンのトップ組織、イルミナティの殲滅《せんめつ》を国民に約束した。そして、遺伝子組み換え作物からコーンシロップ、石油から精製した西洋医薬品も追放することを宣言していた。

この二つの大国の大統領が揃って、イルミナティの殲滅に乗り出したことは、世界だけでなく、日本への影響も大きい。**2019年、闇の組織ーディープステートとつながりを持ち、日米合同委員会、及び日米地位協定で軍事利権を握り、富を貪り食ってきた高級官僚と政治家、そして財界人を一掃することをトランプは、宣言した。**

トランプの後ろ盾となっているのが、NSAの他、全米で台頭してきた国防総省OBからな

2018年秋、ロサンゼルスやクアランプール上空でもUFO艦隊が目撃された

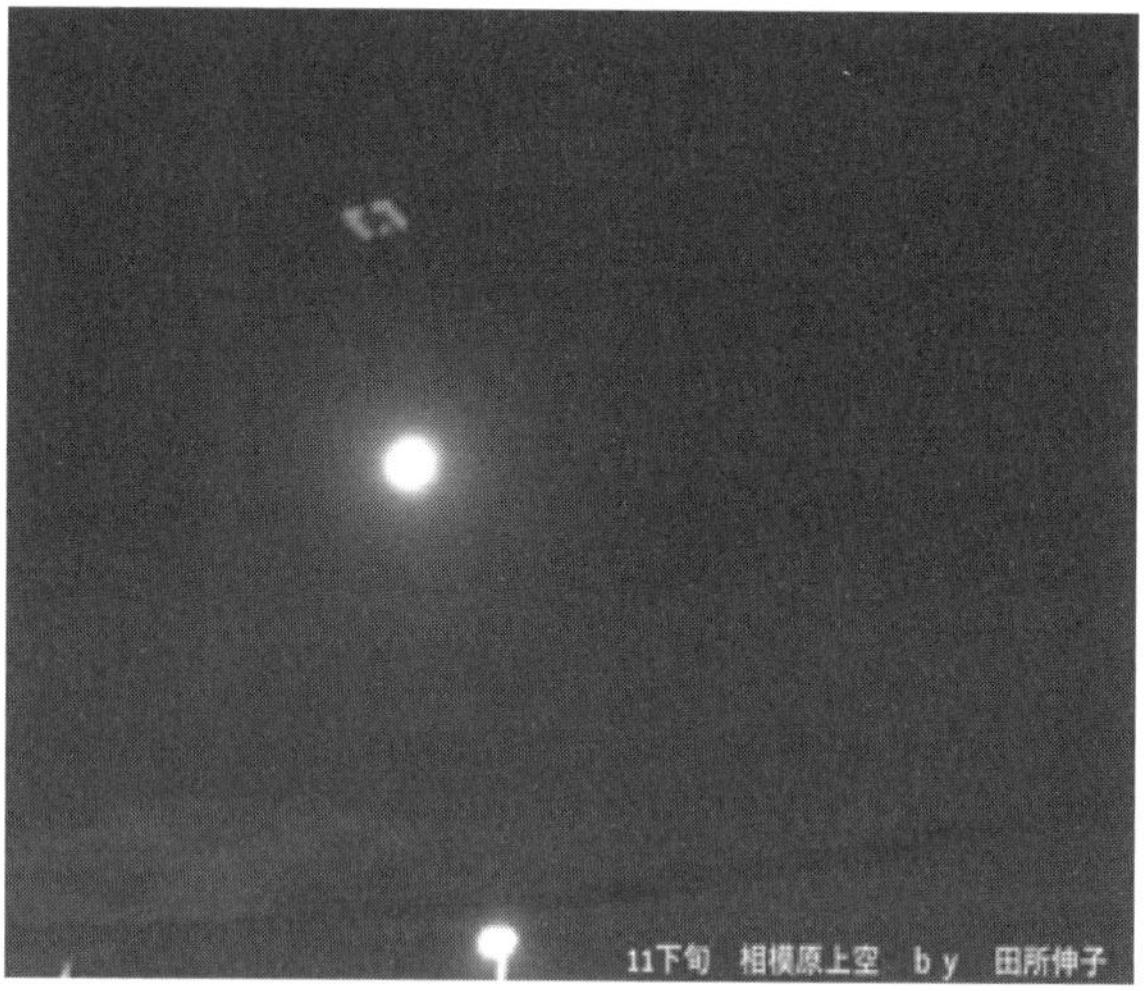
11下旬　相模原上空　ｂｙ　田所伸子

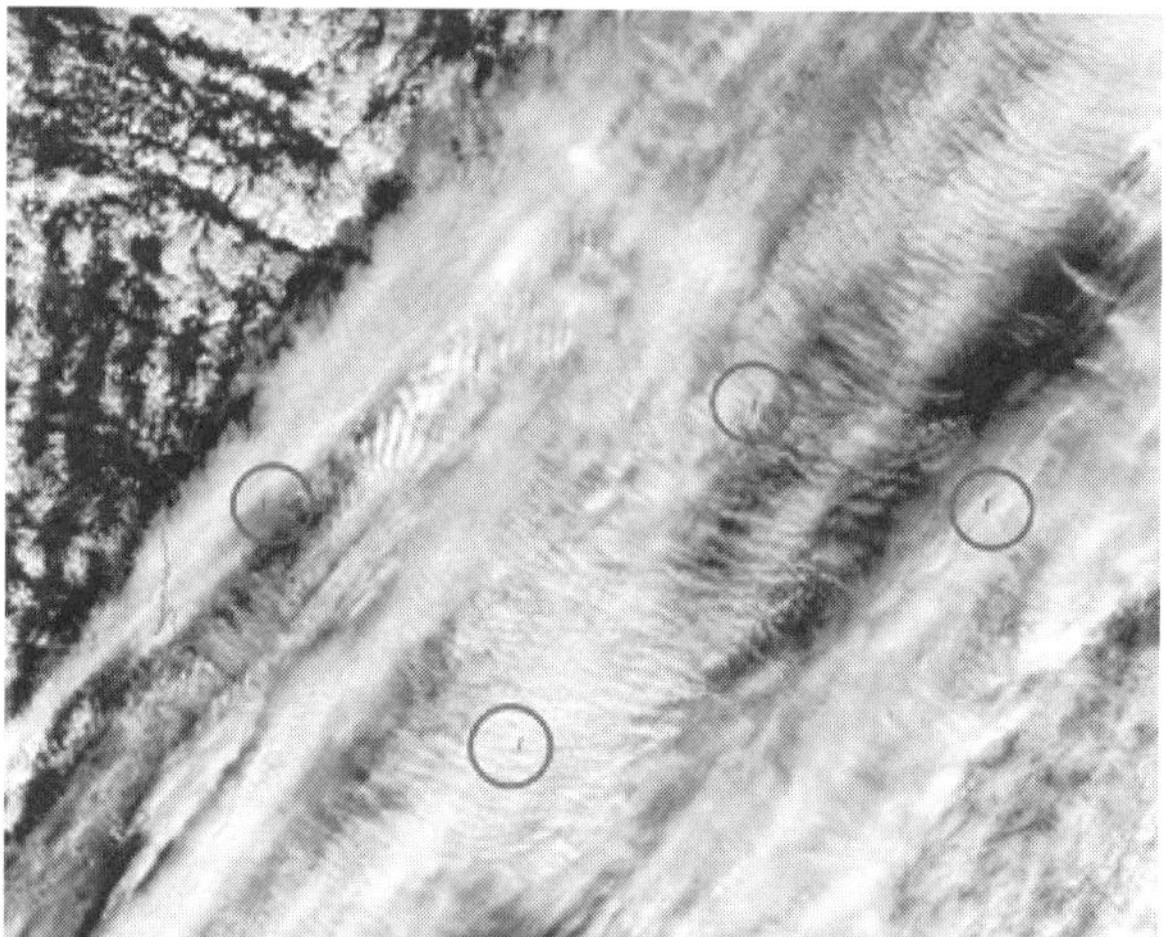
2019.12.5　ハーモニー船　三陸沖数機出現

2018年11月相模原上空に出現　その12月、三陸沖に数機UFO艦隊がNASAのサイトで確認されたる〝Qアノン〟勢力だ。

前出のベンジャミン・フルフォード氏が述べたように、今や米国では、9・11米国同時多発テロ事件を仕掛けた民主党の大物政治家の逮捕が始まった。2018年12月下旬、すでに前国務長官ヒラリー・クリントン、元CIA長官らがグアンタモナ収容所に拘置されたニュースが飛び込んできた。次は、3・11東日本大震災を仕掛けた闇の組織、これに連なる政治家や財界人の逮捕だ。

国を売り、人々を苦しめ、その一方で財を貪りながら破顔する悪徳政治家が、いつまでも国のトップに君臨していいはずがない。その輩たちの一掃がこれから始まる。世界は平和、調和に向けて動き出したと言える。その背後には、UFO艦隊及び銀河連盟、惑星評議会の大きなサポートがあることを忘れてはならない。地球は、銀河連盟に仲間入りすべく、浄化を始めたのだ！

おわりに　人類の創造者は神ではなく、異星人である

UFO艦隊が大挙出現した2012年10月19日の WorldView が消去された！

「UFO艦隊が日本、及び地球を防衛してくれている！」というまったく信じられないドキュメントを綴ってきた。その最大の証拠は、NASAの衛星サイト『WorldView』に捉えられた2012年10月19日の画像であることを明らかにした。

ハーモニーズを結成する横石集氏も、ブログでこのことを全国に公開してきた。筆者もこのことを講演でかなりの人に知らせた。

ところが、2017年4月15日、この画像が消去されていることを知人から告げられた。そこで、早速検索してみた。やはり、房総半島から東北沖、北海道、オホーツク海、北極上空にまでびっしり数千機布陣していたUFO艦隊が1機残らず、消されていた。

したがって、本書をお読みになってNASAの WorldView でこの日付を検索してもUFO艦隊が見つからないので、ご容赦願いたい。

この前々日、巨大台風21号が日本列島に接近した10月17日もUFO宇宙艦隊の突入があった

が、これも2機ほど周辺に残っているだけで、ほとんど消された。

これで著者に対し、「何も映っていないではないか！」あるいは「嘘、出鱈目をでっち上げた」という読者も出てくるはずだ。

2億5000年以上前、火星は高度知的生命体の核熱攻撃で破壊された！

しかし、よく考えてほしい。ここまで綴ってきたUFO艦隊の大挙出現が、いかにNASAにとって不都合な情報であるか、あるいは、世界を操る闇の政府―ディープステートにとって、知られたくない情報であることを示しているのではないだろうか。

幸いなことに2015年12月26日深夜、問題の東京湾アクアライン付近で5連続地震が起きた前日の25日の画像と27日にも、しっかりUFO艦隊が関東を防御していることを確認できる。

また、2016年8月29日、起こり得ない迷走ぶりを発揮した台風10号へのUFO突入画像もしっかり残っているので、こちらの画像で確認していただきたい。

これでNASAも闇の政府の指令で動いていることが明らかになったのではないだろうか。

おそらくNASAの無人惑星探査機「マリナー」や「バイキング」、「マーズ・オブザーバー」、「マゼラン」などが送信してきた火星、水星、金星、木星などの地表の衛星写真を公開させ、「火星で見られる全ての建造物は非常に知性の高い生命体（ETI）によって建造された遺産であ

る」としたリチャード・ホーグランド博士も多大な妨害を受けたに違いない。
当初、ホーグランド博士に好意的だったあの物理学者カール・セーガン博士にしても後に批判的になった。また、国立研究所の物理学者ブランデンバーグ博士は、2014年11月、「2億5000年前、火星のシドニア地区で非常に高度な知的生命体によって熱核爆弾で攻撃された」とした論文発表は、驚愕を通りこし、全米の物理学者は凍りついてしまった。

宇宙人エアルの証言はホーグランド博士とブランデンバーグ博士の見解と一致する

実は、本書執筆にあたりこうした結論に至るとはとうてい考えてもいなかった。何かに導かれるように国際問題に発展しているケムトレイルの謀略を知り、UFO艦隊が人工地震及び人工台風の被害を抑制、日本上空を防御してくれている事実を知った。

大きな流れは、ロズウェル事件で捕獲された宇宙人エアルのインタビュー文書を入手したことだ。この文書は長い間、米政府の最高機密文書で誰の目に触れることはなかったのだ。ここからシンクロ現象が起き、驚愕する情報を入手できた。

この中で、**エアルは銀河系で核戦争が起きたことや、過去、『旧帝国軍』と名づけた宇宙人と闘い、宇宙巡洋艦を派遣し、火星のシドニア地区を破壊した。そして金星なども制圧したことなどをインタビュアーのマチルダ氏に告げていた**のだ。

このエアルの証言が、ホーグランド博士やブランデンバーグ博士らの一流科学者の見解と一致していることも少なくないのだ。

筆者には火星のシドニア地区がインプットされていなかったが、エアルの証言を一つ一つ検証していったら、どんでもない事実が浮き彫りになったわけだ。

エアルの証言が嘘、出鱈目でないことに確信を持った背景には、**「シュメールの粘土板に刻まれた翼を持ち鷲の頭をした存在が手に松ぼっくりのようなのを持ち、手にバケツを持っているのは、スキャナーと電源バッテリーを描いている」**としたことだ。

そこで、このシュメールの粘土板をネットで検索したら、同じレフリーフがあった。

また、アステカ文明の遺跡とされるチチカカ湖近くのティアワナク遺跡の太陽の門の建造年代を告げ、そして、「ポンセ・ステラ像が手にしているのは、彫刻道具をホルスターに入れ、電界光線を放つ石きり道具を持っているのを表している」と告げたことだ。

これもアンデス山脈を調べ、この遺跡を検索したら、エアルが言ったとおりのポンセ像を発見できたのだ。

火星、エジプト、南極のピラミッドは同一宇宙人が創った!?

こうしたことからエアルが告げた「この時代は、スペース・オペラ時代である」とし、宇宙人を神々とする、UFOの技術をつかった宇宙文明時代だったことに理解が及んだ。

なぜなら、ギザの三大ピラミッドを造るのに1基当たり巨石が260万個必要だったことが解析されたが、これを3基造るのにどれほどの労力が必要だったことか。

さらにその角度は原子時計レベルの緻密《ちみつ》さなのだ。いったい、だれが創れるだろうか。

宇宙人と共存することでそれが可能なのではないか。エアルはそう告げたのだ。

すでに太古、異星人が地球を訪れ、高度文明を人間に伝えていたことを示す証拠が世界各地の遺跡から発見されている。

もう一つ驚愕するのは、火星で見つかった巨大ピラミッドは、オリオン座の三ツ星の配列で建造され、エジプトの三大ピラミッドとまったく同じ配列なのだ。

さらに近年、南極で見つかったピラミッドも三ツ星配列で、建造年代が1万2000年以上前であることがNASAから推定された。

これで、ピラミッド建造者がオリオン座三ツ星に関係する同一宇宙人なのではないかという仮説が成り立つ。はるかな太古、このような高度な文明を持った異星人が人間を創った可能性が高い。

しかも、その支配範囲は太陽系全域にわたる。米国立研究所のブランデンバーグ博士は、**「かつて水星、金星、火星、木星及びその衛星、土星にまで知的生命体が基地を造っていた。そし**

て、**核による銀河戦争が起こって、惑星が廃墟《はいきょ》になったことがある！」**ことなどを論文発表していた。こうした事実をNASAは30年以上も隠蔽していたわけだ。

人類を創造したのは神ではなく、複数の宇宙人に間違いない！

何と言うことか。人間を創ったのは神であるという、キリスト教史観が世界を支配している中、考古学者ゼカリヤ・シッチン博士は、シュメールの粘土板を解読、「人類を創造したのはニビル星からやって来た宇宙人アヌンナキである」と主張していたのだ。

このこともエアルの証言と一致する。旧約聖書には、「人間が美しいのを見て、神々が妻とし、ネフィリムを生んだ」とする記載がある。ネフィリムとは巨人の意だという。

この神々とは、まさに宇宙人、アヌンナキだったのだろうか。

否、地球人創生に関わったのは、複数の超銀河系宇宙人が関与していることも著名なチャネラーが告げていた。

そのことで地球人どうしの対立が国際間で生まれているという。エアルによれば、**かつて地球を支配していた宇宙人がどこかの惑星からオペレーションを掛け、人類の魂、またはスピリットを洗脳し、高等生物に罠を仕掛けている**というのだ。

このオペレーションを破って、魂を進化させることができるのは自分を俯瞰《ふかん》し、いち早く人類は、異星人によって創造された事実を知ることが第一歩というのだ。

幸い、『ディスクロージャー・プロジェクト』が進み、宇宙人実在の認識は世界的に広がり出してきた。UFOの実在は、今日のニュートン力学などの物理学や自然科学などに大いなるパラダイムシフトを迫るものだ。

どうやら地球は今、3次元を超え、4、5次元世界に向かっているらしい。3次元及び多次元世界を自在に操るUFOの実在は、人類に多くの課題を突きつけるに違いない。

もはや、キリスト教とイスラム教が闘い、第三次世界大戦による最終戦争を目論んでいる場合ではない。人類どうしが結束しないでは、征服される可能性もあるのだ。

それには、宇宙意識に目覚め、他人の喜びが自分の喜びに思えるような〝人類は皆一つ〟と思えるような魂の進化創造が必要だ。

また、UFO艦隊及び銀河連盟が求めるよう、宇宙空間で最も危険な核は廃絶し、フリーエネルギーを創造すれば、闇の政府の支配から脱却できる。そうなれば、人類平等な社会の創出は可能だ。

いち早く、彼らと連携し、世界をいまだに牛耳る闇の政府に〝No〟を突きつける意識の共有が必要ではないだろうか。幸い、東京上空及び世界の都市上空に我々が追跡した同型の葉巻型UFO艦隊が頻繁に目撃されるようになった。

彼らが公式に現れる日は近い‼　**一刻も早く、地球意識を抜け出た新たな宇宙意識の確立が必要になった。**

本書をまとめるのに、ハーモニーズの横石集氏、プレアデス星を訪れた上平剛史氏らの見解、大きな指針を戴いた米科学ジャーナリストのR・ホーグランド博士とプラズマ物理学者のJ・ブランデンバーグ博士らの圧倒的な科学的研究によって、宇宙人実在の確たる証拠を得ることができた。

また、世界各地の古代遺跡から日本の神代文字を発見した高橋良典氏、日本ペトログラフ協会の故吉田信啓会長の研究報告によって地球外生命体と古代縄文日本人との関係を摑むことができた。これで古代史の定説を完全に覆したのではないだろうか。

最後に、本書で述べた驚愕的な事実を真っ向から受け止めていただいたビジネス社、唐津隆社長にお礼申し上げます。ここに感謝の意を表する次第です。

２０１８年12月

著者

〈参考文献〉

●『日本上空をハーモニー宇宙艦隊が防衛していた！』（上部一馬／ヒカルランド）
●『シリウス:オリオン　驚愕の100万年　地球史興亡』（上部一馬／ヒカルランド）
●『世界文明の「起源は日本」だった』（上森三郎・神部一馬／ヒカルランド）
●『NASA秘録』（リチャード・C・ホーグランド、マイク・バラ／学習研究社）
●『火星のモニュメント』（リチャード・C・ホーグランド／学研）
●『知の起源』（ロバート・テンプル／角川春樹事務所）
●『大統領に会った宇宙人』（フランク・E・ストレンジズ／たま出版）
●『気象兵器・地震兵器・HAARP・ケムトレイル』（ジェーリー・E・スミス、ベンジャミン・フルフォード／成甲書房）
●『3.11同時多発人工地震テロ』（リチャード・コシミズ／リチャード・コシミズ）
●『光速の壁を超えて』（エリザベス・クラーラ―／ヒカルランド）
●『宇宙人遭遇への扉』（リサ・ロイヤル、キース・プリースト／ネオデルフィ）
●『謎の竹内文書』（佐治芳彦／徳間書店）
●『超図解　竹内文書』（高坂和導／徳間書店）
●『謎の宮下文書』（佐治芳彦／徳間書店）
●『プレアデス訪問記』（上平剛史／たま出版）
●『プレアデス科学の謎』（フレッド・ベル、ブラッド・スタイガー／徳間書店）
●『アルクトゥルス人より地球人へ』（トム・ケニオン&ジュディ・シオン／ナチュラルスピリット）
●『私はアセンションした惑星から来た』（オムネク・オネク／徳間書店）
●『超巨大［宇宙文明］の真相』（ミッシェル・デマルケ／徳間書店）
●『太古、日本の王は世界を治めた！』（高橋良典／徳間書店）
●『ディスクロージャー』（スティーブン・M・グリア／ナチュラルスピリット）
●『宇宙人はなぜ人類に地球を与えたのか』（ゼカリア・シッチン／徳間書店）
●『超古代、最古・最高・最尖端文明は縄文日本だった！』（吉田信啓／ヒカルランド）
●『エイリアン・インタビュー』（ローレンスR.　スペンサー／ Lulu.com）
●『未来の記憶』（エーリッヒ・フォン・デニケン／角川書店）
●『超古代　日本語が地球共通語だった！』（吉田信啓／徳間書店）
●『日本史超どんでん返し』（飛鳥昭雄他／ヒカルランド）
●YouTube「3.11人工地震の証明　日本人が知らねばならない真実」
●YouTube「内部告発　（元アメリカ国家安全保障局）3.11大震災はアメリカとイスラエルの裏権力が核兵器を使った！」
●YouTube「衝撃　NASAが発見した火星の謎の遺物　未だ解明されていないオーパーツ」
●「怪奇動画ファイル―南極大陸ピラミッド」
●YouTube「日本や世界や宇宙の動向」http://blog.livedoor.jp/
●ブログ「Harmonies　G+」（横石集）
●ブログ「地球人のルーツ」
●ビデオニュース「アルシオン・プレアデス62～67」（アルシオン）

著者略歴

上部一馬（うわべ・かずま）

ジャーナリスト・作家

1954年、岩手県陸前高田市生まれ、77年明治学院大学卒業、学習研究社代理店勤務の後、92年健康産業流通新聞社入社、多くのヒット素材を発掘、自然・代替療法に精通。2003年、健康情報新聞編集長を兼任。現在、フリー。ドキュメント作家として精神世界、超常現象、超古代史、ＵＦＯ問題を追跡。講演活動も全国展開中。主な著書に『日本は農薬・放射能汚染で自滅する⁉』『3.11 東日本大震災 奇跡の生還』（コスモ21）、『世界文明の起源は日本だった！』『超微小知性体ソマチッドの衝撃』『日本上空をハーモニー宇宙艦隊が防衛していた』『シリウス・オリオン驚愕の100万年地球史興亡』（ヒカルランド）他多数。

地球外生命体が人類を創造した！

2019年3月1日　第1版発行

著　者　上部　一馬

発行人　唐津 隆

発行所　株式会社ビジネス社

〒162-0805　東京都新宿区矢来町114番地　神楽坂高橋ビル5階

電話　03(5227)1602（代表）

FAX　03(5227)1603

http://www.business-sha.co.jp

印刷・製本　株式会社光邦

カバーデザイン　金子真枝

本文組版　茂呂田剛（エムアンドケイ）

営業担当　山口健志

編集担当　本田朋子

ISBN978-4-8284-2080-6

薩長支配はいまも続いている！ 明治維新という名の秘密結社

苫米地英人……著

定価　本体1400円＋税
ISBN978-4-8284-2023-3

維新のまやかしはどうやって作られたのか？いまも世界を動かす支配原理はどうなっているのか？その権力構造の仕組みを初めて明らかにする！

本書の内容